Millard's Review

A Reflection of
American Journalistic Professionalism
in China (1917-1953)

J&C 未名社科·新闻与传播研究丛书

《密勒氏评论报》

美国在华专业报人与报格（1917—1953）

郑保国 著

北京大学出版社
PEKING UNIVERSITY PRESS

图书在版编目(CIP)数据

《密勒氏评论报》:美国在华专业报人与报格(1917—1953)/郑保国著.—北京:北京大学出版社,2018.5

(未名社科·新闻与传播研究丛书)

ISBN 978-7-301-29292-1

Ⅰ.①密… Ⅱ.①郑… Ⅲ.①报刊—新闻事业史—研究—上海—1917—1953 Ⅳ.①G219.245.1

中国版本图书馆CIP数据核字(2018)第034904号

书　　　名	《密勒氏评论报》:美国在华专业报人与报格(1917—1953) MILESHI PINGLUNBAO: MEIGUO ZAI HUA ZHUANYE BAOREN YU BAOGE(1917—1953)
著作责任者	郑保国　著
责任编辑	胡利国
标准书号	ISBN 978-7-301-29292-1
出版发行	北京大学出版社
地　　　址	北京市海淀区成府路205号　100871
网　　　址	http://www.pup.cn
电子信箱	ss@pup.pku.edu.cn
新浪微博	@北京大学出版社
电　　　话	邮购部62752015　发行部62750672　编辑部62765016
印　刷　者	北京溢漾印刷有限公司
经　销　者	新华书店
	965毫米×1300毫米　16开本　19.5印张　280千字 2018年5月第1版　2018年5月第1次印刷
定　　　价	58.00元

未经许可,不得以任何方式复制或抄袭本书之部分或全部内容。
版权所有,侵权必究
举报电话:010-62752024　电子信箱:fd@pup.pku.edu.cn
图书如有印装质量问题,请与出版部联系,电话:010-62756370

序

郑保国老师的著作《〈密勒氏评论报〉：美国在华专业报人与报格（1917—1953）》即将由北京大学出版社出版，对此深感欣慰并致祝贺。

郑保国是北京外国语大学新闻学院的青年教师，2007年进入北京大学新闻与传播学院在职读博，此书便是他在博士论文的基础上经反复打磨形成的。作为一名主讲外国新闻史课程的教师，作者对源于美国且颇受中国学术界青睐的"新闻专业主义"理念产生了兴趣，希望从源头上一探究竟。在接触史料的过程中他了解到，20世纪初期，约有50名密苏里大学新闻学院毕业的美国记者赴远东工作，其中半数以上在中国。因为有着共同的学历背景和工作经历，他们被称为密苏里新闻帮。其中就有《密勒氏评论报》的创办人托马斯·F. 密勒（Thomas F. Millard）、约翰·B. 鲍威尔（J. B. Powell），美联社的约翰·R. 莫里斯（John R. Morris）、莫里斯·哈里斯（Morris Harris）、J. G. 巴布（J. G. Babb）、詹姆斯·D. 怀特（James D. White），合众国际社的本杰明·克林（Benjamin Kline），《纽约时报》的亨利·F. 米索维茨（Hernry F Misselwitz），《纽约先锋论坛报》的维克托·基恩（Vitor Keen），《大陆报》的卡尔·克劳（Carl Crow）等，后来又有毛瑞斯·武道（Maurice Votaw）、埃德加·斯诺（Edgar Snow）等人。他们大都秉承并践行了密苏里大学新闻学院首任院长沃尔特·威廉士所倡导的新闻专业主义理念。

而在民国时期的中国，也有一批著名的新闻记者、新闻教育家、新闻官员毕业于密苏里大学新闻学院,包括《广州时报》主笔黄宪昭,主管对外新闻的国民党中宣部副部长董显光,《中央日报》社长马星野,《申报》著名记者、后任复旦大学教授的汪英宾,路透社记者赵敏恒,国民党新闻官员沈剑虹,著名报人吴嘉棠,新闻教育家蒋荫恩、梁士纯、谢然之等。显而易见,中国近代史上也存在着一个密苏里新闻帮。

那么,密苏里新闻帮是如何进入中国的,经历了怎样的变化？美国密苏里新闻帮与中国密苏里新闻帮有着怎样的关联,其奉行的新闻专业主义理念对于近代中国新闻实践又产生了哪些影响？这些问题自然进入作者的研究视野并最终成为他博士论文的选题。

2008年,作者获得赴美国密苏里大学访学一年的机会。在此期间,他利用学校图书馆资源以及覆盖全美的馆际互借的有利条件,努力发掘有价值的线索,大量收集相关资料,将《密勒氏评论报》共计124卷合订本的120卷拍摄下来(其余4卷在国内补齐),并将其中的主要部分翻译成中文。回国以后,作者在对所获文献、资料进行甄别分析的基础上,完成了自己的博士论文,并为有关新闻专业主义及密苏里新闻帮的研究留下了宝贵的一手资料。

本书完整地呈现了密勒和鲍威尔在华创办《密勒氏评论报》的历史脉络,揭示了以他们为代表的美国职业报人与《密勒氏评论报》的关系,以及他们在华推行美国新闻专业主义所付出的努力、遭遇的阻力、产生的影响、做出的妥协和发生的变异。作者认为,《密勒氏评论报》创办伊始,鲍威尔就宣称秉持以"公共服务"为核心的新闻专业主义理念,并试图将美国专业办报模式引入中国,积极推动新闻教育的密苏里模式在中国新闻院系落地,故而才有中国密苏里新闻帮的形成以及美国高校新闻教育模式在中国的复制。在肯定《密勒氏评论报》及其创办人一定程度上促进了中国近代新闻业专业化、现代化发展的同时,作者指出:在当时的中国,《密勒氏评论报》不可能真正做到独立于国内国际各种政治势力、党派组织和相关利益集团,报纸的自由和独立显现出间歇性缺失的特点；在报纸运行的背后,人们可以依稀发现政客和商人的身影。应当说,这一评价是公允的,这也是《密勒氏评论报》最终不得不停刊的一个原因。

本书是系统研究《密勒氏评论报》在华出版活动的第一部专著,也是深描美国职业报人在华办报理念及其时代影响的一个有价值的个案,具有方汉奇教授所倡导的"打深井"的性质。其中的一些内容,包括《密勒氏评论报》有关西安事变、巴黎和会、九一八事变等历史事件的报道,首次披露了一些鲜为人知的事实,视野独到,颇具新意。尽管迄今为止学界对于"新闻专业主义"理念有着不同的认知与评价,但是从源头上厘清它发展、流变的历史过程,以达到对其本质与规律的认识,却是十分必要的。除了本身的意义与价值之外,此书无论对于外国人在华办报的研究还是对于民国时期中国新闻史的研究,都是一个很好的补充。是为序。

程曼丽

2018 年 2 月

目录

绪论 /1

第一章　美国专业报人来华办报的开端 /18
第一节　密勒——"美国在华新闻业之父" /19
第二节　老鲍威尔——西方来华专业报人的先驱 /30
本章小结 /41

第二章　初创阶段：美国专业办刊方式的移植 /42
第一节　对《新共和》杂志的模仿 /43
第二节　目标读者的确定与培养 /44
第三节　主要栏目设置 /46
第四节　日渐明确的办刊宗旨 /52
本章小结 /55

第三章　成熟阶段：美国专业办刊方式的本土化 /56
第一节　拓展新闻报道范围 /58
第二节　构建跨国编辑记者团队 /60
第三节　丰富经营和管理方式 /61
第四节　支持中国民族民主运动 /62
本章小结 /71

第四章　专业团队的构成与分布 /72
第一节　专业团队的核心——在华密苏里新闻帮 /72
第二节　专业团队的成员及分布 /78
第三节　专业新闻团队对"整体真实"的构建 /99
本章小结 /117

第五章 专业服务功能的发挥 /119
　　第一节 《密勒氏评论报》的政治功能 /120
　　第二节 《密勒氏评论报》的经济功能 /139
　　第三节 《密勒氏评论报》的其他社会功能 /149
　　本章小结 /160

第六章 专业报道手法的综合运用 /162
　　第一节 对西安事变的客观性报道 /162
　　第二节 对巴黎和会的解释性报道 /168
　　第三节 针对日本的调查性报道 /179
　　第四节 对"治外法权"的综合报道 /186
　　本章小结 /199

第七章 蜕变阶段——小鲍威尔的坚守与离去 /201
　　第一节 复刊前后 /202
　　第二节 复刊后政治立场的演变 /205
　　第三节 从周刊,到月刊,再到停刊 /215
　　本章小结 /221

第八章 专业主义的坚守与妥协 /222
　　第一节 传播美国新闻专业主义 /222
　　第二节 推动密苏里模式在中国的移植 /230
　　第三节 对专业主义的坚守与妥协 /245
　　本章小结 /258

结论 /259

参考文献 /270

附录1 沃尔特·威廉士所拟之《记者信条》(英文版) /276

附录2 《密勒氏评论报》1928年所刊《新中国特刊》封面及目录 /278

附录3 《密勒氏评论报》所载关于治外法权的"特别稿件" /281

附录4 《密勒氏评论报》所载有关新闻业的"特别稿件" /283

附录5 20世纪上半叶在华美国记者名录 /292

附录6 美国在华主要英文报刊名录 /298

后记 /301

图 表 目 录

图 4-1 《密勒氏评论报》与密苏里新闻帮关系图 …………… (81)
表 4-1 早期在华密苏里新闻帮中外成员跨领域分布
　　　 一览表 ……………………………………………… (89)
图 5-1 《远东报刊评论》栏目 1919 年全年摘录篇数来源
　　　 示意图(1) …………………………………………… (121)
图 5-2 《远东报刊评论》栏目 1919 年全年摘录篇数来源
　　　 示意图(2) …………………………………………… (121)
表 5-1 华盛顿会议《短社评》立场列表 ……………………… (123)
图 5-3 《密勒氏评论报》所设新闻栏目 ……………………… (132)
图 5-4 《密勒氏评论报》三个阶段设置的经济类栏目 ……… (144)
图 5-5 1921 年 3 月 5 日《密勒氏评论报》广告客户国籍
　　　 分布图 ………………………………………………… (148)
图 5-6 1921 年 3 月 5 日《密勒氏评论报》广告客户行业
　　　 分布图 ………………………………………………… (149)
图 6-1 《密勒氏评论报》"治外法权"报道量示意图 ………… (191)
图 8-1 《特别稿件》栏目有关新闻业稿件分布图 …………… (224)

绪 论

外国人来中国所办的报刊按语言不同可以分为中文报刊和外文报刊。这些外文报刊可以说既是中国报刊体系的重要组成部分,又是西方列强各自国家报刊体系在国际范围内的延伸。这些外文报刊在中国自成体系。时至今日,仍有不少在华外文报刊有待学者去研究和挖掘。其中影响力最大的当数英美两国在华创办的英文报刊。《密勒氏评论报》就是其中之一。

《密勒氏评论报》创刊于 1917 年 6 月 9 日,是由托马斯·F. 密勒在美国密苏里新闻学院 1910 届本科毕业生约翰·B. 鲍威尔(老鲍威尔)的协助下在上海创办的。刊物于 1941 年 12 月到 1945 年 10 月间因美日开战而停刊。抗日战争结束后,老鲍威尔的儿子约翰·W. 鲍威尔(小鲍威尔)子承父业,在上海恢复《密勒氏评论报》的出版发行,直到 1953 年 7 月彻底停刊。《密勒氏评论报》在华前后共出版发行了约 32 年时间。刊物的英文名称六次更改。在密勒主笔初期,刊物英文名称分别是 *Millard's Review*,*Millard's China National Review* 和 *Millard's Review of the Far East*;老鲍威尔主笔时期,刊物先后改名为 *The Weekly Review of the Far East*,*The Weekly Review* 和 *The China Weekly Review*。小鲍威尔恢复办刊后沿用了 *The China Weekly Review* 这个刊名。但在新中国成立后不久,主要由于经济上的原因,刊物被迫延长出版周期,成为月刊,刊名也因此改成了 *The China Monthly Review*。在这些英文名称当中,使用时间最长的是

《密勒氏评论报》：美国在华专业报人与报格（1917—1953）

The China Weekly Review。这一名称也广为外国读者所接受。然而，刊物始终沿用了一个中文名称——《密勒氏评论报》。

《密勒氏评论报》是最后一份离开中国大陆的外国人在华英文报刊。它的停刊，标志着外国人在华（台、港、澳除外）外文报刊历史的终结。近两个世纪逾百种英文报刊首先是在华西方人的消息来源和舆论阵地。同时，这些刊物也成为沟通中西的桥梁。

在《密勒氏评论报》办刊的三十多年里，全球经历了两次世界大战。中国则从军阀割据一步步走向共和与民主，逐步摆脱了半殖民地半封建社会的桎梏，建立了人民民主专政的政权。同时，作为一份评论性的刊物，特别是外国人在中国办的英文评论性刊物，《密勒氏评论报》有着很高的研究价值。

首先，《密勒氏评论报》是由美国的职业和专业报人来华创办的。它既是外国来华传教士和商人办报的一个延续，又和之前那些在华英文报刊有着很多不同之处。甚至和同一时期的在华外报相比，它也算得上是独树一帜。鉴于这份刊物创办者的职业和专业新闻人的身份，我们可以问这样一些问题：《密勒氏评论报》是否比其他在华外报具有更为浓厚的新闻专业主义特色？如果是，它所奉行的新闻专业主义有着怎样的内涵？这份刊物是否因此在中国新闻史中更具转折性的意义？这些都是值得深入探讨的问题。

其次，《密勒氏评论报》是一份英文的政治和财经评论周刊。在上述疑问的基础上，笔者想进一步探讨一些更深层次的问题：密勒和老鲍威尔是出于什么动机在上海创办这样一份政治财经周刊？刊物的编辑与记者是否以及怎样赋予这份刊物更为明显的新闻专业主义特色？刊物和这些专业新闻人是否自觉地在中国传播了新闻专业主义理念？如果是，这种美国新闻专业主义在中国传播过程中遭遇了哪些阻碍？有过什么样的妥协和变化？厘清这些问题的答案或许对从新闻专业的角度书写中国新闻史有所裨益。

再次，针对外国人在华英文报刊的个案研究在中国国内还是相对较少的。和欧美新闻史学研究相比，中国新闻史的通史和断代史研究明显要强于对个案的研究。相比之下，欧美的个案研究可以说是丰富多彩的。中国人民大学的方汉奇先生曾经在给北大新闻与传播学院研究生讲课的时候说过,中国新闻学界对新闻通史和断代史的研究是比较充分的,甚至不少人在做重复的工作。他呼吁年轻的新闻史学者更多地投入到个案的研究中去。

近年来,中国新闻史学界加大了对民国时期新闻史的研究力度。方汉奇先生在为王润泽女士撰写的《北洋政府时期的新闻业及其现代化》所作的序言中这样描述针对北洋政府时期的新闻史研究:"长期以来,这段时期新闻事业史的研究,除了中国共产党早期办报活动的历史和个别大报的历史外,大部分都被忽略了、被淡化了、被简单化了。这不能不说是整个中国新闻史研究,特别是中国现代新闻史研究的一个重大缺陷。"①

由此可见,《密勒氏评论报》有着毋庸置疑的研究价值。对它的研究有助于更清晰地呈现外国人在华办报的历史,是对民国时期中国新闻史研究的有益补充,也是从特定角度研究新闻史的一次尝试。可以说,《密勒氏评论报》是一份不该被忽视的美国在华英文报刊。

毋庸讳言,中国近代报刊的历史是由外国人开启的。戈公振在其所著的《中国报学史》中论及在华外文报刊时评论到:"语其时间,以葡文为较早;数量以日文为较多;势力以英文为较优。外人在我国殖民政策之努力,可于此推而知也。"②戈公振还认为:"此种外国文报纸之发行,当然系供给其本国人阅览,然外人在华所设学校之中国学生及少数注意外事之华人,亦有购而读之者;同时亦能招致我国大商店及有关外人之广告,故不能谓其直接与华人无关系也。"③

在近代历史上,中国报业的最新现代化进程不仅仅体现在外国人在华创办的中文报刊上,在某种意义上来讲,更体现在他们在华创办的外文报刊上。相比于外国人在华创办的中文报刊,其所创外文报刊更能代表西方近代报刊的先进性。自1822年在澳门创办的《蜜蜂华报》始,外国人在中国境内的外文报刊有着近两百年的历史。它们一直是中国土地上一支不可忽视的新闻力量。其中,英文的《大美晚报》

---

① 王润泽:《北洋政府时期的新闻业及其现代化》,北京:中国人民大学出版社2010年版,第3页。
② 戈公振:《中国报学史》,上海书店出版社1989年版,第83页。
③ 同上书,第84页。

《密勒氏评论报》：美国在华专业报人与报格(1917—1953)

《字林西报》和《密勒氏评论报》影响最为广泛。① 笔者认为，《密勒氏评论报》以其鲜明的新闻专业主义办刊特色而独树一帜，成为中美交流历史上浓墨重彩的一笔。

中美关系最早始于商贸往来。1784年2月22日，刚刚独立一年多的美利坚政府就派遣"中国皇后"号商船，满载着皮毛和人参等货物，从纽约出发，穿越大西洋，绕过好望角，辗转印度洋，最终历时半年多，于1784年8月28日抵达广州。在销售完船上货物后，"中国皇后"号又载着中国的茶叶、丝绸和瓷器等，沿原航线返回，并于1785年5月10日回到纽约。② 此后，美国作为一个独立的国家，逐渐汇入了西方对中国施行殖民化的潮流。整个殖民化的历程交织着贸易往来、传播教义、政治干涉乃至军事胁迫等多方面的交流和角力。其中，新闻与传播活动领域更是集中体现了这种"政、教、商"的"铁三角"关系。因为这些西方的新闻媒体不仅是"铁三角"的一环，它们同时记载了国际社会在华的各种重大活动。

最早的外国人在华报刊服务于"宣传基督教义"等宗教目的。因为清政府禁止西方人在中国宣传教义，所以早期来华的传教士只能打着"医学"和"教育"等幌子，从事所谓的医学传教和教育传教等。而这些活动大多与办报活动相结合。但是，早期传入中国的西方近代报刊尚不具备直接面向中国大众传播各种敏感信息的条件，也就不能堂而皇之地到处宣传基督教义。因此，早期的美国人在华所办报刊只能更多地介绍"格物致知"等文化知识。随着西方殖民势力在华的日益深入，外国人在华办报的目的也随之发生了变化。戈公振在他的《中国报学史》中对外国人在华办报活动的目的做了这样的描述："外人之在我国办报也，最初目的，仅在研究中国文字与风土人情，为来华传教经商者之向导而已；而其发荣滋长，实亦借教士与商人之力。今时势迁移，均转其目光于外交方面矣。"③

美国在华的办报活动虽然稍迟于欧洲强国，却呈现出鲜明的特

---

① 方汉奇、李矗主编：《中国新闻学之最》，北京：新华出版社2005年版，第337页。
② 陶文钊、何兴强：《中美关系史》，北京：中国社会科学出版社2003年版。
③ 戈公振：《中国报学史》，上海书店出版社1989年版，第83页。

色。它不仅在各个时期,在中国沿海各通商口岸都有办报的足迹,而且都有出色的代表性的报刊。特别是随着英国在全球的势力日益衰落,美国在华的办报活动大有后来居上之势。这集中体现在美国人的《大陆报》和英国人的《字林西报》之间的竞争上。两者之间的竞争直接催生了《密勒氏评论报》。

中美两国学界对那些曾在中美之间文化、经济和外交关系中扮演着中间人角色的传教士、商人和外交人士有着比较充分的研究,但是对专职报人和报刊的研究则相对较少。迄今为止,中国国内更是鲜有专门研究中美两国新闻交往历史的成果。对个案的研究也不多。这种忽视低估了美国的专业编辑、记者和美国报刊,特别是英文报刊在中美两国和两国关系中的作用和影响力。正是在19世纪末和20世纪前半叶,美国编辑和记者作为一个职业团体在中国开始活跃起来。他们主要通过办报,以及其他新闻与传播活动给中美关系、中国新闻业,甚至整个中国社会都带来了广泛而深刻的影响。

1974年,宾夕法尼亚大学博士生莫迪凯·罗赞斯基(Mordechai Rozansky)以早年间在华的美国职业和专业编辑记者为研究对象,撰写了他的博士学位论文,题为《中美关系中美国记者的角色(1900—1925)》。[①] 该论文评述了20世纪前25年美国记者以及美国在华英文报刊在中美关系中发挥的作用。论文以很长的篇幅论述了密勒通过《大陆报》和《密勒氏评论报》在中国政坛以及中美关系中发挥的影响力。罗赞斯基认为,密勒是通过新闻传播活动影响中美关系的奠基性的人物。而在此之前,美国在华报刊,特别是英文报刊的影响力是极为有限的。罗赞斯基的研究是较早尝试从新闻与政治的关系等角度,去论述美国在华专业编辑和记者所扮演的角色及其影响力的。

戈公振在《中国报学史》中以寥寥数语对《密勒氏评论报》做了一个准确的定位:"*Weekly Review of the Far East*(原名《密勒氏评论报》)为美国人所创办,系论政治与财政之周刊,由鲍威尔(J. B.

---

① Mordechai Rozansky, "The Role of American Journalists in Chinese-American Relations, 1900-1925," University of Pennsylvania Doctoral Dissertation, 1974.

《密勒氏评论报》：美国在华专业报人与报格(1917—1953)

Powell)编辑。"①方汉奇先生引领的一个团队则在《中国新闻事业通史》中更详细地论述了20世纪30年代外国人在华新闻事业新动向。在论及《大美晚报》《字林西报》和《密勒氏评论报》时，这部通史评价说，这三份重要的英文报刊"对抗日、争取民主活动的宣传报道，在中国人民抗日救亡运动中起了积极作用"②。它还把《密勒氏评论报》界定为一份"资产阶级自由主义"的报刊。

不论是《中国报学史》还是《中国新闻事业通史》，它们基本上将这些外文报刊作为一个整体并加以论述。这种整体性的论述为我们展示了一个在华外文报刊的全景图，为后来的相关研究厘清了在华外文报刊发展的脉络，奠定了一定的研究基础。但是，这种整体性的描述忽略了各国在华外文报刊之间的差异。比如说美国和英国虽然同属英语文化国家，但它们在华的英文报刊之间却存在着有趣的"竞争与合作"的关系。这种整体性的描述同样淹没了像《密勒氏评论报》这样出色的、有着深刻影响力的英文报刊。正因为如此，中国新闻史学界期待更多的对外国在华外文报刊的个案研究。

1962年，我国台湾留美学者尹雪曼先生在密苏里大学新闻学院撰写了他的硕士毕业论文，论文题目就叫做：*The China Weekly Review*，姑且译作《〈密勒氏评论报〉研究》吧。这篇论文用很大的篇幅对20世纪上半叶中国的政治局势进行了全景式的描述：义和团运动、清王朝的覆灭、辛亥革命的成功、袁世凯称帝、北洋政府统治、南京国民政府的成立、抗日战争、国共内战和中华人民共和国的成立等。这50年的历史恰恰是《密勒氏评论报》的三任主编在中国经历的历史时期。③ 与此同时，尹雪曼先生还概述了这一时期列强在中国势力的分化组合，重点叙述了日本对中国一步步蚕食和鲸吞的行为。在叙述背景的基础上，尹先生进一步分析了刊物的办刊宗旨、经营方式和办刊理念等。

---

① 戈公振：《中国报学史》，上海书店出版社1989年版，第89页。
② 方汉奇等主编：《中国新闻事业通史》第2卷，中国人民大学出版社1996年版，第673页。
③ 《密勒氏评论报》第一任主编密勒恰好是1900年作为《纽约先驱报》的驻外记者来到中国报道义和团运动的。后来他继续在远东地区报道日俄战争，并在此期间结识了孙中山、袁世凯、伍廷芳和唐绍仪等对中国历史产生重大影响的政坛要人。密勒本人也因此成为中美外交事务的顾问。

该文还着重研究了老鲍威尔的办刊理念。尹先生的论文为进一步研究《密勒氏评论报》奠定了的基础。

从2008年8月开始,作者借在密苏里新闻学院访学之机,充分利用该学院的图书馆资源以及覆盖全美国的馆际互借等有利条件,不仅将124卷合订本的《密勒氏评论报》中的120卷用相机拍摄下来,还搜集了大量的刊物创办者的个人资料,以及其他相关人员的一手资料。密苏里大学的"西部历史文献汇编"①(Western Historical Manuscript Collections)办公室收藏了大量美国西部重要历史人物留下的文献资料,其中就包括《密勒氏评论报》的创办者密勒和鲍威尔父子留下的手稿、往来信件和照片等资料。

在美国新闻界,《密勒氏评论报》的三位主编都曾名噪一时。密勒本人是中东问题,特别是中国问题的专家,著述颇丰。老鲍威尔在中国持坚定的反日立场,后在日本人的监狱里遭受残酷的折磨而失去双脚,并因此成为第二次世界大战时期美国人心目中的反日英雄。老鲍威尔后来出版了回忆录《在中国的二十五年》,记录了他在中国的经历。小鲍威尔则因在朝鲜战争中反对美国的立场而一度遭受"麦卡锡主义"的缧绁之苦。后人著书记录了他在中国继续出版《密勒氏评论报》的经历。这些都为研究这份重要的刊物提供了丰富的资料。密勒和鲍威尔父子都是密苏里大学的毕业生。前者毕业于该校的法学院,后者毕业于新闻学院。他们三人留下的私人来往信件、手稿和照片弥足珍贵,有助于更深入地研究《密勒氏评论报》。

在一年的访学期间,笔者用数码相机拍摄的资料照片占据了60G的容量。2009年8月,笔者回国后又在国家图书馆和北京大学图书馆将所缺《密勒氏评论报》其余4卷合订本补齐,从而为中后期的研究奠定了坚实的基础。在浏览、选择和认真研读《密勒氏评论报》全部"短社评"和"特别稿件"的基础上,笔者结合该刊的编辑记者留下的文献,深入探析这份刊物是如何在20世纪上半叶中国上海的特殊"场域"里发挥报刊的"公共服务"功能的。"公共服务"是当时美国新闻专业主义的核心理念。笔者力图将宏观分析和微观分析结合起来,既勾勒

---

① 名称为笔者所译。

《密勒氏评论报》：美国在华专业报人与报格(1917—1953)

《密勒氏评论报》所处的各种宏大的场域，也研究这份刊物如何在这种宏大的环境下与各种场域的互动关系，从而做到"点"与"面"的结合。

新闻社会学对新闻生产的研究，可以概括为政治、经济、社会组织、文化以及技术五种视角。这些视角主要从研究媒介所处的政治体系、经济、社会组织、社会文化和技术的环境来解读新闻生产的过程。[①]这些视角是和法国社会学家布尔迪厄的"场域"理论高度契合的。在《国家精英》一书中，布尔迪厄对社会学中的"场域"一词作了这样的解释："社会学的目的在于揭示构成社会空间(social universe)的不同社会人群的最深层的结构，以及倾向于确保社会空间的再生产或者变革的'机制'。"[②]布尔迪厄的场域理论包含四个方面：(1)场域是表示各种要素关系的结构体系。(2)场域是一种相对自主的社会空间。场域的相对独立性表现为不同的场域具有不同的"逻辑和必然性"。比如新闻场域可以看作"一个独立的小世界，有着自身的法则，但同时又为它在整个世界所处的位置所限定，受到其他小世界的牵动与推动。说新闻界是独立的，具有自身的法则，那是指人们不可能直接从外部因素去了解新闻界内部发生的一切"[③]。(3)场域是具有策略性和竞争性倾向的系统。(4)场域的疆界是一些动态的疆界。

布尔迪厄是这样定位新闻场域的："与大多数我们所见到的场域一样，新闻场域自主性也很低，它基于两极的矛盾对立中：一端是不受任何制约的'纯粹的'自主场域，如国家、政治、经济权力，另一端是几乎完全依赖的这些权力和商业力量的场域。"也就是说，新闻场域相比于科学场域、艺术场域甚至法律场域等更容易受到商业逻辑、政治干预的操控。布尔迪厄发展了马克思的资本理论，把影响某一场域的权力或者力量统称为"资本"，并把这些资本划分为政治资本、经济资本、社会资本、文化资本和象征性资本。人们都在谋求已有资本的扩大。

---

① 陈沛芹：《美国新闻业务导论：演进脉络与报道方式》，合肥：安徽大学出版社2010年版，第11页。
② 〔法〕皮埃尔·布尔迪厄：《国家精英》，杨亚平译，北京：商务印书馆2004年版，第1页。
③ 〔法〕皮埃尔·布尔迪厄：《关于电视》，许钧译，沈阳：辽宁教育出版社2000年版，第44页。

而拥有某种资本的人也会极力向其他资本领域扩张。依据这一理论，吴飞认为新闻场域内有三个最显见的权力：一是政治权力，二是经济权力，三是新闻专业主义。①

本书着力呈现《密勒氏评论报》与其他场域里"权力"或"资本"之间的关系，比如说国际关系及各国势力在华的政治与经济利益争夺的宏大场域、国际新闻场域、中国复杂的内部政治场域、各种社会文化团体场域等。著名学者卓南生教授认为，近代史上外国人在华所办宗教报刊体现了"政、教、商"相结合的"铁三角"关系。这三角分别是指"政治""宗教"和"商业"。而这个铁三角也可以说是外国人在华报刊所处的大场域。它们都从各自的角度影响着报业活动。新闻专业人士来华办报或许会让这个"铁三角"的关系有所变化。

本书还将呈现丰富的历史个案。其中专门有一章将展现刊物所采用的多种专业报道手法。选取的个案包括《密勒氏评论报》对西安事变、巴黎和会、日本在华毒品贸易、九一八事变和治外法权等事件和话题的报道。通过这些个案，我们能看到刊物的编辑记者是如何运用各种美国新闻界常用的专业报道手法的。

近年来，中国新闻史学界力图在新闻史研究的方式和方法上有所创新，特别是突破以往史料堆砌和按照革命史来给新闻史断代的新闻史呈现方法。很多学者尝试着用不同的方法和从不同角度去诠释中国新闻传播的历史。这本著作拟使用"描述式"和"解释式"相结合的叙事方法去呈现和诠释《密勒氏评论报》。这种方式契合中国的"史论结合"方式。

本书还将日常生活作为西方报人生活世界的主要部分纳入新闻史的研究视野，因为这种现象学探究方法，能够探究新闻传播活动背后的意蕴。新闻专业主义作为本书的主题，是新闻从业者的职业核心理念和实践的准绳，如果不从从业者的日常实践入手，是难以想象的。本斯曼和林菲尔德就认为，意识是通过职业和专业活动建构的。也就是说，如果我们想揭示出新闻从业者的专业主义理念，我们就需要进入他们的日常实践场域，进入他们的职业和专业活动发生地进行考

---

① 吴飞：《新闻专业主义研究》，北京：中国人民大学出版社2009年版，第211页。

察,舍此别无良法。①

在写作的过程中,丰富的史料既让笔者欣喜不已,也带来了巨大的身心负担。因此笔者耗费近两年的时间才将其分门别类,并最终萃取出自己所需的资料,在浩如烟海的史料中对研究主线的探寻和把握。在紧盯"新闻专业主义"这条线时,笔者思索得最多的是新闻本身的历史和宏观历史背景之间的关系。近年来,越来越多的中国新闻史学者对中国新闻史和中国革命史之间的暧昧关系提出了异议。有人认为,过去中国新闻史,特别是近现代新闻历史,被按照中国革命的发展阶段来断代,一部中国新闻史就是中国革命史。有学者认为:"新一代历史学家虽然风貌各异,取舍万殊,但在一系列内在理路上却又颇多共通之处,概括起来可以归结为"文""史""哲"三个方面,具体说来就是三个命题:"一切历史都是当代史""一切历史都是思想史"和"一切历史都是文学史"。② 这样的历史观虽然在很大程度上反映了史学的一个事实,但是它很容易将新闻史的研究引向一个迷途,那就是将历史当作"小姑娘"来随意打扮。窃以为,研究新闻史应该盯紧新闻事业本身的发展脉络,让新闻媒体所反映的万千世界都成为新闻史研究的素材,而不为其所累。这样我们就不容易在研究历史的时候迷失自己的方向。

世界上每一个专业(profession)都源自职业(vocation)的诞生。而某种职业的诞生首先是因为越来越多的人发现它"有利可图",才专门从事这一职业。随着某些职业越来越被人们广泛接受,职业主义(vocationalism)便因之而衍生,并催生了相应的职业教育(vocational education)。有些职业对从业者的要求越来越高,专业知识也就日益不可或缺。这些职业因此逐渐上升到了专业的高度。可见,特定的专业要求其从业人员具备相应的专业主义(professionalism)知识和技能。只有专业人士(professionals)才能胜任这些专业领域的工作。专业人士是指有专门知识并组成特定行业的人,他们受过专门的教育,

---

① 转引自吴飞:《新闻专业主义研究》,北京:中国人民大学出版社2009年版,第180页。
② 李彬:《全球新闻传播史(公元1500—2000)》,北京:清华大学出版社2005年版,第7页。

有体面的职业,受人尊敬,社会地位较高,例如医生、律师、建筑师或教授。这些领域进入专业化阶段后,都产生了各自领域的专业知识,有的成为高等教育中不同的学科和专业。

虽然专业主义的概念范围还稍显宽泛,但是人们对它的理解已经有了很多共识。大卫·卡尔就为我们清晰地归纳出专业主义的5个标准:(1)提供一种重要的服务;(2)既有理论背景,又有实践背景的专门技能;(3)有特别的伦理维度,且一般都明确写在实践规范中;(4)有组织和内部约束的规则;(5)职业人员要有较高程度的个人自治—独立判断权力。[①]

应该说,新闻专业主义是一个自然的组合词,是由journalistic和professionalism组合而成。谁最先提出和使用这个词组并不重要,重要的是这个词组的内涵的不断丰富与延伸。盖伊·塔奇曼认为早在19世纪90年代就出现了新闻工作的专业主义。[②] 这一说法的根据就是美国新闻界引领了新闻专业化的潮流。这个时候,新闻作为一个行业早已广为人们所接受。公众和新闻界本身自然而然有了对新闻业施以规范的要求。这些规范即是新闻专业主义的萌芽。新闻专业主义的内涵最早体现在对本专业规范的零星表述上。随后是各家报刊纷纷制定本报的"规范"或"信条",特别是主流报刊所制定的"规范"或"信条"。接下来是整个新闻界制定共同遵循的"规范"或"信条"。而新闻学的诞生则标志着新闻专业主义进入了全面规范化表述的阶段。

对应大卫·卡尔界定的专业主义的五个标准,新闻专业主义就应该涵盖:(1)提供新闻信息等(一种重要的服务);(2)新闻理论与新闻报道的专门技能;(3)新闻伦理;(4)新闻业的行业规范;(5)新闻自由。显然,这5项有关新闻专业主义的标准恰恰是新闻学的要义。据此,我们可以推断,新闻学的要义其实就是对发展到高等教育阶段的新闻专业主义的集中表述。

我们可以通过辨析新闻学对应的英语单词journalism的词义,作

---

① 转引自吴飞:《新闻专业主义研究》,北京:中国人民大学出版社2009年版,第26页。
② 〔美〕盖伊·塔奇曼:《做新闻》,麻争旗、刘笑盈、徐扬译,北京:华夏出版社2008年版,第156页。

出同样的推断。众所周知,高校各学科和专业的英语名称按词形大致可以分为两大类。一类是以"-ics"结尾的专业名称,比如说:physics、mathematics、economics 和 politics 等;另一类是以"-y"结尾的专业名称,比如说:history、geography、chemistry 和 philosophy 等。"新闻学"对应的英文名称是"journalism"。它的后缀既不是"-ics",也不是"-y",而是"-ism"。而以"-ism"结尾的词是"某某主义"的意思,比如说大家都很熟悉的 socialism(社会主义)、capitalism(资本主义)、Marxism and Lenism(马克思列宁主义)。在西方,某某名人发明了某种理论或主张,人们往往就在他/她的名字后面加上"-ism",作为这种理论的名称。这样的例子不胜枚举,除了前面的马列主义,还有诸如 McCarthism(麦卡锡主义)、Starlinism(斯大林主义)等。另外,还有一些以"-ism"结尾的词表达的是各种社会思潮,比如说 feminism(女权主义)、nationalism(民族主义)、militarism(军国主义),以及前面提到的 socialism 和 capitalism 等。

由此可见,把"journalism"翻译成"新闻学"显得不够严谨。如果将它翻译成"新闻主义"或"新闻专业主义",显得更为贴切。从另一个角度看,所谓的新闻学(journalism)严格来说仅仅停留在"主义"的层次。它或许并没有上升到一个严谨的学科的高度。我们也可以把新闻学的英语单词"journalism"看作是 journalistic 和 professionalism 两个词的组合。它只不过是上升到了高等教育阶段的"新闻专业主义"(journalistic professionalism)的简称。本书论述的正是刚刚上升到了高等教育阶段的新闻专业主义。

19 世纪和 20 世纪之交的美国新闻业已日益成为科层化的机构,编辑记者与经营管理人员逐步分开。新闻工作也日益专业化,形成独立的编辑和记者群体。专业主义的思想在全美新闻界已经深入人心,美国新闻工作者开始共同制定适当的专业规范。当时,培养记者的方式也刚刚从报社培训过渡到由大学培养的阶段,新闻专业主义的内涵还没有现在这样丰富。可以说,那个时期的美国新闻专业主义刚刚脱离了职业特色,并且正在向专业化方向大踏步前进。新闻学进入大学的殿堂标志着新闻专业主义发展的新高度。而密苏里大学则开新闻学教育之先河,于 1908 年正式成立新闻学院,同时开创了新闻教育的

"密苏里模式"。这一模式为新闻领域的专业化开启了一扇门。自此，全美高校纷纷设立新闻院系，从而加速了新闻专业化的进程。①

《密勒氏评论报》创办于1917年，停刊于1953年。这一时期正是美国新闻专业主义思潮快速发展的阶段。在这期间，普利策在推广新闻教育、专业化地培养新闻记者方面作出了巨大贡献。1904年，普利策在《北美评论》月刊上发表了《新闻学院》一文。在这篇文章中，普利策解释新闻学院的目的是像其他行业，如律师、医生的培训一样，提供只有做记者才需要的专业知识。世界上首任新闻学院院长沃尔特·威廉士（Walter Williams）和普利策的观点高度契合。他和普利策一样孜孜以求，要将新闻专业送入高等教育的殿堂，并且要让这个专业成为和法学、医学等平起平坐的严肃的学科。那么，新闻专业是否应该像会计和工程专业那样以客户利益为中心？威廉士对这个问题进行了数年的思考。直到一次在对报纸编辑发表题为《记者的专业教育》（Professional Education of Journalists）的演讲时，他才明确阐明新闻专业高于纯粹的商业和贸易：

> 没有什么比公共服务更能衡量一份报纸的价值了。新闻学不只是面包和黄油（尽管它们是必需的），也不只是股票的分红。新闻专业有着更高的使命，那就是公共服务。报纸不论大小，都是社会公器。②

1914年，威廉士拟定了世界上第一个《记者信条》[见附录1：沃尔特·威廉士所拟之《记者信条》（英文版）]，进一步明确了报刊的"公共服务"功能。同时，它也是新闻学界第一次系统地阐述新闻专业主义的内涵，特别是专业道德和伦理的内涵。现将该信条的前三条摘录如下：

> 我坚信，新闻是一个专业。
> 我坚信，公众的报刊就是公众的委托；所有从业者都是受公

---

① Betty Houchin Winfield ed., *Journalism, 1908: Birth of a Profession*, University of Missouri Press, p. 10.
② Ibid., p. 88.

众的委托,担负起全部的责任;凡是对"公共服务"稍有懈怠者,即是对此种委托之背叛。

我坚信,清晰的思维与表达、准确和公平是好新闻的根本。①

从威廉士的《记者信条》,我们可以看出当时美国的新闻专业主义已经具备了基本的概念要素。这些要素包括:(1)发挥报刊的"公共服务"功能(主要是提供新闻信息);(2)以专业知识和技能追求报道的准确性和真实性;(3)强调新闻自由(报刊的独立性与自由性);(4)讲求新闻报道的公平性和平衡性等;(5)重视新闻伦理(将《圣经》看做新闻记者应遵循的道德准绳)。罗纳德·T.法拉尔(Ronald T. Farrar)将威廉士一生所宣扬的理念归结为三大主题:新闻专业主义(professionalism in journalism)、对上帝的信仰以及世界和平。② 法拉尔认为威廉士所拟定的《记者信条》就是他对新闻专业主义的集中表述。在将威廉士的《记者信条》和美国早期一些职业报人对新闻专业规范的表述相比较后,法拉尔认为威廉士对新闻专业主义的表述最为美国新闻界所广泛推崇,甚至在全球发挥了很大的影响力。③ 美国《编辑与出版人》杂志更是直接将威廉士倡导的新闻专业主义和美国的价值观联系了起来,认为他的《记者信条》服务于美国式民主在全球扩张的目的:

沃尔特·威廉士坚信并倡导的《记者信条》恰恰是为了美国民主。同时,他也是为了日本帝国、挣扎中的中华民国,以及所有尚在国王统治之下或独裁者横行的地方。当全世界的人们都接受了开明的自治政府的模式,那么全人类的生活将更美好,更安全,也更幸福。④

作为密苏里大学新闻学院早期的毕业生和教师,老鲍威尔深得威

---

① "School of Journalism for China," *The China Weekly Review*, Vol. 26, No. 1, September 1, 1923, p. 4.
② Ronald T. Farrar, *A Creed for My Profession: Walter Williams, Journalist to the World*, University of Missouri Press, 1998, p. 200.
③ Ibid., pp. 201—204.
④ Ibid., p. 204.

廉士所阐述的美国新闻专业主义的精髓。在接受威廉士的委托和密勒的邀请后,老鲍威尔带着他的新闻专业主义的知识、理想和激情①,踏上了来中国办报的行程。也正是在《密勒氏评论报》的创办过程中,美国本土的新闻专业主义内涵也继续得到丰富与完善。

《密勒氏评论报》诞生于美国崛起并开始其海外扩张时期。刊物在上海出版的30多年里,美国也逐渐成为世界头号强国。整个20世纪上半叶的国际格局可以概括为:美国崛起、欧洲列强的没落、苏联的异军突起和日本掠夺式的实力爆发。这种大格局的演变在全球各地呈现出波澜壮阔的历史景象。两次世界大战成为各方势力分化组合的分水岭。其中最引人瞩目的莫过于美国崛起给整个世界带来的冲击和变化。

美国外交政策的发展历程大致可分为三个时期,即大陆扩张时期(1775—1897)、海外扩张时期(1898—1945)和全球称霸时期(1946年至今)。美国政府在这三个阶段都提出了具有时代意义的政策口号。一是孤立主义;二是"门户开放政策";三是遏制政策。三者都是为其扩张主义服务的。②

美国崛起后,以强大的经济实力为后盾,极力向全球扩张。"金元"外交的目的是将强大的经济资本转化为全球的政治和文化影响力。20世纪上半叶的美国已经不再满足于追随英国殖民者的足迹,进而开始以强大的经济和军事实力为后盾,向全球推广其价值观。在"门户开放"政策的引领之下,大批美国人来到了远东,来到了中国,来到了上海。正是在这一背景下,一批受过新闻专业教育的报人来到中国追求他们的新闻梦想。

与此同时,中国新闻业呈现出独特的局面。其报刊发行量颇为有限。虽然其人口基数较大,但是只有约百分之八的人能够阅读。然

---

① 专业主义激情是以理性的专业知识为基础的,而激情则生发于内心的感性冲动,专业主义激情所需要的就是将理性的把握与情感的演绎完美结合。它是一种精神状态,以享受的心情求索于自己的专业领域。不同的专业有不同的专业哲学,对于具备专业主义精神的人来说,不计回报和代价地忘我投入是一种常态,在专业的领域他们可以苦中作乐,以专业哲学为准绳,以饱满的激情为填充,激发潜能、战胜困难、超越自我,升华人生。(2011年4月2日中国移动手机报—《新闻早报》)

② 杨茂盛等编:《美国外交政策史》,北京:人民出版社1991年版,第9页。

而,这百分之八的人口是最具影响力的一部分人。① 另外,大部分报刊还是党派或私人言论的喉舌,几乎没有报刊是独立经营的企业。相比发达的西方世界,新闻自由在中国还是一个新鲜的观念。报刊的独立在这里更是一种奢谈。可以说,中国还不具备产生优秀现代报刊的土壤。这并非是说中国自办的报刊没有什么优点。相反,它们在本土发挥着很重要的影响力。但是就新闻业本身的发展来说,20世纪早期的中国尚缺乏新闻专业的范式。可以说,中国新闻业同样是一片"试验田"或"演练场"。另一方面,中国独特的半殖民地环境,特别是其租界又给西方新闻人提供了特别的机会。美国专业新闻人最早盯上了这一片待开垦的土地,也看到了别国强化在中国新闻领域竞争力的趋势:

> 我们极为关注它们(中国报刊)对美国的报道。中国正环顾四周,欲找到她在这个世界里相应的位置。中国的人民大众将通过报刊获取有关本国和他国最新发展的新闻和观点。这里还没有训练有素的记者,没有固定的(新闻)传统。报刊通常是粗鄙狭隘的,时常和贪腐有染,且大多粗制滥造。外国人对其予以资助——有时直接资助,更多的是通过提供廉价新闻的方式间接地予以资助。
>
> 北京那家主要的中文报刊就是由日本人拥有、主编并为其提供支持。人们公认它狡猾地通过使用汉字"我们"的手段,让读者无从判断其编辑指的是中国人还是日本人。②

另一方面,美国人越来越不满足于有关美国的新闻经由路透社,辗转跨越大西洋,抵达伦敦,而后又取道南非的开普敦,最后传往东方的现实。更有甚者,每天传到中国的有关美国的新闻不仅字数被路透社人员随意删减,而且非英国的报刊若想刊登这些新闻,就要付出高昂的电报费。列强在中国的竞争早已延伸到新闻领域。位于中国各

---

① "Tinted and Tainted News," *Millard's Review*, Vol. 1, No. 12, August 25, 1917, p. 322.

② Ibid., p. 321.

"通商口岸"的租界是列强国际新闻领域竞争的据点。① 其中,在上海租界的竞争最为激烈。美国和英国在华新闻业也逐渐从合作走向竞争。

美国人密勒率先在上海向英国人对上海报业的垄断发起了挑战。他于1911年创办了《大陆报》,从而开创了美国人在沪英文报刊的新时代。由于英国人的阻挠,密勒在和英国人的竞争中败北。然而,密勒并没有选择放弃。他要在上海再办一份美国人的报纸。正是在这样的大背景下,老鲍威尔接受密勒的邀请,来到上海,开启了《密勒氏评论报》前后32年多的出版和发行的历程。32年里,该刊经历了密勒和鲍威尔父子三任发行人。它的历史也因此可以简单地划分成三个阶段。由于小鲍威尔是在刊物停刊近4年之后,也就是1945年10月恢复刊物的出版发行的,加之刊物在复刊之后内容和版式风格都逐渐产生了很大的变化,因此本书将小鲍威尔复刊后的《密勒氏评论报》作为一个单独的章节来处理。本书第一章叙述了密勒和老鲍威尔作为职业和专业新闻人的履历和素质;第二章论述了刊物初创阶段是如何奠定其刊行基础和风格的;第三章论述了老鲍威尔独立担任发行人后是如何进一步拉近《密勒氏评论报》与中国和中国读者之间的关系的;第四章探析了刊物专业团队的构成与分布;第五章论述了刊物所发挥的专业服务功能;第六章结合案例呈现了《密勒氏评论报》如何综合性地应用了各种专业报道手法;第七章单独叙述了小鲍威尔恢复刊物的出版发行之后,刊物的专业功能和特色如何一步步蜕变,直至彻底停刊的过程;第八章在前面章节的基础上深入分析了《密勒氏评论报》及其周围的专业新闻人在华实践和传播美国新闻专业主义理念的过程中,遭遇了什么样的困境,取得了怎样的成就,以及做出了什么样的妥协。

---

① "Tinted and Tainted News," *Millard's Review*, Vol. 1, No. 12, August 25, 1917, p. 321.

第一章　美国专业报人来华办报的开端

美国新闻专业人士来华办报一开始就和美国的海外扩张的目标紧密联系在一起。相对于英法等老牌资本主义国家,美国政府似乎更加注重在其海外扩张过程中推行美国的民主和价值观。世界上第一所新闻学院——美国密苏里大学新闻学院的首任院长沃尔特·威廉士所倡导的美国新闻专业主义后来也成为其传承者引以为傲的美国价值观的一部分。20 世纪 60 年代担任密苏里新闻学院院长的厄尔·英吉利(Earl English)对托马斯·F. 密勒(Thomas F. Millard)和鲍威尔父子(John B. Powell 和 John W. Powell)等在海外的美国报人提出了高度的表扬,认为这些出色的新闻专业人士促进了美国和国际社会的理解和合作。英吉利先生还建议美国国务院继续向其他国家派遣由"新闻学院培养的高素质的毕业生"组成"青年传播大使"(Junior Envoy of Communications),因为这些毕业生会向外界讲述美国"为赢得和保护基本自由所进行的历史性的斗争",并且会捍卫密勒和鲍威尔等先辈为之奋斗的基本的新闻学理念和工作原则。[①] 英吉利先生提到的密勒和鲍威尔父子正是《密勒氏评论报》的三任发行人。密勒和老鲍威尔不仅仅是这份刊物的创办者,而且是最早来华办报的西方职业和专业报人。

---

① Earl F. Euglish,"Cold War Role for Journalists," *Freedom of Information Center Publication*, No. 49, pp. 2-3.

第一节　密勒——"美国在华新闻业之父"

密勒的全名叫托马斯·费尔法克斯·富兰克林·密勒（Thomas Fairfax Franklin Millard），1868年7月8日出生于美国密苏里州菲尔普斯郡。15岁的时候，密勒被父亲送到当地的矿业与冶金学校学习。毕业后，他又遵从父亲的意愿进入密苏里大学学习法律和人文学科。但是只学习了一学年，密勒就结束了大学生活。随后6年里，密勒一直在寻找适合自己的职业。

一、一个战地记者的大国视野

1895年，密勒在圣路易斯的《共和党人》报找到了一份工作，开始了他的记者生涯。1897年，密勒拒绝去报道一场火灾，因为他认为一场小小的火灾不值得自己出马。他因此被版面编辑辞退。而就在被辞退前10分钟，报社的经理告诉密勒，詹姆士·戈登·贝内特（James Gordon Bennett）正在为《纽约先驱报》物色一名记者，去报道希腊和土耳其之间争夺克里特岛的战争（Greco-Turkish War），并问密勒是否有意前往。密勒当即表示愿意。随后，密勒也没有告诉报社经理自己被辞退的事，凑足了盘缠，就踏上了去纽约的路，从此开始了他的战地记者生涯。① 密勒的战地记者生涯是围绕着几场战争展开的。他一生报道过的战争包括1897年的希腊—土耳其战争、1898年的美西战争（Spanish-American War）、1899年爆发的第二次布尔战争（Boer War）、1900年的义和团运动（Boxer Uprising）、1904年的日俄战争（Russo-Japanese War）、第一次世界大战以及抗日战争的起始阶段。每一场战争都增强了密勒对国际事务的洞察力，同时也让他日益明确了自己的反英和反日的立场。

1898年，《纽约先驱报》派密勒去报道美国和西班牙之间争夺菲律宾的战争。这是美国首次在太平洋上显示自己实力的一场战争。在报道这场战争中，密勒开始形成自己对国际秩序和美国所应该扮演的

---

①　"St. Louis Interview with Millard," *St. Louis Post-Dispatch*, Aug. 8, 1921, p.13.

《密勒氏评论报》：美国在华专业报人与报格(1917—1953)

托马斯·F.密勒①

国际角色的看法。密勒后来说,对美西战争的报道,初步奠定了自己这样的观点:"作为一个公民和宣传者(publicist),要向那些倾向大国视野和影响力的人看齐。"②这里的大国视野和影响力当然是指美国应该具备的大国视野和影响力了。

1899年,密勒奔赴南非,为《先驱报》、伦敦的《每日邮报》和《斯克里普纳杂志》报道布尔战争。在那里,密勒受到了英军指挥官基钦纳(Kitchener)的热忱欢迎。当时,基钦纳将军正迫切地想得到媒体对这场战争的支持。然而,和全副武装的英军作战的是布尔当地的农民。在密勒看来,这场战争就和当年美国独立战争一样,是一场争取独立的反对殖民压迫的战争。尽管英军给他的采访提供了种种便利,但是密勒就是不为所动。他发回的报道对英军大加挞伐,猛烈抨击英军在集中营里虐待手无寸铁的布尔人。这些文章充斥着反英和反帝的色彩,并且将布尔人的战争神圣化。最终,暴怒的基钦纳将军将密勒从

---

① 《密勒氏评论报》1929年4月第48卷第7期,第265页。

② ("as a citizen and publicist, to take my stand with those who favor a larger national outlook and influence.") On Millard in the Spanish-American War, See Brown, *The Correspondents War*, pp. 131, 414.

身边赶走。①

　　布尔战争的经历增添了密勒对英国帝国主义的憎恨。有两件事进一步加深了这种仇恨。一是,英军炸弹爆炸的弹片在密勒的脸上留下了永久的疤痕;②另一件就是英国的新闻检查制度和对媒体的控制给密勒留下了恶劣的印象。也就是从布尔战争开始,密勒越来越觉得英国对国际新闻进行垄断和控制,并以此来促进英国的外交政策和利益,同时损害了别国的利益。密勒深信路透社和美联社之间的协定、美国报纸对《泰晤士报》报道的大量转载,导致美国人接收的国际新闻处于英国人的掌控之下。而这都是以英国的利益为出发点的。

　　密勒所持的这种观点并非空穴来风。斯诺后来在解释这种观点的来源时说,密勒和他本人一样来自美国中西部的密苏里州。美国中西部人(Midwesterner)长久以来一直有着仇视英国的传统。他们"很容易将自己看作和依然强大的英帝国抗争的弱势一方"③。密勒和斯诺等密苏里人几乎都传承了这一特征。这在《密勒氏评论报》的有关英国的报道中几乎是一以贯之的特色。这种反英的立场后来也影响到了密勒对中国的看法。

　　可以说,密勒和大部分在东方的密苏里报人都是冒险家和先驱,或者说他们是冒险家和先驱之子。他们继承了先辈在西进运动中培养出来的那种开拓和进取的精神。一旦到了东方,这种开拓和进取的精神便转化为一种美国式的理想主义和民族主义。密苏里人普遍认为以密苏里州为代表的中西部人才是真正的美国人。这种精神和美国人普遍拥有的平民主义交织在一起,形成了密勒等在东方的密苏里人为中国鸣不平的特征,加上密勒后天习得的"扒粪式"的报道风格,更加强化了他的平等主义观念和有些过分的自由主义风格,一种个人主义和理想主义交织的风格。20世纪早期,虽然传统的自由主义理论正日益被诟病,但是很多编辑记者追求的仍然是"不受约束的自由"。1917年初,密勒在上海给老鲍威尔的第一印象就是过于随意:

----

① Mordechai Rozanski, "The Role of American Journalists in Chinese-American Relations, 1900—1925," University of Pennsylvania, Ph. D. Dissertation, 1974, p.38.
② Ibid.
③ Edgar Snow, *Journey to the Beginning*, Vintage Books, New York, 1972, p.35.

《密勒氏评论报》：美国在华专业报人与报格(1917—1953)

最后，我提出来一个问题，并且立刻获得了一个出乎意外的回答。那个问题是："我们的报纸究竟以什么样的东西为主要内容呢？"僵直地躺在椅子上的密勒突然大声说："狗日的，我们高兴登什么就登什么！"

之后，当我和中国和外国商人接触了若干次，一再向密勒说明报社的言论方针，对于未来的订户和广告客户都有很大的影响时，我获得的回答总是一笑——关于这一点，后来我终于晓得，由于密勒坚持他的"狗日的，我们高兴登什么就登什么"政策，使他不得不辞掉《大陆报》的总编辑。①

实际生活中的密勒是上海十里洋场一个性子急躁、老成世故的家伙，说话带着密苏里口音。他衣着时髦且舞技精湛。老鲍威尔第一次见到密勒时，就这么描述："他穿着如此考究，我想不出他怎么才能坐下来，又不会弄皱身上那套整洁的西服。"②

十年的战地记者经历将密勒磨砺成一个言辞犀利、有些自以为是的"揭丑式的"记者。这些经历也赋予了他一种服务精神，一种对遭受践踏的下层国家和民众的同情和怜悯之情，以及一种追求人类社会完美的信念。所有这些，让密勒所遵循的职业新闻理念带上了一种道义感和使命感。另一方面，密勒是在美国实力急剧膨胀并开始走上海外扩张之路的时候来到中国的。他要在这里以办报的方式去拓展美国的"大国视野和影响力"。

二、远东的机遇

1900年，密勒作为《纽约先驱报》的记者第一次来到中国，专门报道"义和团运动"。中国给密勒的第一印象和他想象中的反差太大，也让他无比震惊。尽管密勒大学期间没有学过什么有关中国的知识，但是他和很多西方人一样有着对中国与生俱来的偏见，蔑视这个受到专

---

① 约翰·本杰明·鲍威尔：《〈在中国二十五年〉——上海〈密勒氏评论报〉主持人鲍惠尔回忆录》，尹雪曼、李宇晖、雷颐译，合肥：黄山书社2008年版，第11—12页。
② 〔英〕保罗·法兰奇：《镜里看中国：从鸦片战争到毛泽东时代的驻华外国记者》，张强译，北京：中国友谊出版公司2011年版，第112页。

制腐朽统治的破落的国家。① 然而,来到中国后,密勒很快就摒弃了这样的观念。② 在密勒眼中,一场本应该是拯救式的远征变成了西方文明的复仇。在表扬美国军人的克制的同时,密勒谴责英、法、俄、日、德、意等国士兵枪杀毫无防御能力的中国人。他在报道中将八国联军肆意的残暴行为描述成西方以刀剑的方式将文明带给中国人。③ 在报道义和团运动的过程中,密勒逐渐萌生了对中国的同情。

日俄战争的结果使得密勒开始重新审视西太平洋的另一支重要力量——日本。1904 年日俄战争初期,外界普遍预测俄罗斯会取得战争的胜利。所以密勒一开始计划以俄罗斯为报道的主角。结果,日本人战胜了俄国人。为了寻找日本胜利的深层原因,密勒在战争即将结束时去了一趟日本。此次行程坚定了他的看法:日本不仅有向外拓殖的倾向,而且肯定要在海外扩张领土。日本是中国独立主权和美国利益的最大威胁。美国只有积极介入中国,才能确保太平洋地区的秩序。他还认为,美国在太平洋地区有着巨大的战略和经济利益。中国是列强争夺的中心,美国却忽视了这一点。④

日俄战争的结果彻底改变了密勒对日本的看法。他觉得单凭日本并不能构成对美国的威胁。但是如果日本主导了中国,那么它将成为美国的心腹大患。因此,密勒很早就主张美国引领中国阻止这一进程。在密勒看来,东亚国家的文明具有同质性,而且其影响力正在扩大,有可能打破全球力量的平衡。这是美国和整个西方不得不严肃对待的"远东问题"。不论是否愿意,美国都得参与解决这个问题。⑤ 在中国政治最为动荡的敏感时期,密勒不仅准确地预见了远东情势的变化,还敦促美国政府对中日采取新的外交政策,以维持这个地区国际力量的平衡。他在《密勒氏评论报》创刊号的社论中这样评论:

---

① *St. Louis Post-Dispatch*,Aug. 8,1921,p. 13.

② Thomas F. Millard,"The New China,"*Scribner's* 39,Feb. 1906,p. 249 and *The New Far East*,p. 256.

③ Thomas F. Millard,"Punishment and Revenge in China,"*Scribner's* 29,Feb. 1901,pp. 187-194.

④ Ibid.

⑤ Thomas F. Millard,"The New Far East,"New York,Charhes Scribner's Sons 1906,p. 305 and "The Powers and the Settlement,"New York,Scribner's Jau. 1906,p. 120.

《密勒氏评论报》：美国在华专业报人与报格(1917—1953)

> 鉴于日本在此乱局里的角色，以及它在中国可能卷入内战中的动向，我认为如果这场危机早来几个月或一年，我们都不必感到太惴惴不安。世界局势的发展迫切要求日本改变，或者至少暂停其部分对华政策，特别是《二十一条》第五组规定(Group V of Twenty-One Demand)里彰显的那些政策。无须谴责日本现阶段在此政策上改弦更张的虚伪性质，但还是要指出，即便日本一意孤行，坚持推行第五组规定，并抓住内战的机会干涉中国，世界局势也非常不利于它的图谋得逞。俄罗斯的革命和美国正在进行的军事和政治改组，以及其他列强现在和将来对此的反应，都深刻影响着日本的立场，并因而可能影响到它的对华政策。①

此评论发表一周后，密勒又在刊物的第 1 卷第 2 期建言美国政府应该在远东如何作为：

> 生活在其他国家的美国人会很喜欢将美国的外交政策和她在当今世界上的位置对应起来。在我看来，外交委员会对远东局势的考量比美国试图找到某种方式，让太平洋地区问题的发展和美国的政治理念与经济发展一致，并使之和国际平等相融合，更具根本的重要性。更确切地说，它意味着中国、日本和美国这三个围绕太平洋北部的主要国家之间的三角关系的演变。②

经过多年的思考和积累，密勒的第一本著作《新远东》(*The New Far East*)问世。这是一本以中美日三国在远东地区的命运和责任为主题的书。这本书的出版可以说是密勒一生的一个转折点。从那以后，中国就成了密勒终其一生的生活重心。他开始将中美两国的命运联系在一起，不断向两国政府和人民警示日本帝国主义可能会带来的危险。同时，密勒基于对职业前景的分析，确定了自己的目标，那就是：通过自己的职业记者生涯，去促进美国在中国扮演更加积极的角

---

① Editorial Paragraphs, *Millard's Review*, Vol. 1, No. 1, June 9, 1917, p. 2.

② Editorial Paragraphs, *Millard's Review*, Vol. 1, No. 2, June 16, 1917, p. 1. 密勒的观点源自威斯康星大学的 Stanleyt Hornbeck 教授。Hornbeck 认为美国应该通过提供贷款等方式向中国提供援助。该教授著有《远东当代政治》(*Contemporary Politics in the Far East*)。

色,因为中美两国的命运和日本的图谋都需要有人向两国民众发出呼声和警告。这也正契合密勒的野心和民族主义的需求。密勒因此看到远东地区特别需要大量的美国记者,为美国企业报道商机,同时密切关注日本的动向。这些报道将会对政府决策和行为起到决定性作用。而像密勒这样有远见的记者将在中美两国之间扮演更为重要的、具有更高声望的角色。①

三、最早来华的西方职业记者

密勒对英国人把持传播到美国的国际新闻非常不满。他觉得改变这一状况是他这一代美国新闻人的职责。"义和团运动"后,密勒离开中国,直到1904年再次回到远东报道日俄战争。这期间,密勒对中国有了更深的认识。他认为自己以前对中国的错误认识来自英国媒体对远东事务独占式的报道。

此间,另一位深刻影响了密勒的人是来自芝加哥的富商查尔斯·R. 克莱恩(Charles R. Crane)。克莱恩极端仇视英国。密勒在布尔战争期间写的反英文章正对他的胃口。和密勒一样,克莱恩也对英国主宰国际新闻的现状极为不满,并对英国媒体颂扬日本、极力贬低俄国的做法非常反感。克莱恩发誓要对此发起反击。他认为,要想促进美国和中国、俄罗斯等大国的关系,必须要改变国际新闻的这种格局。克莱恩和密勒一样认为,美国在远东地区有着广泛的利益,必须在这一地区保证有及时、全面、准确而独立的消息来源。而且美国在中国的利益也因为英国和日本精心策划的宣传攻势而受到极大的伤害,②密勒"揭丑式"的报道方式正对克莱恩的胃口。于是,他出钱安排密勒从俄罗斯的角度去报道日俄战争。后来,克莱恩在其回忆录中写道:

> 我早期致力于促进美俄关系。这让我深信直接交流的必要性,不只是和俄罗斯,还包括和中国。这些地区和我们有着共同的利益,并且本质上是不和我们对抗的。另外一些和我们利益冲

---

① Millard, "The Fruit of Japan's Victory," *Scribner's* 38, Aug. 1905, pp. 240—251.
② Mordechai Rozanski, "The Role of American Journalists in Chinese-American Relations, 1900—1925," University of Pennsytlvania, Ph. D. disseitation, 1974, p.51.

突的国家则试图离间我们。因此,我们之间的交流是间接的,是受到对我们关系不关心的人控制的。在新闻领域,我们不得不接受多少和我们有些敌对的通讯社(对事件)的解释。①

正是在这样的背景下,越来越多的美国记者和外交人士认识到利用媒体促进美国在华利益以及美中关系的重要性。到了1909年,在亚洲的美国记者虽然数量不多,但是已经取得了越来越稳固的地位。这些记者包括:美联社的麦考米克(McCormick)、《纽约先驱报》驻北京记者奥尔(Ohl)、《纽约先驱报》驻香港记者端纳(W. H. Donald)。而J. 鲁塞尔·肯尼迪(J. Russell Kennedy)和密勒则先后担任过《纽约先驱报》《纽约时报》和《斯克里普纳杂志》三家报刊驻东京和中国的巡回记者(roving reporter)。他们都是一些富有进取心、理想化,甚至野心勃勃的人,且大多训练有素、经验丰富。老鲍威尔回忆说:"密勒可能是第一个,或者至少是第一批来到中国的专业记者之一。"②从这个意义上来说,密勒堪称"美国在华新闻业之父"(the founding father of American journalism in China)。③

在中国的三十年里,密勒在中国新闻界树立了自己的丰碑。自1900年来华报道"义和团运动"开始,密勒可以说是美国新闻业在中国的最为积极的倡导者。这一时期,若论及美国新闻业界对中国的影响力,密勒可以说是首屈一指。他创办了两家著名的报纸:《大陆报》(*The Press*)和《密勒氏评论报》。他还为多家美国报纸和杂志报道中国。这些报刊包括:《纽约先驱报》、《纽约时报》、纽约《世界报》、纽约《先驱论坛报》,以及《斯克里普纳杂志》(*Scribners*)杂志、《世纪》(*Century*)和《国民》(*Nation*)杂志等。从1906年开始到1931年的25年时间里,密勒出版了大量面向美国公众介绍中国的小册子,并且为美国官员撰写了数百份备忘录,从新闻和宣传的角度敦促美国积极介入中国和远东事务。与此同时,密勒也成为远东问题的专家,并在此

---

① Charles R. Crane papers,"His Life and Letters,", Institate of Current Aftairs, New York.
② JBP Collections, Folder 169, Western Historical Manuscripts Collections of Missouri University.
③ Steven R. MacKinnon and Oris Friesen, *China Reporting: An Oral History of American Journalism in the 1930s & 1940s*, University of California Press, 1987, p. 23.

领域著述颇丰。他的有些著作甚至被美国的大学用作教科书。① 与此同时,处于列强掌控之下的中国政府在国际外交舞台上尚不知如何举措。这为密勒提供了施展其外交才能的广阔空间。

密勒之所以被称为"美国在华新闻业之父",最大的原因就是他引领了一大批年轻的美国新闻专业毕业生奔赴中国。这些年轻人大多来自密勒的母校——密苏里大学新闻学院。有很多毕业生在《日本广告人》报(*Japan Advertizer*)、《大陆报》和《密勒氏评论报》实习后,成为当时美国各大媒体驻中国的特派记者。其中就包括为中国人熟知的埃德加·斯诺。他们中有不少人对积贫积弱的中国和中国下层民众持同情的立场,并且都在他们的新闻报道活动中坚持着美国新闻专业主义价值观。这些价值观具体到他们的新闻作品,用斯诺的话来说,就是体现出了"反对殖民主义、反对帝国主义、支持独立、支持国与国平等、支持共和、支持独立自主和支持美国"的价值观。②

四、从职业报人到政府顾问

将目光转向中国和远东地区不久后,密勒就成为美国政府在远东问题方面非正式的顾问,被很多人看做"远东事务最棒的写手"③。其实,早在布尔战争期间,密勒的战地报道就深得西奥多·罗斯福(老罗斯福)总统的赏识。老罗斯福写信给密勒说:"那些发自特兰西瓦尔(Transvaal)或中国的报道,没有谁比你写得更有趣了。"④后来,老罗斯福总统邀请密勒到牡蛎湾(Oyster Bay)一起彻夜长谈中国局势。⑤ 老罗斯福此举是有深意的。他此后也一直将密勒看作中国局势的主要消息来源,对密勒的政治观点印象深刻,并深受这些观点的影响。

---

① "Mr. Millard's Appointment As Nationalist Adviser," *The China Weekly Review*, Vol. 48, No. 7, April 13, 1929, p. 265.
② Edgar Snow, *Journey to the Beginning*, Vintage Books, 1972, pp. 24-25, 30-31, 139.
③ Mordechai Rozanski, "The Role of American Journalists in Chinese-American Relations, 1900—1925," University of Pennsytlvania, Ph. D. Dissertation, 1974, p. 52.
④ "Theodore Roosevelt to Millard," Apr. 27, 1901, T. Roosevelt Papers, Manuscript Division, Library of Congress, Washington, D. C.
⑤ Ibid., "Roosevelt to Millard," May. 4, 1901, Roosevelt Papers.

《密勒氏评论报》：美国在华专业报人与报格(1917—1953)

密勒深信中国将成为美国产品和资本的重要市场，并成为太平洋地区一支平衡的力量。所以他认为有必要保证中国的领土完整，并促进其发展。密勒一再撰文指出，对中国领土完整最大的威胁来自于日本和俄罗斯，以及一些欧洲列强主张排斥美国，瓜分中国。同时，密勒力主美国积极维护中国的领土主权的完整性，并极力主张美国积极维持在中国的"门户开放"政策。密勒还认为，宣传是让美国人意识到这两点重要性的最关键手段。维护"门户开放"政策和中国主权完整几乎成了密勒后半生所尊崇的最大的信条。

在密勒眼中，中国实际上是一个充满活力，并且有着自己治理方式的国家。同时，中国又面临着一个危险的局势。那就是列强虎视眈眈，想尽快将西方文明和现代化强加给中国。密勒认为这才是激起义和团运动，并威胁到这个帝国内部和平的真正原因。然而，密勒一方面认为，西方这么做的结果可能给中国和西方都带来毁灭性的结果，另一方面密勒是为了美国免遭其所谓"黄祸"之害才持如下观点：

> 推动中国工业哪怕一寸的进步，都会导致可怕的结果。如果急切地推进它，可能引起催化作用。如果她巨大的劳动力被唤醒，目前的情势将无法满足其需求，她势必要汲取全球的养分。如果我们触发了这个催化器，我们的繁荣能够逃脱这个报应吗？因为，那些被剥夺了面包的人不会全都死去。①

但是如何让未来中国觉醒的力量不去攻击美国？密勒认为答案就在于拓展美国在中国和远东地区所扮演的角色。具体来说，就是呼吁美国在促进中国繁荣和稳定、取消帝国主义政策方面起到领导作用。因此，密勒极力倡导美国旨在争取贸易平等的"门户开放"政策，希望列强和中国都能够接受这一政策。这样，中国才能够在免于外国干涉的同时不断发展，走向繁荣和稳定；美国能够在保证太平洋和平的前提下，和中国"不受限制地展开全方位的贸易往来"②。可见，密勒最初对中国的观点交织着希望和担心。他既担心中国的过分强大，同

---

① Thomas F. Millard, "The Settlement in China," Scribneri's 29, Mar. 1901, p. 374.
② Ibid., p. 376.

时希望美国能从中国的繁荣中获利。

密勒本人是不折不扣的扩张主义者。他认为,"美国政治家的视野不必再局限于国家的疆域"①。在密勒的心目中,扩张(expansion)和帝国主义(imperialism)是两码事,前者是政治的需要,后者则是伦理问题。他给美国的海外扩张贴上了"美国命题"(American Thesis)的无害标签,以区别于帝国主义的"殖民命题"(Colonial Thesis)。在他看来,美国的扩张是光荣的且能福泽四方的。而英国和日本才是帝国主义的代表,它们将自己的利益置于对其他国家的奴役和盘剥之上。密勒声称,美国的扩张"在美国人看来,仅仅局限于商业、金融和工业领域,而没有获取更多领土的意图。'门户开放'政策是在追求美国利益最大化,同时不会损害别国利益。我们真心希望看到别国和我们共同繁荣"②。密勒认为,全世界都会从"门户开放"政策中受益。它不但会通过贸易机会的均等实现中国的稳定和繁荣,还会促进世界和平。③在以密勒为首的一批美国记者的努力下,越来越多的中国上层人士认同美国是唯一对中国友好的大国。

早期的战地记者生涯,加上长期浸淫于中国和远东事务,使得密勒洞悉当时国际局势的变幻。从日本提出《二十一条》开始,到巴黎和会,再到国联日内瓦会议和华盛顿会议,中国政府都高薪延请密勒为自己鼓与呼。1929 年到 1935 年间,密勒更是正式出任中国国民党政府的外交顾问。《密勒氏评论报》也在此间发表"特别稿件",评析了密勒在中国的顾问生涯,并且将他和中国政府的其他顾问作了比较:

> 迄今为止,南京政府的所有外籍顾问都是被委以具体任务的技术专家。任务完成了,他们的工作也随之结束。在我们看来,对密勒先生的雇用是长年累月的。其政治意味更浓于技术特色。
>
> 这已不是密勒先生第一次以顾问的身份和中国政府结缘了。从 1918 年到 1923 年间,他以同样的身份出任现已倒台的北京政

---

① Thomas F. Millard, America and the Far Eastern Question, New York: Moffat, Yard, and Co., 1909, p. 12.
② Thomas F. Millard, "The Powers and the Settlement," Scribner's 39, Jan. 1906, p. 119.
③ Ibid.

府的顾问。期间,他参加了巴黎和会、国联的三次会议、洛桑会议和华盛顿会议,同时担任其他一些问题的顾问。①

日本发动侵华战争后,密勒蛰伏在逐渐沦入"孤岛"状态的上海。就在日美太平洋战争爆发之前的一刻,他成功地逃离了中国。然而,躲过战争劫难的密勒却饱受病痛的折磨,于1942年9月7日在西雅图家中病逝。

第二节 老鲍威尔——西方来华专业报人的先驱

约翰·本杰明·鲍威尔(John Benjamin Powell)1886年4月18日出生在密苏里州马里昂县的一个大家庭。他是家里的长子,下面有五个兄弟姐妹。马里昂县的居民向来以勤劳和智慧而享誉四乡八里,老鲍威尔的父母也不例外。他们为这个大家庭营造了一个充满爱和欢笑的氛围。在家乡,人们亲切地称老鲍威尔为乔尼(Johnny)。他的妻子曾回忆说,乔尼继承了他母亲的很多特点,是个充满爱心的人。②

从小学开始,乔尼就是一个成绩优异、爱思考的好学生。他特别擅长将自己所思所想写成文章,且常常有惊人之作。他话不多,但肯动脑筋。老鲍威尔后来回忆说,他对新闻的兴趣就来自于他小时候对写作的爱好。他家乡的一位老人回忆说:"乔尼是一个好孩子,现在长成了一个好小伙。他这个人,宁可去死,也不会做自己认为不对的事情。"③

一、密苏里新闻专业背景

早在进入密苏里新闻学院读书之前,老鲍威尔就已经在新闻界积累了一定的经验。老鲍威尔在自己的回忆录《我在中国的二十五年》

---

① "Mr. Millard's Appointment as Nationalist Adviser," *The China Weekly Review*, Vol. 48, No. 7, April 13, 1929, p. 265.
② Mary Powell, "John Benjamin Powell—Enemy Number One," John B. Powell Papers (Collection 3662), Folder 171, Western Historical Manuscripts Collections of Missouri University.
③ Ibid.

中这样叙述了自己早期的新闻职业生涯：

约翰·B.鲍威尔①

我出生在密苏里东北部的一个农场，上的是农村的学校，并且到伊利诺伊州的昆西勤工俭学读完高中和商学院。我跑两条送报的路线，早一次，晚一次。后来，为了赚够上密苏里大学新闻学院的学费，我在古老的《昆西自由报》（Quincy Whig）担任小记者。四年后，我从密苏里新闻学院毕业，并回到了密苏里东北部，在汉尼拔的《信使报》（Courier Post）任职。汉尼拔因为是马克·吐温童年的故乡而著名。在干了四年的报纸促销员、广告经理和城市版编辑后，我回到密苏里大学教授新闻学。②

从1912年开始，老鲍威尔在密苏里大学新闻学院担任教师。他教的是广告学。另外，老鲍威尔还开设了首个"乡村新闻学"课程。同时，他还是美国新闻界广告兄弟会的创办者之一兼首任主席（the president of the charter chapter of Alpha Delta Sigma, national advertising fraternity for men in journalism）。在校期间，老鲍威尔还担任过密苏里大学新闻学协会第一任副主席。③

---

① John B. Powell Papers（C3662），Western Historical Manuscripts Collections of Missouri University.
② John B. Powell，*My Twenty. Five Years in China*，New York：The McMillan Company，1945，p.2.
③ John B. Powell，*Missouri University Bulletin*，Vol. 45，No. 10，May. 15，1944.

二、西方来华专业报人的先驱

1917年初的一天,威廉士院长交给老鲍威尔一封电报。电报是密勒从上海发来的。在电报中,密勒请求威廉士院长给他派一位新闻学院毕业生,去协助他在上海创办一份报纸。在将电报交给老鲍威尔的时候,威廉士院长问他是否愿意去中国上海从事新闻事业。当时老鲍威尔正考虑辞去新闻学院的教师职务,并面临着两个选择:一是去美国南方某报业集团的一家报纸任社长助理(assistant to the publisher),另一个是到美国中西部某商业报纸供职。① 但是,来自中国的邀请对老鲍威尔似乎更有诱惑力,他毫不犹豫地选择来上海这个被称为"冒险家乐园"的城市。

老鲍威尔和密勒是为了打破英国人对外国在华新闻业的垄断而来上海办报的。两人也开启了专业人士来华办报的历史。外国人在华办报的历史大致可以分为三个阶段:传教士办报→商人办报→新闻专业人士办报。从报刊的内容来看,在华外报在不同时期肩负有不同的使命,先后经历了传播教义、传授知识、传播思想和价值观三个时期。而老鲍威尔和《密勒氏评论报》在西方报刊在华传播思想、主义和价值观方面扮演了引路人的角色。密勒终生以新闻为职业。在他之前,西方鲜有以来华办报为职业的人。他的思想已经融入了当时美国新闻界业已形成的专业主义的思维。虽然在创办《大陆报》后,卡尔·克劳(Carl Crow)成为第一个来中国的密苏里新闻学院的毕业生,但是他一直担任一名普通记者和编辑的角色。而老鲍威尔不仅是密苏里新闻学院第一届本科毕业生,而且是真正协同密勒在华创办了一份美国报刊的新闻专业人士。事实上,密勒只是为创办《密勒氏评论报》筹措了启动资金,而报纸几乎所有的刊行工作都是老鲍威尔负责。从《密勒氏评论报》创刊之始,密勒就将编辑工作全部交给了老鲍威尔。老鲍威尔从1917年开始一直担任刊物的执行主编(managing editor),直到1941年被日本人逮捕。因此,说老鲍威尔是《密勒氏评论报》的

---

① JBP Collection, F169, Western Historical Manuscripts Collections of Missouri University.

主要创办者一点儿也不为过。

老鲍威尔也没有料到自己会来中国办报,而且一呆就是 25 年。25 年间,他还兼任过《大陆报》的主编(1923—1925)、《芝加哥论坛报》(Chicago Tribune)驻中国特派记者(1918—1938),以及《曼彻斯特卫报》(Manchester Guardian)和伦敦《每日先驱报》(Daily Herald)记者(1925—1936)。① 作为记者,老鲍威尔一生亲自到现场进行报道的主要事件有在华盛顿召开的限制军备和太平洋问题会议(1921—1922)、中国国民党领导的革命(1926—1927)、中俄 1929 年的短暂冲突、九一八事变、日俄危机(1934—1935)和抗日战争前半段(1937—1941)。② 在上海期间,老鲍威尔还担任过世界广告俱乐部东方协会(the Orient Association Advertising Clubs of the World)主席。③

三、兼容并蓄的主编

老鲍威尔在其主笔时期逐步拓宽了《密勒氏评论报》对中国事务的报道范围。而能在 20 世纪前半叶将新闻报道的范围覆盖中国大部分地区是一件很不容易的事,因为中国在这一段时期里一直处于分崩离析和战乱的状态。刊物之所以能做到这一点,和老鲍威尔在新闻团队里吸收了有着不同立场的编辑和记者有很大的关系:

> 英国出生、在南美人家庭长大的托派记者弗兰克·格拉斯(Frank Glass)是 20 世纪二三十年代上海传媒界又一知名人物。他一边为《大美晚报》《大陆报》和《上海时报》工作,一边兼任老鲍威尔的《密勒氏评论报》助理编辑。他还是美国人办的 XHMA 广播电台广受欢迎的播音员。格拉斯的经历表明坚定的社会主义者也是不断壮大的中国记者队伍的有机组成部分。虽然 J. B. 鲍

---

① Introduction to JBP Collections (C3662), F169, Western Historical Manuscripts Collections of Missouri University.
② 老鲍威尔一生还写过一些著作,主要包括:《小城镇报纸的方法与理念》(Methods and Ideals for Small Town Newspapers)(1914)、《如何为乡村报纸赢得读者》(Getting Subscribers for the Country Newspaper)(1915)、《小城镇报纸的效能》(Newspaper Efficiency in the Small Town)(1915)、《中国名人录》(Who's Who in China)(1926)和自传《在中国的二十五年》(My Twenty-Five Years in China)(1945)。
③ John B. Powell, Missouri University Bulletin, Vol. 45, No. 10, May. 15, 1944.

威尔比较偏爱那些不安分的人,他本人却绝不是一个社会主义者。他本就知道格拉斯参加了中国托派共产主义联盟,并以梁约翰、麦拉·魏斯和李福仁为笔名在全球各革命报纸上发表文章,但他仍然尊重格拉斯并继续雇用他,发表他的文章。①

事实上,即使是左派,只要埋头苦干就能在《密勒氏评论报》或者《大陆报》获得一份工作。老鲍威尔似乎不太在意报纸旗下员工的政见如何,也不在意他们的意识形态倾向。史沫特莱就是一个例子。她虽然也算是一个广交朋友的人,但是初到上海时,除了和埃德加·斯诺、弗兰克·格拉斯、哈罗德·伊萨克斯和老鲍威尔外,史沫特莱和绝大多数记者保持着一定的距离。尽管与老鲍威尔政见不同,史沫特莱仍认为他是一个正直的人,而老鲍威尔有时也发表她的文章。

约翰·B.鲍威尔在《密勒氏评论报》办公室内(照片为作者翻拍)②

在老鲍威尔接手刊物后,20年代的中国政治走向和东西方关系也变得越来越模糊。到了30年代,有的外国作家支持国民党,有的站在

---

① 〔英〕保罗·法兰奇:《镜里看中国:从鸦片战争到毛泽东时代的驻华外国记者》,张强译,中国友谊出版公司2011年版,第152页。

② JBP Collections (C3662), Western Historical Manuscripts Collections of Missouri University.(照片为作者翻拍)

共产党一边,有的坚决支持外国在华势力(他们最后往往倒向日本),一切都变得扑朔迷离。在20世纪中国最喧嚣动乱的年代里,在华记者队伍也变得越来越复杂化、多元化和国际化。① 老鲍威尔也成为"在亚洲有着深远影响力的报人"②。在他的麾下,《密勒氏评论报》不仅成为"密苏里新闻帮"中美国记者的一个"根据地"或"中转站",甚至成为很多西方记者来华后首先投奔的目标。

四、在华日军的"头号敌人"

《密勒氏评论报》所执行的敌视日本的编辑方针使得老鲍威尔很早就成为日本侵华势力的眼中钉。创刊之始,密勒和老鲍威尔就一再提请美国政府注意日本在远东地区的动向。早在第一次世界大战的时候,一些美国记者就已经看出日本和美国在太平洋利益的冲突将日益加剧,迟早会有一战。《密勒氏评论报》在谈论未来的日美关系的时候,引用了在远东地区度过一段时间的著名特约记者和政治作家萨缪尔·布莱斯(Samuel G. Blythe)在1917年5月26日的《星期六晚邮报》上发表的文章说:

> 和美国一战目前尚不在日本政府的政策范围之内。我认为,如果日本获得并利用中国的金钱、资源和人力的话,对美国一战将不可避免。日本一直在愚弄美国,并且在其宣传攻势的协助下,一直都很成功。日本唯一的资源就是它的军队和海军。即便按照日本现在或将来的军队规模,除非它控制了中国,否则它将无法和美国抗衡。日本没有冒此一险的资本,除非它从中国得到金钱。日本比任何国家都深知这一点。③

自创刊之日起,《密勒氏评论报》就在新闻报道和评论两方面紧盯日本在中国和远东地区的动向。刊物几乎所有关于日本的报道都对

---

① 〔英〕保罗·法兰奇:《镜里看中国:从鸦片战争到毛泽东时代的驻华外国记者》,张强译,北京:中国友谊出版公司2011年版,第160页。
② JBP Collections (C3662), "Introduction to Collection 3662 and Folder 199," Western Historical Manuscripts Collections of the Missouri University.
③ "Editorial Paragraphs," *Millard's Review*, Vol. 1, No. 2, June 16, 1917, p. 1.

《密勒氏评论报》：美国在华专业报人与报格(1917—1953)

这个正在崛起的国家持怀疑、否定和谴责的态度。1931年，老鲍威尔以《曼彻斯特卫报》和《芝加哥论坛报》特派记者的身份前往东北采访日本侵略东北事件。他把所见所闻如实地作了报道，并配发了自己从沈阳照相馆中搜寻到的有关照片。当这篇报道在《密勒氏评论报》上刊出来后几小时，日本军方便派员在沈阳街上大举搜索所有的照相馆，并没收所有日本便衣军队的照片。日军也因此永久禁止老鲍威尔到东北采访。①

1937年，淞沪会战的炮声和轰炸声穿透了上海这座国际都市。上海租界进入了所谓的"孤岛时期"。一开始，大部分在上海的美国人并未预见到这场战争的可怕后果，还只是将其划归为"东方人"之间的无数次打斗之一。但是，接下来的轰炸持久而惨烈，加上美国政府敦促其国民若无必要立即离开上海，使得一个月内有1400名美国人被迫离开。大约2000名美国人坚持到美日开战。租界内的新闻界则受到了日军的"重点照顾"。仅仅在1939年一年内，租界工部局警务处对541种报纸、刊物和传单、图片等印刷品进行了检查，对89种报刊发出警告，18种报刊被迫停刊或暂时停刊，49人因危害"公共治安"及未进行出版登记等原因被处罚。在工部局实施这些取缔措施之后，抗日报刊大为减少。②

尽管租界形势发生急剧变化，老鲍威尔仍是一如既往地揭露和抨击日本军队的残暴行径。"孤岛时期"，《密勒氏评论报》发表大量揭露日军在华暴行的文章。或许是因为消息来源受到了极大的限制，刊物刊登的图片远超以往，反映日军暴行的图片则是重中之重。老鲍威尔因此经常遭到日伪的恐吓。他的车被偷走，甚至有一天他在午餐后离开美国俱乐部的住所时，有人向他投掷了手榴弹，好在是个哑弹。他还两次遭遇枪击。为了安全，他只有在晚上才为《密勒氏评论报》工作，还雇了手持毛瑟枪的山东大汉在装上钢板的大门前负责守卫。

1941年7月15日，汪精卫傀儡政权公布了一份对上海外国人驱

---

① 约翰·B.鲍威尔：《〈在中国二十五年〉——上海〈密勒氏评论报〉主持人鲍惠尔回忆录》，尹雪曼等译，黄山书社2008年版，第175页。
② 马长林：《上海的租界》，天津教育出版社2009年版，第214—215页。

逐出境的"外国人士最高通缉"黑名单,记者在其中占据了显著位置,其中就包括老鲍威尔。其实,老鲍威尔早就对日本人会给自己带来什么样的苦难有了心理上的准备。他在1941年8月21日写给家人的一封信中提到:

> 这里的情势正在逐步恶化,因此我们都一直在预期着,自己要么被赶走,要么被关进集中营。日本人正变得越来越下流。对我来说,可怕的事情似乎是迟早要发生的。①

1941年,太平洋战争终于在日本占领了大半个中国后爆发了。12月7日,珍珠港事件爆发当天,日军即刻派报道部和宪兵分四路接收英美在沪新闻机构:《大陆报》《密勒氏评论报》《中美日报》《大晚报》《字林西报》和《神州日报》。《申报》和《新闻报》也一并被查封。12月20日,老鲍威尔被日本人以"从事对日谍报并作援渝反日宣传"的理由逮捕。② 在寒冬中穿着衬衫的老鲍威尔被投入了冰冷的提篮桥监狱,也就是他后来在回忆录中提到的 Bridge Prison。老鲍威尔后来撰文分析说,日本人之所以给予新闻记者"特殊待遇",是因为日本军政府害怕自由报刊在东方滋长蔓延。而且日本"本身就是一个'间谍国家'。日本人天性怀疑他人,特别是怀疑报人和他们一样有着多疑的倾向"③。

虽然老鲍威尔预料到自己会受到日本军队的"特殊待遇",却没有料到自己在监狱里会遭受如此非人的待遇:狭窄的监狱牢房里,囚犯有时只能站着睡觉;老鼠和虱子、跳蚤、臭虫等各种害虫"应有尽有";患病的犯人得不到治疗导致传染病肆虐;米饭像石头一样冰凉和坚硬,而且肮脏。最终,直到老鲍威尔双脚患上"坏疽",日军才将他送到医院接受治疗。长期的折磨让原本体重150磅的老鲍威尔瘦到只有75磅,以至于认识他的贾迪纳医生(Dr. Gardiner)在检查完他的病情

---

① 老鲍威尔写给女婿斯图亚特·亨斯利(Stewart Hensley)的信,JBP Collections (C3662), Folder 1, Western Historical Manuscripts Collections of Missouri University。

② "Having been engaged in a secret information service, and pro-Chungking and anti-Japanese propaganda" (JBP Collections, C3662, Folder 2, Western Historical Manuscripts Collections of Missouri University.).

③ "My Fight for A Free Press in China," JBP Collections, C3662, Western Historical Manuscripts Collections of Missouri University.

后开玩笑说,他很像在一次长期绝食后的印度圣雄甘地。①

回国后处于康复期的约翰·B. 鲍威尔②

一方面,忌惮于老鲍威尔的影响力,日本人既没有直接杀害他,也没有将他的真实状况透露给外界;另一方面,美国政府一直没有停止营救老鲍威尔的努力。1942年8月,日本人担心老鲍威尔死在狱中可能会给他们带来麻烦,故而同意让他登上瑞典籍的邮轮"重生号"(Gripsholm)。至此,老鲍威尔总算通过日美之间交换战俘的方式踏上了回乡的路程。

因为伤势严重,老鲍威尔回国后被截去了双脚。他在对日斗争中表现出的坚持不懈赢得了中美两国新闻界的尊重,并激起了极大的愤慨。人们为老鲍威尔成立了"约翰·B. 鲍威尔基金"。两国新闻界纷纷呼吁向这个基金捐款,多寡不限。华盛顿的美国全国记者俱乐部呼吁全美记者给老鲍威尔捐款,一来支持对他的治疗,二来向日本和全世界表明美国人尊崇老鲍威尔反抗日本的精神。③ 中国新闻学会也于

---

① 约翰·B. 鲍威尔:《〈在中国二十五年〉——上海〈密勒氏评论报〉主持人鲍惠尔回忆录》,尹雪曼等译,合肥:黄山书社2008年版,第372—385页。
② John B. Powell Papers (C3662), Western Historical Manuscripts Collections of Missouri University.
③ 全美记者俱乐部主席呼吁俱乐部成员为老鲍威尔捐款的信(见 JBP Collections (C3662), F2, Western Historical Manuscripts Collections of Missouri University)。

1942年9月12日在国民党《中央日报》刊登募捐声明,呼吁中华全国新闻协会的会员为老鲍威尔捐款。① 1943年3月16日,国民党中央通讯社驻华盛顿记者卢祺新将募集的11000美元支票交给了病榻上的老鲍威尔。《纽约时报》次日对此进行了报道(见图)。②

卢祺新代表中华全国新闻协会向
老鲍威尔转交中国新闻界捐款支票③

老鲍威尔一边积极治疗,一边痛斥日本军队的残暴,并且呼吁美国人继续支持中国人民抗击日本侵略者。1943年7月7日,在抗日战争爆发六周年之际,老鲍威尔在卡内基中心发表演讲,向人们讲述了中国抗日战场对美国的重要性:

> 值此中国英勇抗击日本侵略六周年之际,我们不可忽视一个事实,那就是中国不只是在为自己作战,也在为我们作战。如果日本不是首先侵占了中国,他们有可能不只是止步于珍珠港和阿留申群岛,而是已经推进到北美大陆的海岸了。
>
> 我听到过很多有关战后的计划,其中百分之九十九的计划都

---

① 《新闻学会声明:为鲍威尔主笔捐款》,载《中央日报》1942年9月12日。
② 《中国报界资助鲍威尔》,载《纽约时报》1943年3月17日。
③ John B. Powell papers (C3663),F188,Western Historical Manuscripts Collections of Missouri University.

《密勒氏评论报》：美国在华专业报人与报格(1917—1953)

是和欧洲有关。从我们国家的未来福利出发，我们应该更加关心自己和中国以及其他东方国家未来的关系。我们不能再回到在远东盛行一时的老式殖民统治了。①

与此同时，老鲍威尔仍念念不忘要回到上海恢复《密勒氏评论报》的出版。同时他还和另一位密苏里新闻学院的中国毕业生 James Young 筹划创办另一份周报，而且已经拟定了刊物的名称，叫作《远东人》(The Far Easterner)，目的是向读者"表达我们对太平洋战争的观点"②。1945 年 9 月 28 日，老鲍威尔致信自己的女儿，表达对回上海继续办报的憧憬和乐观。

> 我收到了一封和工作有关的长信。写信人是中国报人吴佳棠。你在密苏里大学见过他。他就是贝蒂·哈特的丈夫。吴说他在上海经常看到比尔(小鲍威尔)，但是比尔显然忙得都没空写信。你知道，美国战时新闻局已经被国务院接管，并且将被重组成为其属下的宣传机构。我想这对比尔是个笑话，因为他从来都不喜欢刻板的政府机构，而现在却深陷其中，除非他退出，另谋高就。吴佳棠急切盼望我回到上海。我也收到很多老主顾的来信，要求我尽量早回去。可见，有很多人喜欢我，而且大多是中国人。可是我很久没有收到以前那些团队成员的信了，包括速记员、秘书。或许比尔已经把他们换掉了。③

1946 年夏天，老鲍威尔接受美国军方的邀请，前往东京参加对日本战犯的审判，以亲身经历证明日军的残暴。在出席远东军事法庭作证之后，老鲍威尔原本计划从东京直接回到上海，继续其在中国的办报历程。然而，病情突然恶化迫使他返回美国。回国后的近 5 年里，老鲍威尔主要的活动就是到美国各地演讲，向美国民众解释远东和太平洋局势及其对美国的重要性。这种演讲一直持续到他生命的最后

---

① JBP Collections, F11, Western Historical Manuscripts Collections of Missouri University.
② Ibid.
③ 老鲍威尔 1945 年 9 月 28 日写给女儿邦妮的信（JBP Collection, C3662, F1, Western Historical Manuscripts Collections of Missouri University）。

一刻。1947年2月28日中午,在一次密苏里大学校友会上,刚刚做完演讲的老鲍威尔突然辞世,享年60岁。

老鲍威尔去世前瞬间(在密苏里大学发表演讲前的午餐会上)①

本 章 小 结

1917年6月9日,密勒和老鲍威尔在上海创办了《密勒氏评论报》,从而开启了西方职业和专业报人来华办报的历史。密勒堪称"美国在华新闻业之父"。他本身虽然不是新闻专业毕业的报人,但是他打开了美国新闻专业人士来华办报的大门。刊物的另一位创办者老鲍威尔是世界上最早的新闻学院——密苏里新闻学院的第一届毕业生。在来华办报之前,老鲍威尔不仅在美国新闻业界积累了丰富的工作经验,还在密苏里大学新闻学院教授过新闻学的课程。他的到来标志着外国人来华办报发展到了西方的新闻专业主义办报的新高度。在密勒和老鲍威尔的引领之下,大批美国专业记者开始奔赴东方,来到中国进行采访和报道。这些专业的编辑和记者注定要在中国新闻史上留下重要的一笔。

---

① John B. Powell Papers(C3662),Western Historical Manuscripts Collections of Missouri University(图片为作者翻拍)。

第二章 初创阶段：美国专业办刊方式的移植

《密勒氏评论报》在华出版发行的 32 年历史可以简单地划分为三个阶段。第一阶段是密勒担任发行人和主笔时期，是刊物的"初创阶段"。这一阶段的时间跨度从 1917 年 6 月 9 日创刊开始，到 1922 年密勒将报社的股权全部出售给老鲍威尔为止，共 5 年左右的时间。第二阶段是老鲍威尔担任发行人和主笔时期，是刊物的"成熟阶段"。这一阶段的时间跨度从 1922 年到 1941 年 12 月《密勒氏评论报》被日本人强迫停刊为止，共约 19 年时间。为了和中国联系得更加紧密，也为了去除刊物初期过于浓厚的密勒的个人色彩，老鲍威尔对刊物进行了改造，使之更适应在中国本土生存的需求。第三个阶段是小鲍威尔任发行人和主笔时期，亦可称为"蜕变阶段"。它的时间跨度从 1945 年 10 月复刊开始，直至刊物 1953 年 7 月停刊，前后总共近 8 年时间。这一阶段，因为国际和中国国内形势的变化，刊物的财经色彩逐渐淡去，最终完全消失。另一方面，在冷战的大背景下，其意识形态色彩和宣传色彩日渐浓厚，专业主义的办刊特色也慢慢褪变了（第三阶段将在第七章论述）。

1917 年 2 月，老鲍威尔取道日本，辗转来到了上海，并立即着手筹备创办一份新的美国人的刊物。而密勒早就确定了这份周刊的名称，就叫做 *Millard's Review*，中文名为《密勒氏评论报》。经过数月的打拼，新刊物终于在 1917 年 6 月 9 日周六的早晨面世了。报社的地址就设在上海爱德华七世大街113号。刊物宣称自己是"一份致力于反映并促进中国经济、政治和社会发展的周报……同时意在拉近四万万中国人和别国人民的关系,以促进全世界的繁荣"①。

第一节 对《新共和》杂志的模仿

19世纪行将结束时,美国期刊大踏步前进。进入20世纪,一些定位于特定读者群的期刊开始在美国涌现。《新共和》(*New Republic*)杂志就是赫伯特·克罗利(Herbert Croly)和美国著名报人沃尔特·李普曼(Walter Lippmann)于1914年创办的一份时事政治类杂志。这份周刊在美国的发行量虽然很少超过4万份,但是它的读者喜欢它所担当的角色。《密勒氏评论报》从一开始就几乎完全"拷贝"了《新共和》杂志的排版。这种风格一致持续到1950年刊物改为月刊之后才被打破。在创刊号上,密勒对刊物照搬《新共和》杂志的排版予以说明:

> 大约两年前,《新共和》杂志在纽约创刊。报刊排版专家当即认定它的排版和尺寸最能体现发行人的理念。这本精美的杂志的成功很大程度上得益于其与众不同的外观。《新共和》的读者或许看到《密勒氏评论报》在排版和其他格式上几乎拷贝了《新共和》杂志。我们感谢《新共和》杂志的编辑们慷慨地为我们提供了他们刊物的细节和说明。在中国,我们不敢期望在内容上达到他们的高度,但是要有努力追赶纽约杂志的精神。②

从下图我们可以看出《密勒氏评论报》和《新共和》杂志在排版上的相似性是一目了然的。从创刊开始一直到1950年改为月刊前,《密勒氏评论报》都坚持了这样的排版风格。这种风格显得严肃而庄重,比较适合呈现"政治和财经"的严肃而有深度的内容。

---

① Steve Weinberg, *A Journalism of Humanity: A Candid History of the World's First Journalism School*, University of Missouri Press, 2008, p.121.
② Editorial Paragraphs, *Millard's Review*, Vol.1, No.1, June 7, 1917, p.5.

左为《新共和》杂志1914年一期的封面，
右为《密勒氏评论报》1919年一期封面①

第二节　目标读者的确定与培养

虽然密勒积极倡导创办了《密勒氏评论报》，但是他除了准备一些字模和白报纸之外，对很多办报的问题缺乏周密的考虑。而筹备办报的工作几乎全部落到了老鲍威尔的身上，这也给了老鲍威尔充分施展其新闻专业知识的机会。这个初来乍到的外国人面临着更多的问题：报纸会有多少销路？从什么地方拉到广告？中国人会不会看他们的刊物？诸如此类的问题汇集到一个焦点问题上：谁是目标读者群？

老鲍威尔首先瞄准的是在沪的英国人和美国人。创刊之际，上海的英美两国人加起来也不过八千到一万，而且几乎是商人与传教士各占一半。其中，英国人还多过美国人，他们大多是英国报纸的忠实读者。不过，老鲍威尔很快将目标读者扩大到了所有在上海的外国人。

那时住在上海的外国人，还有好几千名法国人、德国人、俄国人、葡萄牙人、荷兰人、北欧人以及很多东方犹太人。这些犹太人

---

① 《新共和》杂志封面取自百度图片搜索。《密勒氏评论报》封面为作者所拍。

大半是来自伊拉克,他们于好多年前经印度来到上海,有些已经是大富翁。这些外国人,很多都能识英文,而且也很渴望看到一份登载美国新闻消息和评论的报纸。①

另外一个潜在的读者群有些出乎老鲍威尔的意料。这些读者是年轻一代的中国人。这些有着不同教育背景的中国青年后来成了《密勒氏评论报》最大的读者群体。老鲍威尔也曾撰文对这些读者予以描述:

> 中国的知识分子,他们是市立学校和教会学校的毕业生和在校学生。这些年轻人刚刚对世界性的事务发生兴趣,对第一次世界大战尤为关切;而且,他们也和其他人一样,渴望获知美国对第一次世界大战的态度以及其他一些美国新闻。这使我生平第一次感觉到美国在世界事务上地位的重要性。所有这些中国年轻人那时都在研读英文,而且我不久之后发现,好多中国学生都把《密勒氏评论报》当做教科书。我们也经常接到来信,询问一些英文字的意思,特别是那些被我们故意美国化了的英文字。②

为了寻找目标读者,老鲍威尔一开始就在上海做了一个调查。为此,他常常自诩为在中国发现研读英文的中国年轻人订户的第一位外国报人。为了保持并扩大这个群体,老鲍威尔成立了好多个研读英文的团体和班级。后来的事实表明,官员和学员们订阅的《密勒氏评论报》少则十几份,多则十百份。创刊之后,老鲍威尔还在一个学院里开了一门有关新闻方面的课程。③ 可见,老鲍威尔是十分重视维护学生和青年这个读者群体的。刊物发行10年以后,他仍然强调在华外报和这个读者群体之间的紧密联系:

> 在华外国人的报刊目标是解释和传达当前转型时期外国对

---

① 约翰·B.鲍威尔:《〈在中国二十五年〉——上海〈密勒氏评论报〉主持人鲍惠尔回忆录》,尹雪曼等译,合肥:黄山书社2008年版,第13页。
② 同上。
③ 上海圣约翰大学被认为是中国最早开设新闻学课程的大学。据史料记载,圣约翰大学开设新闻课程的时间大约在1921年。老鲍威尔所开设的新闻学课程是否早于这一时间?开课地点是否在圣约翰大学?这些都是应该进一步考证的问题。

中国内外事务的政策。成千上万在国外受过教育的学生,以及更多学会阅读英文的中国青年人对阅读外报很感兴趣,因为他们想拓宽对外交事务的认识。这些外交事务直接或间接地影响着中国的前途。在华外报是有一席之地的。如果经营得法,秉持同情的态度,它能够为"新中国"提供真正的服务。尽管中国人的报刊近年来取得了很大的进步,但是还不足以向世界各地的大城市派出记者。另外,中国政局在过去10年里动荡不定,加上军事上的干扰,阻碍了中国报刊形成富有建设性的政治和经济观点。因而,外报还将在中国继续存在很多年。这一点特别适用于在华美国报刊,因为美国在远东和国际事务中的政治、经济和文化影响力在不断增长。①

除了这些大的目标读者群,细心的老鲍威尔没有放弃任何潜在的读者。他甚至考虑到那些住在交通不便的中国内地的潜在订户。他们可能是传教士,或者是某进出口公司的地方货物收购人,要不就是哪家公司在内地的代理商。②

很快,《密勒氏评论报》积累了这样一个读者群体:一个由美国人、英国人、欧洲大陆人、中国知识分子(学生为主)、商人和传教士等组合而成的群体。在将出版预告寄给这些可能的订户后,报社接着就收到一千多份订单,大部分附有支票。③ 这为刊物的销路开了一个好头。

第三节 主要栏目设置

自创刊之始,《密勒氏评论报》就围绕着"政治和财经"的中心内容来设置栏目。其中最重要的当数"短社评"(Editorial Paragraphs)和"特别稿件"(Special Articles)两个栏目。

---

① "American Advertising and An Ameridcan Press in China," *The China Weekly Review*, Vol. 44, No. 4, March 24, 1928, p.87.
② "Editorial Paragraphs," *Millard's Review*, Vol. 8, No. 11, p.386.
③ 约翰·B.鲍威尔:《〈在中国二十五年〉——上海〈密勒氏评论报〉主持人鲍惠尔回忆录》,尹雪曼等译,合肥:黄山书社2008年版,第15页。

1. "短社评"（Editorial Paragraphs）

《密勒氏评论报》最重要的政论栏目就是"短社评"（Editorial Paragraphs）。这些短社评表达了刊物的观点和立场。创刊之初，密勒负责撰写短社评。随后的两任主编鲍威尔父子也相继担负起撰写短社评的任务。但是，这些短社评并非完全由主编撰写。和刊物持相同立场的在华资深人士，特别是美国的官员和编辑记者也常常在"短社评"栏目发表评论。

从创刊之日起，"短社评"栏目一直占据着头几页的位置。[①] 不过，在开始的5年多时间里，该栏目都是由评论段落组成。每一段评论一个话题，或者一个事件。段落与段落之间没有分界。只是每个段落的第一行稍微缩进一些，并且将每段的首字母以很大的黑体字显示，以此区分不同评论内容。所以，整个"短社评"栏目乍看上去就像是一篇长长的社论。直到1923年1月20日的第23卷第8期起，刊物才给各个评论段落配发标题。每一篇社评的篇幅也逐渐加长。

创刊之初，"短社评"就占到了6到8页。不久之后，刊物的规模很快就稳步扩张。老鲍威尔出任发行人兼主编后，《密勒氏评论报》最高峰时期页数是初创时期的近3倍，达60多页。为了加大特别稿件和新闻报道的力度，老鲍威尔虽然将评论一度减少到3到4页，但是其评论为重的政策一直没有改变。

2. "特别稿件"（Special Articles）

"特别稿件"是紧随"短社评"之后第二重要的栏目。该栏目最初的英文名称定为 General Articles，后在第1卷第4期一度被更改为 Leading Articles。直至第1卷第7期，"特别稿件"栏目英文名称才被确定为 Special Articles。此后该栏目一直保持到1952年1月。虽然这一年2月栏目被取消，但特别稿件一类的文章继续保留到停刊。从新闻体裁看，这些特别稿件主要包括长篇的解释性报道、新闻分析和通讯，以及特约稿件等。这些特约稿件也包括许多来论一类的评论文章。因此，"特别稿件"一栏中的文章不能完全等同于现代意义上的特

[①] 1949年12月17日，《短社评》（Editorial Paragraphs）栏目改为《社论》（Editorials）栏目。1952年2月开始，再次被更改为《本月评论》（Month in Review）。

稿或专稿(feature stories)。纵览该栏目的历史,不难发现,栏目有一支比较稳定的特别稿件撰稿人队伍。有些是报社固定的编辑记者团队。而毕业于密苏里新闻学院的中外密苏里新闻帮成员,是构成这支团队的主力。另外,该栏目之所以叫"特别稿件",很大程度上是因为除了上述固定撰稿人外,稿件多是来自各界名流的特约稿件。

3. "观察"(Observations)

"观察"是紧随"短社评"之后的一个个人评论专栏,由 T. R. 杰尼甘(T. R. Jernigan)撰写。该栏目从 1918 年 9 月 14 日(第六卷第 3 期)开设,到 1919 年 3 月 22 日(第 8 卷第 4 期)截止。其间,该栏目一度并入"特别稿件"栏目。事实上,《密勒氏评论报》创刊不久(1917 年 6 月 16 日第二期),杰尼甘就开始为其撰稿,并逐渐将其拓展成为一个评论专栏。在开辟专栏之前,他撰写的所有文章都拟有标题。但就其内容来看,这些文章应该归为"短社评"。而从其篇幅和形式来看,又应该归为"特别稿件"。

4. "远东报刊评论"(Far Eastern Press Opinion)

"远东报刊评论"栏目持续时间为 1917 年 6 月 9 日至 1922 年 1 月 7 日,中间偶有间断。栏目英文名称有过两次调整,分别叫做 Current Opinion on Far Eastern Subjects 和 Current Press Opinion on Far Eastern Affairs。该栏目主要撷取中国国内其他报刊的评论片段,以及摘录来自美国、日本、菲律宾和苏俄报刊的评论文章。评论的话题围绕着远东地区的时事展开,从而呈现对同一事件的不同观点。其中对日本报纸评论的摘录最多。刊物在第二和第三阶段分别出现过不同的报刊评论汇编的栏目。这将在随后的章节里有所表述。

5. "美国在华法院"(American Courts in China/American Courts for China)

"美国在华法院"是一个独具特色的栏目。该栏目的内容是在华美国法院过去一周案件进展,并挑选重点案件加以报道。另外,该栏目还解释美国在公共租界采用的美国法律条款。该栏目一般 2 页到 4 页不等。它对美国在华法院的审判程序和精选案例进行报道,并成为该刊最受欢迎的栏目之一。《密勒氏评论报》曾专门刊登了一篇介绍该栏目的文章。文章这样评论道:

由纽约美国法律书籍公司（American Law Book Company）出版的 The Corpus Juris 已经出到第 18 卷了。它被看做是法制文学领域最为宏大的一项工程。所以，我们很高兴地得知《密勒氏评论报》的内容已经被这一重要的出版物所引用。该书的编辑，法治文学界颇负盛名的威廉·迈克（William Mack）最近写信给美国在华法院的罗宾吉尔（Lobingier）法官说："我保存着《密勒氏评论报》，并有意在我们的 Cyc-corpus Juris 体系中引用该刊对您的案件的报道。您将在下一年度的回顾中看到这些案例。"①

1925 年五卅运动以后，"美国在华法院"栏目被大幅度削减，从每期报道两三个案件，最后缩减到只有一个案件。该栏目一直延续到 1941 年年中截止。想必这是和"治外法权"的终结紧密相关的。

6. 经济类栏目

"商业与金融界"（In the Field of Business and Finance）是《密勒氏评论报》开设的第一个经济类栏目。此后，经济类栏目在不同时期的变动比较大。这里将对经济类栏目的分析放在第 5 章第 2 节进行更为详细的分析。

7. 新闻类栏目

新闻类栏目是《密勒氏评论报》又一个比较恒定的栏目设置。刊物的新闻类栏目有一个特点，那就是几乎所有的新闻都以简短的一句话，或一个段落的简明新闻形式呈现。创刊时的新闻栏目有"一周新闻综览"（News Summary of the Week）。后来又于 1919 年先后增设了"华北新闻"（News from North China）、"华中新闻"（News from Central China）和"华南新闻"（News from South China）。另外，刊物还在各个重大的事件发生的进程中开辟专门的新闻栏目，以跟踪事件的发展进程。比如说 1936 年开设的报道学生运动的"北平学运前沿"（On the Students Front in Peiping）、1937 年开设的"中日战争大事记"（Outstanding Events in the Sino-Japanese War）和 1946 年开设的"中国内战每日报道"（Day to Day in China's Civil War）等。这些栏目的

---

① "Editorial Paragraphs," *Millard's Review*, Vol. 5, No. 10, August 3, 1918, p. 375.

新闻虽然篇幅较短,但是比较精炼,高度概括了一些重大新闻事件。

8. "中国名人录"(Who's Who in China)①

这是《密勒氏评论报》设立的极为出色的一个专栏。它从1918年4月20日的第4卷第8期开始设立,每期介绍一位中国各界的名人。其中最多的是政界、军界、经济界和文化界的名人。当时中国对大多数西方人来说仍然是一个十分陌生的国度。那些想来中国做生意的人也犹豫不决,因为他们不知道该和哪些人打交道,也不知道那些政界和经济界名人的姓名和背景。"中国名人录"正好满足了这个需要。即便对于中国读者,这个栏目也很有裨益,因为他们也同样不知道这些名人的姓名,也不知道这些领导人的具体背景。该栏目设立不久,就引起了中国国内外的广泛关注。后来,《密勒氏评论报》将栏目结集成书,于不同年份出版不同的版本,成为报社创收的一个亮点。"中国名人录"栏目一直持续至1948年9月结束(参见第五章第三节)。

9. "人物动态"(Men and Events)

"人物动态"是另一个持续时间很长的栏目。开设期间虽然英文名称有所变动,但是该栏目几乎伴随着刊物的始终。它其实也是一个新闻类的栏目,由一条条简明的新闻组成。每条新闻基本上都是以一人一事为主线,多以人物的重要性来彰显新闻事件的新闻价值。

10. "新书刊"(New Books and Publications):一个旨在向读者推荐新书籍的栏目。

11. "女性"(Women's Work):一个仅仅在密勒时期(第一阶段)设立的栏目。该栏目从创刊号起,一直延续至1919年7月中旬。其内容主要反映在沪,乃至在华外国女性的工作和生活情境,从而突出女性对租界这个社区和社会的贡献。

12. "剧院"(The Theatre):另一个仅在密勒时期设立的栏目。该栏目介绍戏剧剧情,并加以评价。剧目基本上是西方的戏剧。内容多是密勒本人所撰写。这和密勒早期在纽约刚被聘为战地记者时偶尔撰写剧评的经历有关。这个栏目持续的时间很短。

---

① 刚刚设立此栏目的时候,栏目名称为《北京名人录》。后来随着刊登人物所在范围的扩大,栏目名称被更改为《中国名人录》。

密勒时期总共设置了上述12个栏目。这样的栏目设置奠定了《密勒氏评论报》在内容和形式上的总体风格。此后,鲍威尔父子基本上保持了这样的栏目设置,并在此基础上作出调整。这12个栏目中,有5个栏目基本贯穿刊物整个32年的历史。这5个栏目是:"短社评""特别稿件""中国名人录""人物动态"和"新书刊";"观察""女性"和"剧院"是只存在于密勒时期的三个栏目;另外三个大类型的栏目是报刊评论汇编栏目、新闻类栏目和经济类栏目。随着时代的不同,这三大类栏目设立了不同的子栏目。"美国在华法院"则贯穿了密勒时期和老鲍威尔时期。通过这些栏目设置,《密勒氏评论报》向中外读者提供了丰富的有关远东地区的信息。世界上第一个新闻学院的首任院长威廉士曾经从新闻专业的角度对《密勒氏评论报》的创刊号给出了自己的看法:

> 我完整地阅读了《密勒氏评论报》的创刊号。刚读完一半,我就对中国目前的局势有了深入了解。这是从其他刊物上所不曾得到的。密勒先生思路清晰,即便你人在旅途,也不会理解错误。朱利安·阿诺德(Julean Arnold)写的《中国的商贸吁求》是一篇非常有趣的专稿。《远东报刊评论》对我来说特别值得一读,因为其中的评论是经过精心选择的,信息量很丰富。"人物动态""女性"和"商业与金融界"等栏目使得这份刊物对那些想了解中国情势的人很有价值。①

这样的栏目设置突显了刊物的"政治和财经"特色。《密勒氏评论报》创办的时候,美国的《时代》杂志和《新闻周刊》都没有诞生。政治和财经话题是相对严肃而庄重的话题,《密勒氏评论报》在中国无先例可循,只好将目光投向报业发达的纽约,从诞生才两年的《新共和》杂志处取得排版上的模板,于是造就了《密勒氏评论报》这样的风格特征:16开政治和财经周刊,每周六出版,黑白字体印刷,每期页数平均在30到40页之间,广告以美国和中国产品广告为主。它名为"报",实

---

① "Editorial Paragraphs," *Millard's Review*, Vol. 1, No. 11, August 18, 1917, p. 309.

际是"杂志",是一本在中国创立较早的现代的、美国式的政治和财经杂志。①

第四节 日渐明确的办刊宗旨

创刊不久,《密勒氏评论报》就获得了广泛的认可。刊物曾辑录美国商业界和新闻界对新生的《密勒氏评论报》的评价,并将这些评价刊登在该刊的第 1 卷第 11 期上。其中美国制造业出口商协会在其简报上呼吁有志于在华或远东地区开展贸易的公司和个人都订阅一份《密勒氏评论报》,因为该刊的内容"完全达到了其主编宣称的高标准",而且其每期价格只有 20 美分。② 美国《编辑和出版人》杂志称赞"《密勒氏评论报》满是远东地区居民感兴趣的文章。它致力于报道值得称道的、旨在促进中美两国友好关系的事务"③。

尽管《密勒氏评论报》的根本宗旨是服务于美国在华的利益,但是刊物无论在内容上,还是形式上都给当时的中国新闻界注入了一股新风。《北京日报》评价新生不久的《密勒氏评论报》说:

> 《密勒氏评论报》是一份版式简洁,广告措置合理,且内容有趣的读物。我们深信,一旦克服了创刊之初的艰难,该刊必将取得进步和拓展。④

一位北京大学的教员在致信《密勒氏评论报》时写道:

> 我相信,《密勒氏评论报》的创立是一件了不起的事。它不只是为自己谋得一席之地,更填补了一个空白。贵刊对事实直率而无畏的表达无疑将有助于中国。你们对重大新闻事件的总结和

---

① 《密勒氏评论报》1952 年 1 月改为 32 开本的书本式的排版,完全颠覆了早期的排版风格。因此上述分析不包含 1952 年以后的《密勒氏评论报》。

② "Editorial Paragraphs," *Millard's Review*, Vol. 1, No. 11, August 18, 1917, p. 309.

③ Ibid., p. 310.

④ "Editorial Paragraphs," *Millard's Review*, Vol. 2, No. 2, September 8, 1917, p. 50.

评论将成为过往事件的珍贵历史。①

出版4周年之际,《密勒氏评论报》在中国的发行范围已经覆盖了中国大部分省份的主要城市,其发行量也大增:

> 第一期刊物大约发行了2000份。其中300份是读者付费订阅的。如今付费订阅的读者是原先的20倍。《密勒氏评论报》已经由一个普通的企业发展成为一个完善的、在中外都有着相当影响力的刊物。②

按照这段引文计算,《密勒氏评论报》付费的订户大约有6000份。这些读者基本上一半是外国人,一半是中国人。他们多是商界和职业人士、政府官员和学生。很多读者将杂志装订在一起,供永久参考之用。当时中美两国知名大学的图书馆都订阅并收藏了《密勒氏评论报》。读者也许会问《密勒氏评论报》的读者对刊物的内容是否满意,或是编辑是否能够做得更好。《密勒氏评论报》对此给出了自己的答案:

> 中国本地报纸(vernacular newspapers)的读者告诉我们,《密勒氏评论报》是被中国报纸最为广泛引用的英文报纸。在美国,《密勒氏评论报》也有着广泛的影响力,并且广为《文摘》(*Literary Digest*)和同类刊物引用。它已经赢得了美国国务卿、商务部长、银行行长、金融人士、大学教授和校长以及国会议员的广泛赞誉。它还引起了英国人的极大关注,并且被那里的报刊评论广泛引用。
>
> ……

《密勒氏评论报》一直孜孜以求,努力成为名副其实的《远东评论》(*The Review of the Far East*)。它所取得的实实在在的成功至少表明其所秉承的理念是正确而明智的。它每周都努力用

---

① "Editorial Paragraphs," *Millard's Review*, Vol. 2, No. 2, September 8, 1917, p.50.
② "Editorial Paragraphs," *Millard's Review of the Far East*, Vol. 13, No. 1, June 5, 1920, p.6.

《密勒氏评论报》：美国在华专业报人与报格(1917—1953)

语言忠实地呈现有关中、美和其他国家的政治、经济和金融局势。它的观点并非总能得到各界的欢迎，因而常常受到"喜爱它的朋友们"推崇，但是即便是那些不同意《密勒氏评论报》的观点的人，他们也会尊重其观点，并将其视为对这一地区众多问题的坦率的贡献，并促进对这些问题的思考。

在中国和美国的几乎每一个知名的学院和大学的图书馆里，你都能看到《密勒氏评论报》。近期大部分有关东方的书籍都含有来自本刊的引用。它在美国国会的辩论中也频频被提及，有些文章甚至成为美国主要司法机构永久珍藏的记录。

《密勒氏评论报》是所有报刊中最先报道日本企图吞并山东、侵略福建的报刊。它刊登了针对日本在华销售鸦片和吗啡的最早的调查结果。另一方面，它又对日本在华企业的出色表现毫不犹豫地予以褒奖之词。

要列举《密勒氏评论报》在过去3年里在率先刊登远东地区许多重大进程上所取得的成就，那就得要更多的篇幅，因为每一周它都有这样的报道。[①]

密勒时期刊物的发行已经遍及全球，特别是在其母国美国产生了越来越大的影响力。它不仅受到了美国政要、大学教授和很多研究者的推崇，而且成为美国研究远东领域最为广泛引用的、东方的刊物。[②] 随着刊物的成功，它的办刊宗旨也越来越明确：

《密勒氏评论报》一直持之以恒地致力于促进各主要国家，包括美国、中国、英国、日本和法国等国在太平洋的利益。它也许比别的刊物更多地关注美英两国和中国在正确和公正基础上的合作。如果一个真切地反映现实的刊物如别人所说的那样需要有一个宗旨，那么这就是《密勒氏评论报》的宗旨。[③]

《密勒氏评论报》及其编辑记者是在华受"治外法权"保护的既得

[①] "Editorial Paragraphs," *Millard's Review of the Far East*, Vol. 13, No. 1, June 5, 1920, pp. 6-8.

[②] Ibid., p. 8.

[③] Ibid.

利益者,刊物因而从根本上来说维护的是美国在华利益。刊物宣称自始至终对处于危难中的中国秉持着同情、友好和支持的宗旨。它很早就发表观点认为,中国不可能一夜之间成为西方人心目中理想的、有秩序的国家。而"那些在中国处于困难时期给予她最多的国家,将在其取得新的发展时获益最多"①。

本 章 小 结

在密勒担任发行人的刊物初创阶段,《密勒氏评论报》的具体工作几乎完全落在了新闻专业出身的老鲍威尔身上。为了尽快在上海立足,老鲍威尔在排版上几乎完全照搬了当时在美国诞生才3年的《新共和》杂志,因为《密勒氏评论报》和《新共和》一样,是一份"政治和财政"周刊。围绕着"政治"和"财政"两个中心,刊物在这一阶段设立了大约12个栏目。其中"短社评"和"特别稿件"是最重要的两个栏目。老鲍威尔还迅速瞄准并培养了一个较为稳定的目标读者群。在华国际人士和中国年轻的知识分子是这个读者群的主要组成部分。刊物也在筚路蓝缕的打拼过程中逐渐明确了自己的办刊宗旨——一份秉承以"公共服务"为核心的新闻专业主义办刊理念、旨在沟通中西、提供以中国为重心的政治和金融信息的评论性周刊。《密勒氏评论报》在初创阶段就奠定了其接下来20多年的总体办刊风格,为刊物进一步的本土化打下了坚实的基础。

---

① 原文是:The outside nation that gives China most in her present difficulties will gain the most when the new development becomes effective。(*Millard's Review of the Far East*, Vol. 13, No. 3, June 19, 1920, p. 112.)

第三章　成熟阶段：美国专业办刊方式的本土化

密勒实际上为他创办的这份周刊工作的时间并不长。创刊当年，他就离开上海回到纽约。老鲍威尔没有料到密勒会在美国国内一呆就是5年。一直到1922年，密勒才回到中国出任北京政府的顾问。也就在这一年，他将刊物的股权全部出售给了老鲍威尔，使得后者真正集发行人与主笔于一身。原来给《密勒氏评论报》提供经济支持的克莱恩也停止了对刊物的资助。面对这样的困境，老鲍威尔一时茫然不知所措。迫于现实，他决定对刊物进行改造。随之而来的便是刊物的一系列变化。

甫一接手，老鲍威尔就决定更改刊物名称。他认为刊物原来的名称里有密勒的姓，太过于强调个性色彩，也太受局限，所以就试着改用几个不同的名字。事实上，早在接过刊物的主办权之前，老鲍威尔已经着手去除刊物中密勒的个人主义色彩。1921年6月4日第17卷第1期开始，刊物英文名称更改为 *The Weekly Review of the Far East*，并明确标明密勒已不再是刊物的发行人。1922年8月5日，刊物英文名又改为 *The Weekly Review*，去除了 the Far East。这样一来，刊物评论和报道的覆盖范围就变得模糊不清了。1923年6月23日，刊物正式定名为 *The China Weekly Review*。不过其中文名称继续沿用《密勒氏评论报》。多年以后，老鲍威尔回忆当时保留中文名称的原因时说：

当我们为这份周报考虑新名字时,我居然有了一个有趣的发现。我发现美国的一句俗话"名字就是一切"(What's in a name.)用在中国也特别合适。因为在中国一个名字有了声誉后,是绝对不能更改的。这不仅是说名字本身不能更改,连它的写法都不能更改。外国公司行号都不遗余力地维护它们的名字,因为名称稍有变更或被盗用,都可能使顾客为之却步,因而招致产品的重大损失。特别是它的中文名称。外国名字也有同样的情形。只是中国人不管看什么东西,总是先看中文;即令懂得洋文的人,也是如此。因此,我们决定继续使用创刊时所用的中文名字《密勒氏评论报》,不予变更。①

从1920年到1940年这20年间,所有在中国的英文周刊杂志都取得了飞速的发展。这一段时间被称为中国的"周刊时代"(era of weeklies)。中国第一家英文周刊是1911年辛亥革命爆发之后不久在北京创办的 *National Review*。它创刊不久之后就停刊了。《密勒氏评论报》诞生之前,还有几份英文杂志都是昙花一现,没能在中国立足。因此,刊物理直气壮地宣布自己是"在中国出版的唯一独立的英文周刊"。② 20世纪20年代后,中国人自办的英文周刊越来越受欢迎。其中首屈一指的当数林语堂在上海创办的《中国评论周报》(*The China Critic*)。广东有一家很有影响力的中英文双语杂志,名叫 *The China Truth*。北京也有一家有名的英文杂志 *China Tomorrow*。③ 1922年9月,《密勒氏评论报》声称自己是上海唯一的周报,也是在中国发行量和阅读率最高的英语报刊之一。④

这一时期英文杂志能在中国取得成功的一个重要原因是它迎合了一批读者的口味。这些读者很多是国际人士。英文日报忽视了他

---

① 〔美〕约翰·B.鲍威尔:《〈在中国二十五年〉——上海〈密勒氏评论报〉主持人鲍惠尔回忆录》,尹雪曼等译,合肥:黄山书社2008年版,第81页。
② 原文是:Millard's Review is the only independent Weekly Journal published in the English language in China。(引自:*Millard's Review*,Vol. 1,No. 2,Jun 16,1917,p.24。)
③ "The 'Era of Weeklies' Comes to China," *The China Weekly Review*, Vol. 52, No. 10, May. 3, 1930, p. 353.
④ "Editorial Paragraphs," *The Weekly Review*, Vol. 22, No. 4, Sept. 23, 1922, p. 68.

们无法稳定阅读日报,却又需要了解中国最新动态,且对文章的内容深度有相当要求和理解力的现实。另外,辛亥革命以后,英文在中国的学校里越来越受到重视,中国几乎所有的大学都开设了英文课程,因而已经培养了一个大的英文读者群体。那些英文日报一开始也并没有重视这一潜在的读者群。《密勒氏评论报》的成功也印证了这一点。刊物发表观点认为:英文周刊这一时期获得成功的另一个深层次的原因是它们不约而同地在中国的政治进程中采取了自由的立场(followed a liberal course)。①

除了更改刊物的名称外,老鲍威尔在已经取得的成就之上,对《密勒氏评论报》随时进行更新和调整,不断加深和中国读者之间的深层次联系。在中国生活和工作多年之后,老鲍威尔对中国的认识也进一步加深。这一时期,刊物在业务上拓展了新闻报道的覆盖面;在言论上逐渐改变了在党派之争中的较为"中立和客观"的态度,转而支持国民党。虽然老鲍威尔和国民党很多官员之间有着良好的私人关系,但是《密勒氏评论报》的编辑和记者团队却包含了持各种不同政见的人。这一时期,老鲍威尔出于对"北伐运动"的支持,展开了和英国报刊"死硬派"(die-hards)之间的论战。而随着日本侵华行动的步步推进,老鲍威尔和刊物对日本的揭露和抨击也在抗日战争时期达到了最高潮。

第一节 拓展新闻报道范围

随着刊物规模的扩大,《密勒氏评论报》加强了对中国国内新闻的报道。早在密勒时期,刊物先后开设了三个新闻栏目,分别叫做"京津新闻"(News from Peking and Tientsin)、"汉口新闻"(News from Hankow)和"广州新闻"(News from Canton)。随着各地记者报道范围的扩大,老鲍威尔将这三个新闻类栏目的名称按照覆盖地域的不同更改为:"华北新闻"(News from North China)、"华中新闻"(News from Central China)和"华南新闻"(News from South China)。随着北

---

① "The 'Era of Weeklies' Comes to China," *The China Weekly Review*, Vol. 52, No. 10, May. 3, 1930, p. 353.

伐战争的成功推进,这些栏目也先后消失。显然,新闻栏目的设置是和中国国内政治局势的变动相关联的。另外,每当有重大而持久的事件发生时,《密勒氏评论报》会开设特别新闻栏目,跟踪整个事件的过程。刊物在第二阶段先后设立的栏目有:(1)"日本报刊对中国局势的报道"(Japanese News Reports on Chinese Situation):1928年9月15日—1930年7月12日;(2)"重建中国"(In the Field of National Reconstruction/In the Field of Finance and Reconstruction):1930年4月26日—1930年8月23日;(3)"北平学运前沿"(On the Student Front in Peiping):1936年3月7日开设的一个栏目,持续时间较短,且时断时续;(4)"中日战争大事记"(Outstanding Events in the Sino-Japanese War):综览抗日战争时期过去一周重大事件。另外,刊物还设立过"一周新闻综述"(News Summary of the Week)栏目,对过往一周国际和中国国内发生的重大新闻事件进行综述。栏目持续的时间是1922年6月28日—1926年9月25日。

《密勒氏评论报》的很多新闻类栏目,特别是国际新闻,都采用短新闻的方式。按照现在的标准来衡量,它们充其量只能算是一条新闻的导语。很多新闻勾起了读者的兴趣,却无法得知新闻事件的全貌。对此,《密勒氏评论报》曾经专门刊文予以解释:虽然第一次世界大战爆发后,发自美国的新闻无论是数量还是质量都有了很大的提升,但是仍然跟不上中美两国关系发展的步伐。越来越多的美国报纸和新闻机构向中国派驻了记者,而它们的国际新闻来源严重受制于高昂的电报价格。除非是极为重大的、煽情的新闻事件,记者们一般都会被迫尽量压缩新闻电讯稿。这给中美之间的新闻交流带来了两个影响。一方面,从中国发往美国的新闻大多只能是关于战争的新闻;另一方面,从美国发往中国的新闻极为稀少,从而让其他国家的新闻机构得以自由选择和解释有关美国的新闻。而这种选择和解释常常为贬低美国的宣传打开了方便之门。而且这些新闻大多只能以简明新闻的形式呈现。[①]

[①] "The News Element in China American Relations," *The China Weekly Review*, Vol. 37, No. 11, Aug. 15, 1926, pp. 261-262.

第二节 构建跨国编辑记者团队

国民党统治中国以后,在沪外文报纸有一个不良现象,就是很多报社不设中文部,其麾下的记者几乎没有懂中文的。于是每当新闻事件发生,这些记者就严重依赖由中国官方的外文翻译(基本是英文翻译)提供的英文报告。这些官方提供的报告一般规定不准透露谁是消息来源。这样一来,各在华外报对中国事务的报道几乎雷同,常常是错误百出。更加致命的是,它们经常沦为政府或政党操控的目标。一个典型的例子是:1927年春,以《字林西报》为首的一干在沪外文报刊,连篇累牍地报道在军阀孙传芳的防守下,上海固若金汤,国民党军队是根本攻不进来的。就在上海失守的前两天,在沪外国英文报刊很多还在发表这样的报道。实际上,这些报道是由上海警察部门炮制出来的。当孙的部队溃败之后,上海外报的报道又立即陷入了极端的恐慌。正是因为英国报纸从北京和上海发回的大量夸张和失实的报道,导致英国政府派出了比实际需要多出一倍的军队来到上海,以保护英国侨民的利益。①

有鉴于此,《密勒氏评论报》虽然不设中文部,但是它雇用了一些从美国学成归来的中国毕业生。这些人既懂英文又懂中文。他们不仅可以自己采写英文稿件,还可以将有价值的中文稿件翻译成英文,在《密勒氏评论报》上发表。在老鲍威尔时期,刊物固定的编辑记者团队中,中外成员的比例基本上是五五开。美国的编辑和记者略占多数。

20世纪20年代的中国政局扑朔迷离,中国和西方列强的关系也一时捉摸不定。很多刊物,包括在华外报,对很多事务都是莫衷一是。而到了30年代,有的外国记者支持国民党,有的站在共产党一边,有的坚决支持外国在华势力。这一时期,在华记者队伍也变得越来越复

---

① "Where The Foreign Press Obtains Chinese News!," *The China Weekly Review*, Vol. 45, No. 13, Aug. 25, 1928, p.412.

杂化、多元化、国际化。①《密勒氏评论报》在这一时期不仅成为密苏里新闻帮中美记者的一个"根据地"或"中转站",甚至成为很多西方记者来华后首先投奔的目标。得益于此,《密勒氏评论报》组成了一个多背景的、多国的和立场各异的编辑记者团队。虽然老鲍威尔与国民党关系日益密切,其团队中支持国民党新政府的人也占多数,但其编辑记者中不乏像埃德加·斯诺、史沫特莱和莫里斯·武道等左倾的支持共产党的人士。

尤其值得一提的是,在受雇用的中国编辑和记者中,密苏里新闻帮的中国成员成为刊物拓展中国事务消息来源的重要力量。这些受过新闻学高等教育的专业人士以更高标准确保了《密勒氏评论报》新闻报道的质量。这将在下一章里专门论及。

第三节 丰富经营和管理方式

老鲍威尔有着丰富的经营报刊的经验,并且曾在大学教授广告课程。这使得他在经营《密勒氏评论报》的时候显得游刃有余,其经营手法之丰富足令同一时期在华中外报刊望其项背。归纳起来,《密勒氏评论报》先后开辟了至少7种收入来源:(1)订阅费。(2)广告收入。其广告可以分为三大类。第一类是普通商业广告,以汽车、机械、银行业等高质量和大型国际贸易公司为主。第二类是为其他报刊所做的广告。第三类是公益广告,数量较少。(3)发行出版物的收入。《密勒氏评论报》注重平时的积累,将相同话题的文章集结成书销售。最典型的就是《中国名人录》《中日战事汇编》(*Japan's War in China*)和《在华美英人士对日本之态度》(*Attitude of Americans and Britons in China Toward the Japanese!*)。(4)密勒出版公司(Millard Publishing Company)的收入。该出版公司后改称"东方出版公司"(The Oriental Press),对外承印书籍和报刊、各种小册子以及提供其他各类印刷服务。(5)成立《密勒氏评论报》翻译部,每日向外界提供

---

① 〔英〕保罗·法兰奇:《镜里看中国:从鸦片战争到毛泽东时代的驻华外国记者》,张强译,中国友谊出版公司2011年版,第160页。

中国主流报刊新闻的英文译稿。(6)另外,刊物不仅通过《读者来信》等栏目加强和读者的互动,还为读者提供装订其已经订阅杂志的服务。(7)图书销售。刊物将《新书刊》(New Books and Publications)栏目和图书销售紧密结合,向外界销售图书。

第四节　支持中国民族民主运动

这一时期,《密勒氏评论报》在言论上有三大主流:首先是刊物对中国民族民主运动的支持;其次是刊物和英国在华报刊的"死硬派"之间的论战;再次就是贯穿刊物始终的对日本人侵华野心的揭露。20世纪30年代末,因为和日本人交恶,刊物和老鲍威尔个人经历了最艰难的时期。这三方面或许正是《密勒氏评论报》在这一时期取得巨大成功的重要原因。而后两个原因与第一个原因是紧密相关的。老鲍威尔在刊物上和英国"死硬派"报刊之间的论战主要是因支持中国民族主义运动而起。它也是美英在上海的新闻领域竞争的延续。日本后来更是阻碍中国民族独立的最大障碍。应该说明的是,刊物的反英和反日立场反映了列强在远东地区的争夺的日趋白热化。它支持中国民族民主运动的立场也是符合美国与其他列强斗争的需要。这一点在密勒主笔期间尤为明显。老鲍威尔主笔期间则表现得更为委婉。小鲍威尔主笔后,刊物最终站到了美国的对立面。小鲍威尔本人也因此最终断送了自己专业报人的生涯(参见第七章第三节)。

一、刊物与英国"死硬派"的论战

《密勒氏评论报》一开始并没有对英国持敌对的态度。刊物宣称自己的社论宗旨就是要"促进美英和中国在公平和正义基础上的合作"。但是,后来它对英国的态度逐渐发生了改变,因为英国由来已久地对中国采取一种"强硬主义"(die-hardism)的立场。刊物在1930年5月3日一期杂志上刊登了题为《中国迎来"周刊时代"》("The 'Era of Weeklies' Comes to China")的社论,指出美国人和中国人所办的英文周刊和英国报纸之间的差别:

周刊(包括美国人和中国人的周刊)成功的一个深层次的原因是它们一致地对中国的政治进程采取了一个自由的立场(followed a liberal course)。而扎根已久的英文日报,因为很大程度上依靠外国公司的广告而生存,几乎不约而同地采取了反动的强硬立场(followed a reactionary or "die-hard" course)。①

回溯到20年代中期,有三位年轻的在华美国报刊编辑以同情中国民族主义运动而出名。他们是天津的C.J.福克斯(C. J. Fox)、北京的格罗夫·克拉克(Gover Clark)和上海的约翰·鲍威尔(John B. Powell)。这三个人对中国民族主义的同情口吻和英国保守派报刊形成了鲜明的对比。当时,北京没有英国人办的报纸。在天津,英国人伍德海德(H. G. Woodhead)利用《京津泰晤士报》和美国人福克斯的《华北明星报》打起了笔仗。而在上海,老鲍威尔的《密勒氏评论报》和英国人格林(O. M. Green)主笔的《字林西报》展开了论战。论战的主题就是中国是否做好了改变的准备。②

1925年五卅运动后不久,以老鲍威尔为代表的这三位美报主编发文认为,中国的旧秩序已经改变。文章预测中国将恢复关税自主和修改"治外法权"等所有不平等条约。一开始,他们遭到了几乎所有在华外国人的反对,包括他们的刊物所代表的美国在华商界的反对。但是,他们坚持自己的观点,并且为此和英国报人展开了针锋相对的争论。英国的主编连续数月将其"火力"集中在关税自主的话题上。当英国代表在北京满足了中国关税自主的要求,《字林西报》主编近乎歇斯底里地谴责英国代表向中国屈服,让英国颜面扫地,是"英国的大叛徒"。后来,在"治外法权"存废的问题上,英国报纸持同样的立场。③

在对待中国民族主义运动方面,英国报人和报刊更是表现出一种自大和轻蔑的态度。格林和伍德海德的社论对中国民族民主运动极尽讽刺之能事,因而严重伤害了中国很多认真对待这一运动的年轻

---

① "The 'Era of Weeklies' Comes to China," *The China Weekly Review*, Vol. 52, No. 10, May. 3, 1930, p. 353.
② "The British vs. The American Editors," *The China Weekly Review*, Vol. 36, No. 11, May. 15, 1926, p. 285.
③ Ibid.

人。中国当时的乱局更是让格林与伍德海德对自己的立场深信不疑,同时持续嘲弄中国人的这种希望。他们尖刻的话语甚至招致了当时"过分敏感的"中国官员的仇恨。① 与此形成鲜明对照的是,老鲍威尔的刊物敦促西方列强"现在就体面地做出重大让步,不要等到中国的极端主义分子(extremists)废除一切条约,而使得情势更加糟糕"②。

美英在中国,特别是在上海的报业竞争为两国在中国造成了不同的影响。英国工党议会议员马龙(Col. C. L'Estrange Malone)1925年针对当时在华英美报刊的这种情形进行了调查,并向工党提交了一份题为《新中国:一项调查报道》的报告。其中有一段描述了英美在华报刊之间立场的差异造成了不一样的结果:

> 或许美国在华报刊比其官方政策更准确地向中国人描绘了美国式民主的真正内涵。美国驻华公使麦克穆雷先生得到了美国在华报刊相助。而英国驻华公使罗纳德·麦克利耶先生则在和中国人打交道时,饱受英国在华报刊滥用言论之困。在华美报对中国多持同情和人性的态度,从而让人觉得美国的政策可泽被四方。反观在华英报,它们从不会错过任何冒犯中国人的机会,总是站在最反对革命的立场,让人对英国政策可能产生最恶劣的印象。实际上,在华英美两国的报刊都不是官方的,但是它们各自都产生了极大的影响。③

二、支持国民党

国民党名义上统一中国后,《密勒氏评论报》更是给予新生的国民政府以全方位的舆论支持。1928年10月10日,刊物出版《新中国特刊》(见"附录2:《密勒氏评论报》1928年所刊《新中国特刊》封面及目录")以庆祝"新中国"的成立。从此,刊物主要在三个方面为这个"新

---

① "The British vs. The American Editors," *The China Weekly Review*, Vol. 36, No. 11, May. 15, 1926, p. 285.
② Ibid.
③ "The British and the American Press in China," *The China Weekly Review*, Vol. 38, No. 12, Nov. 20, 1926, p. 317.

中国"提供舆论支持:(1)对国民政府及其统治下的中国给以正面为主的报道和评价。(2)发表国民政府要员的文章;除了董显光本人外,孔祥熙、宋美龄和宋子文等人都曾在《密勒氏评论报》上发表文章,阐释国民政府政策以及个人的观点等。(3)在言论上支持国民党,反对共产党。但是在新闻报道上兼顾共产党和解放区。

约翰·B.鲍威尔采访蒋介石(中间坐者为董显光)①

老鲍威尔和国民党政府官员有着密切的联系。而他以前在密苏里新闻学院的学生,后来担任国民党政府中央宣传部副部长的董显光则是居中牵线搭桥之人。老鲍威尔因此结识了包括蒋介石夫妇、孔祥熙和宋子文在内的一些国民政府的要员,并和他们建立了良好的私人关系。"蒋冯阎大战"之后,《密勒氏评论报》曾经发表社论称赞蒋介石是一名"真正的战士":

> 事实是,蒋介石将军是一个勇于自我牺牲、恪尽职守的战士。他显然已经在实现中国统一上取得了重大的胜利……蒋介石多次宣称,中国永远不会成为世界民族之林中平等之一员,直到她拥有一流的军事力量。他已经动用自己手中指挥的一切资源,去实现这一理想。而且他统率三军,身体力行以为表率。如果蒋将军的努力取得成功,他将有资格享有大汉民族后世子孙赋予他的

---

① John B. Powell Collections (C3662), Western Historical Manuscripts Collections of Missouri University.

所有荣誉。①

约翰·B.鲍威尔与蒋介石

一方面,《密勒氏评论报》支持蒋介石个人及国民党政府所推行的政策;另一方面,刊物基本上将中国共产党放在反面角色的位置上加以评论和报道。在20世纪30年代初国民党围剿红军之际,刊物始终关注国民党政府铲除其心腹大患——共产党的进程,并为之深感担忧:

> 虽然没什么大问题,但是共匪的威胁是国民政府目前面临的最严峻的问题。总体上,政府军是在不断前进,但是有些地区共党分子的威胁比以前更严重了。据合众社10月31日消息,最强大的一支红军同时向陕西和甘肃发起了进攻,企图和苏俄建立直接的联系,从而确保武器弹药的供应。数天前,由臭名昭著的土匪头子贺龙指挥的所谓"红二方面军"和"红四方面军"汇合,筹备西进。②

刊物将早期红军的武装称为"共匪",显示了它和国民党一致的立场。随着共产党解放区的建立,越来越多的西方记者对中国共产党及

---

① "General Chiang Kai-shek, the Soldier," *The China Weekly Review*, Vol. 54, No. 6, Oct. 11, 1930, p. 197.

② "China's Outstanding Problem-The Suppression of the Reds," *The China Weekly Review*, Vol. 62, No. 10, Nov., 1932, p. 410.

其领导的武装有了更深入的了解,《密勒氏评论报》也逐渐去除了对中共和红军这些带有侮辱色彩的称谓。但是,其言论的大方向仍然是支持国民党,反对共产党。这一点在抗日战争期间,当国共两党军队发生冲突的时候表现得尤为明显。1940年上半年,国共两党互相指责对方破坏抗日民族统一战线。《密勒氏评论报》连续两期刊登一篇长社论。社论引用了由国民党某军事机构发布的报告,列举了中共军队破坏统一战线的7大罪状。[①] 而同一篇文章中没有任何中共提供的信息。言论之偏颇是显而易见的。

应该指出的是,虽然老鲍威尔本人和刊物本身在言论上支持国民党,反对共产党,但是作为刊物的主编,老鲍威尔并没有拒绝刊登其他日益左倾的人士的稿件。刊物能刊登斯诺和史沫特莱等人报道共产党和解放区的文章就是明证。事实上,随着抗日战争的推进,越来越多的西方记者在重庆目睹了国民党政府的腐败和无能,转而去了解共产党和解放区。这一时期也成为中共争取外国舆论支持的一个转折点。

三、不屈不挠的反日立场

《密勒氏评论报》在言论上最鲜明的特色莫过于它贯穿始终的反日立场了。如果说密勒时期,刊物只是对日本在中国的图谋有所警醒的话,那么老鲍威尔时期则逐渐完全站在了日本的对立面上。这一时期刊物的对日言论和报道可以按照九一八事变和卢沟桥事变为分界点而划分成三个阶段:第一个阶段从老鲍威尔接手刊物到九一八事变前后,刊物不断揭露日本在山东、东北和福建等地的各种图谋和秘密渗透行为,并呼吁人们警惕日本的侵略动向。第二阶段则是前面所提及的两次事变之间。这一时期,老鲍威尔已经被日本军队视为外国记者中的"头号敌人"。随着日本在中国的步步进逼,刊物反日的评论和报道日渐增多。第三阶段从卢沟桥事变开始一直到1941年底被迫停刊,《密勒氏评论报》始终为中国人民抗击日本侵略者呐喊助威。这一

---

① *The China Weekly Review*, Vol. 92, No. 10 & 11, May. 4, 11, 1940, pp. 328, 366.

《密勒氏评论报》：美国在华专业报人与报格(1917—1953)

时期,刊物每一期几乎都有一半以上的篇幅在鼓励中国人民抗战。

刊物的初创阶段,山东问题已经成为全世界关注的话题。在被迫将胶州归还中国之后,日本又将目光瞄准了东北。1923年,半官方半私营的日本南满铁路株式会社连续数月在美国人的报刊上刊登广告,企图制造满洲不属于中国的印象。其中一则刊登在当年10月的《亚洲》周刊的广告宣称,每年有大量山东苦力从关内移居满洲。在描述了满洲之美以及在日本南满铁路株式会社治下的种种优越之后,这一则广告宣称:他们(山东苦力)在这个迅速发展的国度看到了新的铁路和工业、富饶的土地、亲民的治理方式,感到生活更有奔头。①《密勒氏评论报》随后对这种广告予以批判。

> 没有人反对南满铁路株式会社在美国刊登合法广告,以吸引美国游客、贸易和资金。但是广告的内容至少应该限于旅游和贸易范围,而不应该含沙射影地拿事关中美两国利益的政治话题来误导美国民众。如果中国政府没有足够的资金对这一邪恶行径通过广告的方式发起反击,我们建议中国政府外交部那些聪明的青年外交家将这些广告翻译出来,并呈交张作霖将军,给这个有军事头脑的人提供一些冬季阅读的材料。②

1935年,日本军界第一次公开通过新闻界向《密勒氏评论报》发出了警告。事情的起因是刊物对"新生事件"的报道。在"新生事件"的主人公杜重远被判刑1年零2个月,且被剥夺上诉权后,《密勒氏评论报》发表了题为《主编被剥夺上诉权:排外主义遭禁》的评论,文章指出"新生事件"实际上是日本军界在拿《新生》杂志当年5月发表的《闲话皇帝》一文大做文章。

> 日本军界从这篇文章中看到了自己想要的机会,因为它不仅可以借机对中国采取更强硬的立场,还可以借口日本外交部门没

---

① "Advertising Manchuria Out of China," *The China Weekly Review*, Vol. 26, No. 8, Oct. 20, 1923, p.271.

② Ibid.

有精心维护日本在华利益,从而压政府外交部门一头。①

不久之后,日本军界通过日本媒体向《密勒氏评论报》发出了威胁。老鲍威尔将这一报道予以转载,并配发了标题,题为《日本军界就本刊报道"新生案"发出威胁》。该报道中有这么一段来自日本军方人士的话:

> 他(日本军方人士)说:"鲍威尔先生是该刊(《密勒氏评论报》)主编。这家刊物是在美国领馆注册的,在外国人和受过教育的中国人中广泛发行。所以这篇文章的影响是很大的。我们相信日本政府很快将对此采取严肃的行动。它和《新生》杂志的问题紧密相关,绝不能轻易放过。"
>
> 《上海日日新闻》(Shanghai Nichi-Nichi)报道说,《密勒氏评论报》"乃某组织的宣传刊物。其坚定的反日立场众所周知"。而《上海每日新闻》(Shanghai Mainichi)则称,鲍威尔先生"自称是远东问题的权威,深得蒋介石将军的信任。据说他的位置相当于中国内部事务顾问之职"②。

日本发动侵华战争后,《密勒氏评论报》并没有屈服于日本人的压力。相反的,刊物更加积极地支持中国政府和人民抗击日本侵略军。在日本侵略军气焰嚣张的时候,刊物号召人们奋起反抗;在战争进入艰难的相持阶段,刊物鼓励人们不要气馁。通过一组"短社评"的标题,不难看出《密勒氏评论报》在抗战中如何和中国人民同仇敌忾,抗击日本侵略军:

- 《日本侵占中国四分之一土地仍不满足》(Japanese Now Hold One-Fourth of China—Want Still More!)
- 《中国士兵担负起保家卫国的责任》(Chinese Soldier Takes His Place As Defender of the Nation)

---

① "Anti-Foreignism Prohibited: Editor's Appeal Denied," *The China Weekly Review*, Vol. 73, No. 9, Jul. 27, 1935, pp. 280-281.
② "Japanese Military Threaten Action Over 'Review's' Report on New Life Case," *The China Weekly Review*, Vol. 73, No. 13, Aug. 24, 1935, p. 427.[《日本军界就本刊报道"新生案"发出威胁》,《密勒氏评论报》第73卷,第13期(1935年8月24日),第427页。]

- 《持久抵抗——中国唯一的出路》(Prolonged Resistance—Only Course for China)
- 《日军占领大片废墟中的中国，缺乏重建资金》(Japanese Army Holds Vast Devastated Section of China But Lacks of Funds for Reconstruction)
- 《协助中国人保护财产免遭日本偷盗》(Helping Chinese Save Property from Japanese Thievery)
- 《陇海受挫未动摇中国抗日决心》(China's Determination to Resist Remains Unshaken Despite Reverses on the Lung-Hai)
- 《林语堂预见日本今秋将资源耗尽》(Lin Yu-tang Sees End of Japan's Resources This Fall)
- 《汪精卫成政治另类》(Wang Ching-wei Becomes a Political Outcast)
- 《西方合作抗击日本侵略的紧迫性》(Imperative Necessity for Western Cooperation against Japanese Aggression)
- 《日本二次蹂躏南京》(Japanese Accomplish Their Second Rape of Nanking)
- 《美国必须做出牺牲以协助英、中和其他民主国家》(Americans Must Sacrifice to Help Britain, China, Other Democracies)①

"孤岛时期"的《密勒氏评论报》受到了日军的重点"关照"。老鲍威尔也面临着生命的威胁，但是他仍尽力以美刊编辑的身份庇护中国报人。这份周刊也因为其在抗日战争期间的敢言而进一步赢得了国际美誉。不论老鲍威尔和他的刊物在中国最终维护的是谁的利益，在抗击日本这一中美共同目标上表现得尤为英勇。也正如老鲍威尔受伤回国后所说的那样：帮助中国人抗战也就等同于维护美国人自己的利益。如果没有中国人的抵抗，日本侵略者的步伐恐怕早已推进到北美大陆的海岸了。

---

① 以上列举的是摘自《密勒氏评论报》第 81 卷第 9 期(1937 年 7 月 31 日)—第 96 卷第 3 期(1941 年 3 月 22 日)《短社评》栏目中的几篇文章标题。

本 章 小 结

1922年,老鲍威尔全权接手刊物的出版和发行。为了生存,他着手加强刊物与中国本土之间的联系。他去除了刊物原有的密勒的个人主义色彩,同时在内容上更加迎合中国读者的要求。一方面,老鲍威尔扩展了对中国的新闻报道范围;另一方面,刊物在言论上支持中国的民族民主运动和国民党新政权重建中国的努力。这一时期,刊物一以贯之地揭露日本在中国的图谋,向中美两国发出此类警告。抗日战争爆发后,《密勒氏评论报》更是和中国人民戮力同心,抗击日本侵略者。老鲍威尔和刊物赢得了中美两国人民的尊重。

第四章　专业团队的构成与分布

前文提到,密勒被誉为"美国在华新闻业之父"。老鲍威尔也是最早来华办报的美国新闻专业人士之一。第一次世界大战以后,随着美国海外扩张步伐的推进,越来越多的美国各个行业的职业和专业人士来到中国。新闻业也不例外。此时,密勒、老鲍威尔和《密勒氏评论报》已经在上海公共租界站稳脚跟。显然,他们不会满足于已经取得的初步成功。吸收更多美国或亲美国的新闻专业人士来中国参与新闻活动也就顺理成章了。与此同时,羽翼渐丰的密苏里新闻学院也正急于向全美乃至全世界扩张其影响力。于是,密勒和老鲍威尔的《密勒氏评论报》自然而然地成为中美两国的密苏里新闻学子来华的一个重要的落脚点和跳板。

第一节　专业团队的核心——在华密苏里新闻帮

围绕着《密勒氏评论报》活跃着一支被称为密苏里新闻帮的专业编辑和记者群体。

一、密苏里新闻帮的由来

密苏里新闻帮(Missouri Mafia)并非是个贬义词,它是美国新闻史专家对那些有着密苏里背景的,特别是毕业于密苏里新闻学院的,活跃在美国乃至国际新闻界的新闻专业人士的统称。西北大学的汉密尔顿教授(J. M. Hamilton)形容他们为"密苏里新闻团伙"(Missouri Monopoly),阿道夫大学的罗赞斯基博士(Mordechai Rozanski)更戏称这些人为"密苏里黑手党"(Missouri Mafia)。新闻界使用"monopoly"和"mafia"这两个带有负面色彩的词来描绘这一群体,并没有多少要贬低密苏里新闻人的意思,而是意在突出其影响力之大。随着威廉士院长极力向全球输出密苏里所尊崇的新闻专业理念,这一影响力不仅遍及美国新闻业,更进一步波及远在太平洋彼岸的中国。

截至1928年密苏里新闻学院成立20周年之际,它已经培养了916名本科毕业生。此时,早期的毕业生已经在很多新闻媒体担任要职,开始雇用并举荐新的毕业生,从而形成了一个延续不断的关系网。美国全国广播公司的著名新闻主持人大卫·布林克利虽然并非密苏里新闻学院毕业生,但是他在1960年到密苏里新闻学院访问的时候说,密苏里新闻学院对他来说就如同阿拉伯人心目中的"麦加"。他所认识的记者至少有一半是那里培养的。① 史蒂夫·温伯格(Steve Weinberg)认为,除了密苏里新闻学院这个共同的背景外,各种裙带关系更加强了密苏里新闻帮的网络连接。这些裙带关系包括父母与子女关系、婚姻关系和兄弟姐妹关系等。②

早在20世纪上半叶,密苏里新闻学院已经是"桃李满天下"了。而远在中国乃至远东地区的众多密苏里新闻人构成了其早期的海外团体。可以说,密苏里大学新闻学院从其成立之后不久就成为赴中国专业记者的重要来源。

二、密勒与老鲍威尔——在华密苏里新闻帮的先锋

密勒和老鲍威尔均来自"不轻信之州"(Show-me State)③——密

---

① Steve Weinberg, *A Journalism of Humanity: a Candid History of the World's First Journalism School*, University of Missouri Press, 2008, p.212.
② Mordechai Rozanski, "The Role of American Journalists in Chinese-American Relations, 1900—1925," University of Pennylvania, Ph. D. dissertation, 1974, p.374.
③ 美国密苏里州被称为"不轻信之州"(Show-me State)。美国每一个州都有这样的别称。比如加利福尼亚州叫作"黄金州"(Golden State),新墨西哥州叫作"仙人掌州"(Cactus State),阿拉斯加州叫作"最后的边疆"(The Last Frontier),马萨诸塞州叫作"老殖民地州"(Old Colony State)等。

《密勒氏评论报》：美国在华专业报人与报格(1917—1953)

苏里州，也是来自这个州的在华美国记者团队的核心成员。在他们的感召下，一批来自密苏里的新闻人，特别是从密苏里新闻学院毕业的人来到远东，成为活跃于这一地区的密苏里新闻帮成员。这一团体和"英国舰队街"(Fleet Street)的驻华记者团队齐名。

密勒被认为是密苏里新闻帮在中国的先驱。① 但是，老鲍威尔之子小鲍威尔认为真正凝聚起密苏里新闻帮的功臣是自己的父亲老鲍威尔和其他一些成员：

> 我认为将连接密苏里人的功劳仅仅归于密勒和帮助密勒筹办《大陆报》后又去了日本的 B. W. 弗莱舍(B. W. Flaisher)是有失公允的。密勒是一个开创者，他将我父亲带到中国，但是真正联系罗赞斯基所称的密苏里新闻帮的操作者是其他一些人，比如说我的父亲、莫里斯·哈里斯(美联社)、约翰·莫里斯(合众社)和维克托·基恩(《纽约先驱论坛报》)等人。或许更重要的是从密苏里归国的中国学生，比如说董显光。他是我父亲在密苏里新闻学院的学生。同样重要的是，他们实际上都直接得到了该新闻学院创立者沃尔特·威廉士院长的帮助。他(威廉士)也是一位非常出色的公关者。他确保学院向远东源源不断地输送毕业生。很多年里，父亲不断地收到院长的信件，"指示"(suggesting)他做这做那，让他促进毕业生的流动，还有几乎一切院长觉得会促进学院发展的事情。中美两国的密苏里毕业生将院长后来的中国之行视作他自己和媒体的盛事，视同国家元首的访问。

> 院长重视父亲的原因是他们关系更为亲密。父亲是学院第一届毕业生(1910年毕业)，后来回到院长麾下任教。在此期间，院长应密勒的邀请派父亲去当他的助手。②

在来中国之前，老鲍威尔对中国的认识主要来自密苏里新闻学院

---

① Peter Rand, China Hands: the adventures and ordeals of the American journalists who joined forces with the great Chinese revolution, New York, Simon & Schuster, 1995, p. 25.

② Steven R. MacKinnon and Oris Friesen, China Reporting: An Oral History of American Journalism in the 1930s & 1940s, Berkeley, Los Angeles, University of California Press, 1992, p. 26.

的两个中国学生:黄宪昭和董显光。在密苏里新闻学院学习期间,董显光听过《密勒氏评论报》主编老鲍威尔一个学期的课程。老鲍威尔回忆说:"我很高兴结识了他(董显光),因为我们后来注定要在他的家乡的很多戏剧性的、危险的场合彼此命运交错。"[1]事实上,大部分密苏里新闻帮的成员都是通过亦师亦友的老鲍威尔和董显光的介绍,开启了他们在中国的职业记者生涯的。以下就是一个明证:

> 法默尔[2]离开之前,从哈佛大学毕业不久的泰迪·怀特经过约翰·B.鲍威尔(老鲍威尔)的推荐,加入了我的团队。怀特在哈佛学过中文和中国历史,却是一个没什么经验的报人。他脑子聪明,主意层出不穷,却装出一副漫不经心的样子。他提出了很多建议,并为我们所采纳。加入我们之后不久,他写的一篇关于妇女顾问委员会的故事就吸引了该委员会主席蒋介石夫人(宋美龄)的注意,因此得以首次会见蒋夫人。
>
> 因为怀特缺乏经验,法默尔对他没有什么好的看法。在发现他的真正价值之前,我将他安排到上海圣约翰大学新闻系主任毛瑞斯·武道那里工作。武道的工作很有价值。我一度根本不用担心编辑工作的细节问题。[3]

与密勒同时来华的还有密苏里人卡尔·克劳。克劳与老鲍威尔同是密苏里新闻学院最早的一届毕业生。他协助密勒创办了《大陆报》。但是论及外国人在华新闻界的成就和影响,他是无法和老鲍威尔相提并论的。克劳不仅协助密勒创办了《大陆报》,后来还指导创办了《大美晚报》(*Shanghai Evening Post & Mercury*,也有人译作《上海

---

[1] JBP Collections (C3662), F169, Western Historical Manuscripts Collections of Missouri University. 黄宪昭后来在广州某高校任教,同时任《密勒氏评论报》在南方的记者。董显光回国后在北京当记者,后来在《密勒氏评论报》做助理主编。

[2] 法默尔,英国人,1938年到1939年间供职于董显光的团队,前后共一年半时间。任职期间负责编辑出版《战时中国》(*China at War*)月刊。该杂志一直坚持出版至1945年战争结束,从未间断。

[3] Hollington K. Tong, *Dateline: CHINA—The Beginning of China's Press Relations with the World*, New York: Rockport Press, Inc., 1950, pp. 101-102.

晚邮报》)。① 老鲍威尔曾经这样叙述和评价克劳:

> 卡尔·克劳是和密勒一起奔赴东方的密苏里人,也是《大陆报》第一个城市版编辑。他从1911年至1940年一直留在东方。实际上,克劳和密勒一样著述颇丰。有一两本很是畅销……
>
> 一战期间,卡尔·克劳在服务于在华美国人方面多少起到了一点先导的作用。当时他一度掌管公共信息委员会(Committee on Public Information,简称COMPUB)的工作,使得在华中外报刊第一次接触到了美国的新闻,打破了英国路透社长久以来的垄断。二战以后,克劳组建了一家广告服务社。该社在珍珠港事件后也受到了日本人的压制。②

而老鲍威尔主理下的《密勒氏评论报》则真正成为凝聚密苏里新闻帮成员的一个中心。在他们的努力下,《密勒氏评论报》成了密苏里大学新闻学院毕业生的实践基地,也是密苏里新闻学院毕业生源源不断输往中国的重要渠道。

早期,密苏里毕业生主要是通过两个途径前往远东地区的。一个是弗莱舍的《日本广告人报》(*Japan Advertizer*),另一个就是密勒和老鲍威尔的《密勒氏评论报》。他们通过弗莱舍和密苏里新闻学院院长威廉士的安排前往远东。早在1914年,威廉士去远东游历期间会见了弗莱舍、密勒和克劳。密勒和克劳是密苏里大学的校友,也是威廉士的好友。弗莱舍需要训练有素、守规矩且接受低薪酬的年轻记者。据弗莱舍所说,他特别害怕像纽约那样的大都市来的人,因为他们很容易堕入东方邪恶的陷阱。弗莱舍在给威廉士的信中写到:"纽约人除了百老汇外,无法适应任何地方。他们容易沾染上通商口岸的恶习,而且会主动找上门去。"③

密勒和卡尔·克劳则鼓励威廉士送年轻的新闻学毕业生到弗莱

---

① "American Journalists and Their Works in China," *The China Weekly Review*, Vol. 77, No. 3, June 20, 1936, p.77.

② John B. Powell, "Missouri Authors and Journalists in the Orient," *Missouri Historical Review*, 41, Oct. 1946, pp.47-48.

③ Mordechai Rozanski, "The Role of American Journalists in Chinese-American Relations, 1900—1925," University of Pennsylvania, Ph.D. dissertation, 1974, p.375.

舍那里实习,然后再把他们派到中国来。经过《日本广告人报》和《密勒氏评论报》这两个实践基地的锤炼,一些密苏里新闻学子后来成为美国乃至整个西方驻远东各大报刊和通讯社记者。他们从20世纪20年代起一度主宰了美联社等重要新闻媒体驻上海和北京的机构。这一关系在远东对美国新闻专业主义的实践和传播产生了重要的影响。董显光曾有著述论及《大陆报》和《密勒氏评论报》在吸收密苏里新闻帮成员及其他西方记者方面的巨大作用:

> 密勒后来创办了闻名中国的《密勒氏评论报》。该刊就如同美国的《国家》和《新共和》杂志一样。他的自由观点以及毫不动摇地为新闻自由而献身的精神使得《大陆报》和《密勒氏评论报》成为中国新闻的里程碑。在我监理《大陆报》主编时期,该报已经确立了语言朴实、观点自由的传统。很多有前途的美国和中国的青年投奔它。许多报社的员工第一次在这里接受了新闻培训。
>
> 我担任主编期间,出人意料地有大量美国报人进进出出我们的员工队伍。他们的名字如今出现在美国各大主流报刊上。他们一般比较年轻,但是总体上都很上进且工作勤奋。[①]

截至1928年有50多名密大毕业的记者在远东工作,其中超过半数以上在中国。在这些人中比较著名的包括密勒、老鲍威尔,美联社的约翰·R.莫里斯(John R. Morris)、莫里斯·哈里斯(Morris Harris)、J. G.巴布(J. G. Babb)、詹姆斯·D.怀特(James D. White),合众国际社的本杰明·克林(Benjamin Kline),《纽约时报》的亨利·F.米索维茨(Hernry F. Misselwitz),《纽约先锋论坛报》的维克托·基恩(Vitor Keen),《大陆报》的卡尔·克劳(Carl Crow)等,后来又有毛瑞斯·武道(Maurice Votaw)、埃德加·斯诺(Edgar Snow),还有虽非密大背景,但出自密苏里州的艾格尼丝·史沫特莱(Agnes Smedley)、项美丽(Emily Hahn)等。从20世纪初开始,这些人从美国中西部络绎不绝地开赴远东,也在中国新闻界形成了一道壮丽的景观。

---

① Hollington K. Tong, "Dateline: CHINA—The Beginning of China's Press Relations with the World," New York: Rockport Press, Inc., 1950, pp. 4-5.

这些密苏里新闻帮的成员很多都深受密勒和老鲍威尔的影响。前文已经提及密勒对西方列强在中国的动机持怀疑态度,洞悉日本侵略中国的野心,因此他成了一大批声援中国的西方记者的楷模和导师。随之而来的老鲍威尔很快接受了密勒表面上的亲中立场,他和另一位密苏里新闻学院的毕业生卡尔·克劳接过了密勒的接力棒,继续担负起在华美国记者楷模和导师的职责。他们三人有着迥然不同的风格:密勒对中国的报道兼具学者的理性化色彩和精准风格,克劳的报道偏重个人的感受,而老鲍威尔更讲求事实,评论多建立在广博的见闻之上。他们三个人的作品几乎无一例外地被上海的中国报纸翻译刊发。[1] 在他们三个人的引领之下,密苏里新闻帮的成员奔赴中国各地,分布在中国新闻界和其他领域里。到了后来,许多从美国甚至其他国家来中国闯荡的记者都直接投奔老鲍威尔。

事实上,老鲍威尔和他的母校一直保持着紧密的联系,并且有意识地吸引母校的新闻学子关注远东局势。虽然远在上海,但是他仍然在密苏里新闻学院设立了一个奖学金,专门用于奖励那些在太平洋问题上发表过出色言论作品的学生。该奖项由《密勒氏评论报》出资,每年颁发一次。一等奖50美元,二等奖25美元。奖金虽然不高,对学生来说却是一个很好的激励。更重要的是,它唤起更多学生对远东和太平洋地区事务的兴趣。[2]

第二节 专业团队的成员及分布

与《大陆报》一样,《密勒氏评论报》十分倚重密苏里新闻帮成员。加之鲍威尔父子有意识地强化刊物编辑记者团队中的跨国特色,使得《密勒氏评论报》凝聚起了以密苏里新闻帮为核心的中外编辑记者团队。这在当时的中国的新闻界可谓别具一格。

---

[1] 〔英〕保罗·法兰奇:《镜里看中国:从鸦片战争到毛泽东时代的驻华外国记者》,张强译,中国友谊出版社2011年版,第116页。

[2] John B. Powell, Missouri University Bulletin, Vol. 45, No. 10, May. 15, 1944.

一、专业团队的跨国特征

《密勒氏评论报》和《大陆报》努力培养着每一位有潜力的青年作家,因而成为他们成长的沃土。在沪乃至在华所有的报刊中,在这两家报刊有过工作经历的外国记者最多,而且两家报刊旗下中国编辑记者和西方的编辑记者之比也最为对等。这一传统从密勒雇用卡尔·克劳、老鲍威尔和其他外国记者就已经开始了。《密勒氏评论报》所倚重的在华密苏里新闻帮成员中也是既有中国人,也有以美国人为主的外国人。两者比例也大致是五五开。密苏里新闻学院毕业生更是构成密苏里新闻帮的主力。1944年,老鲍威尔对从1910年开始活跃在中国的密苏里新闻学院毕业生做过统计。他在题为《东方的密苏里作家和记者》("Missouri Authors and Journalists in the Orient")一文中共列出43名从密苏里新闻学院毕业的中外人士:[①]

  John B. Powell, B. S[②]. in Journalism, 1910
  Hollinton K. Tong, student, 1911
  Hin Wong, B. S. in Journalism, 1912
  Mrs. Sara L. Williams, B. J., 1913
  Margaret Powell Woods, student, 1916
  Maurice E. Votaw, B. J., 1919
  Irene Fisher, B. J., 1919
  Chen Chung, B. J., 1920
  Horace Felton, B. J., 1920
  Don d. Patterson, B. J., 1920
  Norman Ulbright, B. J., 1920

---

  ① 由于条件所限,笔者一时无法将密苏里新闻帮的中国成员的中文姓名一一对应。这里在部分人员的英文姓名后加上其中文姓名或译名。另外,本书中的外国人姓名大多是笔者自行翻译。众所周知,当时很多外国人在华都有中文姓名,比如说后来供职于《时代》杂志的Theodore White的中文姓名叫白修德。本书也尽可能地使用人们熟悉的中文姓名。
  ② "B. S."是英文Bachelor和Scholar的缩写,表示老鲍威尔曾在密苏里新闻学院取得过新闻学学士学位,也曾是那里的一名新闻学学者。名单后面的"B. J."和"A. M."则分别是英语词组"Bachelor of Journalism"和"Master of Art"的缩写。两者的意思分别是"新闻学学士"和"文科硕士"。

Louise Wilson, B. J. , 1920

Morris James Harris, B. J. , 1921

Victor J. Keen, B. J. , 1922

Henry Misselwitz, B. J. , 1922

John Rippey Morris, B. J. , 1922

P. Y. Chien, B. J. , 1923

Kan Lee, B. J. , 1923

Y. P. Wang, B. J. , 1923

Chin-Jen Chen, B. J. , 1924

Mrs. Liang S. Hsu, (Eva C. Chang), B. J. , 1923

Yen Chih Jao, B. J. , 1924

Thomas Min-heng Chao, B. J. , 1925

Edgar Snow, student, 1925-1926

Edgar C. Tang, B. J. , 1927

Robert Y. Horiguchi, B. J. , 1931

David C. H. Lu, A. M. , 1932

James D. White, B. J. , 1932

The-ch'en T'ang, A. M. , 1933

Stewart Hensley, B. J. , 1934 (India)

Hsin-Yeh Ma, B. J. , 1934

Wei Ma, B. J. , 1934

Francis W. Gapp, B. J. , 1935

James Shen, A. M. , 1935

Kyatang Woo, B. J. , 1935

Mrs. Kyatang Woo (Betty L. Hart), B. J. , 1935

Nan-Wei Cheng, A. M. , 1937

Karl Espilund, student, 1938

Heng-Yu Li, A. M. , 1938

John W. Powell, student, 1940—1942

Hugh Crumpler, B. J. , 1941

David Mun-Sen Leong, B. J. , 1942

Ju-tung Lee，B. J.，1943 ①

在这 43 位毕业于密苏里新闻学院的密苏里新闻帮成员中，美国人和中国人都是 21 人，另外一名是日本人。除此之外，老鲍威尔还在文章中特别提到了 20 世纪 30 年代交流到燕京大学新闻系教授新闻学的聂世芬（Vernon Nash）和后来接替威廉士任密苏里新闻学院院长的弗兰克·L. 马丁（Frank L. Martin）。聂世芬还曾经在《密勒氏评论报》上发表文章谈论新闻自由。② 此外，名单并没有列入梁士纯、蒋荫恩和谢然之等中国新闻界名人。这些人虽然并非那里的本科生或硕士生，但也都或长或短在密苏里新闻学院学习和研究新闻学。除了鲍威尔父子外，这份名单中有一半以上的人有为《密勒氏评论报》工作或供稿的经历。

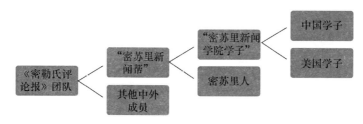

《密勒氏评论报》与密苏里新闻帮关系图

1. 在华密苏里新闻帮的主要美国成员

除了前文详细介绍过的密勒、老鲍威尔、克劳和后来去了日本的弗莱舍之外，还有几位成绩卓著且有着较大影响力的密苏里新闻帮成员值得一提。首屈一指的当数埃德加·斯诺。其他还包括毛瑞斯·武道、唐纳德·帕特森以及虽非密苏里新闻学院毕业生，但是来自密苏里州的艾格尼丝·史沫特莱和项美丽等人。

• 埃德加·斯诺　　斯诺于 1928 年夏天来到上海。就个人知名度和影响力来说，斯诺可谓是最成功的密苏里新闻人。尽管中国当时并非斯诺的终点站，但是他后来一生的主要成就和名望都来自于他对中

---

① John B. Powell, "Missouri Authors and Journalists in the Orient," *Missouri Historical Review*, Oct. 1946, pp. 47-48.

② Vernon Nash, "Freedom within the Press," *The China Weekly Review*, Vol. 77, No. 9, Aug. 1, 1936, p. 312.

《密勒氏评论报》：美国在华专业报人与报格(1917—1953)

国的关注和报道。皮特·兰德从密苏里人的角度高度赞扬了斯诺：

> 尽管斯诺有着完美的、通行全美的各种证书——当过祭台助手、雄鹰童子军奖章(Eagle Scout)，还有爱尔兰人的英俊相貌，但是新闻学学位并不是其中之一。实际上，他的大学生涯并不完整。他来自于一个书香门第。父亲是个印刷商，也是一个手不离书且思想自由的人。和当时很多的中西部美国人一样，马克·吐温①的著作在斯诺的成长过程中赋予其文学的志向，斯诺因而习得了简洁的写作风格。②

斯诺与《密勒氏评论报》的渊源甚深。刚到上海不久，老鲍威尔就借出行苏联之机，委托斯诺出任执行主编之职。斯诺在刊物上发表了大量的文章。其中最为著名的就是他对毛泽东的专访。访问内容以问答形式刊登在1936年11月14日和21日连续两期《密勒氏评论报》上，标题就叫《共产党领导人毛泽东专访》("Interviews With Mao Tse-tung, Communist Leader")③。在同情中国革命方面，斯诺比密勒和鲍威尔走得更远，他于1933年前往北平，一面为《密勒氏评论报》等美国报纸撰稿，一面在燕京大学新闻系教书。1936年，他辗转到陕北采访红军，翌年发表《红星照耀中国》。斯诺在中国的名气甚至超过了他的前辈密勒和老鲍威尔。

- **艾格尼丝·史沫特莱(Agnes Smedley)** 史沫特莱1892年出生于密苏里州奥斯古德。早年当过女佣、烟厂工人和书刊推销员。她一度在《纽约呼声报》任职。从学生时期起，史沫特莱就是个左翼分子，强烈反对英国在全球的殖民主义统治。1918年，她因声援印度独立运动而被捕入狱半年。1919年起，史沫特莱侨居柏林8年。其间，她仍积极投身印度民族解放运动，曾在柏林会见尼赫鲁。1928年年底，史

---

① 美国作家马克·吐温出生在密苏里州，并在那里度过了童年时光。密苏里州的汉尼拔附近至今仍保存着马克·吐温故居残存的一小部分。

② Peter Rand, China Hands: the Adventure and Ordeals of the American Journalists Who Joined Forces with the Great Chinese Revolution, New York Simon & Schuster, 1995, p. 140.

③ "Interview with Mao Tse-tung, Communist Leader," by Edgar Snow, *The China Weekly Review*, Vol. 78, No. 11, 12, Nov. 14, 21, 1936, pp. 377, 420.

沫特莱来到中国,从此在中国居留了 12 年。在此期间,她撰写了小说《大地女儿》(1929 年),同时为包括《曼彻斯特卫报》和鲍威尔的《密勒氏评论报》在内的多家报纸工作。除了《大地女儿》一书,史沫特莱还撰写了《中国红军在前进》《中国人民的命运》《中国在反击》和《中国的战歌》等专著。

- 唐纳德·D. 帕特森(Donald Denham Patterson) 1919 年 8 月至 1922 年 6 月担任《密勒氏评论报》的金融版编辑和业务经理(Financial Editor and Business Manager)。1921 年,他在上海圣约翰大学开办新闻学课程。这是有明确历史记录的中国最早的新闻学课程。① 1922 年 9 月,帕特森回到密苏里新闻学院继续教授广告学。
- 毛瑞斯·武道(Maurice Votaw) 1899 年出生在密苏里州的尤里卡。武道分别在 1918 年和 1921 年从密苏里新闻学院获得了新闻学学士和硕士学位。1922 年至 1939 年以及 1947 年至 1949 年,他两度到上海圣约翰大学教授新闻学,并一度担任系主任之职;1939 年至 1949 年间,任国民党中央宣传部顾问。1949 年后,武道回到密苏里新闻学院继续任教长达 20 年之久(1950—1970)。武道是密苏里大学最早的新闻学硕士。毕业后一度在科罗拉多州大学教授新闻采访。1921 年 7 月 5 日,他写信给威廉士院长,希望院长将自己介绍到海外大学去教书。于是,1922 年 2 月,武道来到上海,接替帕特森的教职。

此外,老鲍威尔还撰文回忆过其他一些和《密勒氏评论报》有着紧密联系的在华美国记者。这些记者是否是密苏里人,甚或是密苏里新闻帮成员,一时难以求证。但是,在华美国记者是互相通气连枝的。进入 20 世纪以后,随着来华的西方专职记者的日渐增多,他们逐渐形成了一个网络。其中美国在华记者形成了一个以密苏里新闻帮为核心的网络。

2. 在华密苏里新闻帮的主要中国成员

另一方面,在《密勒氏评论报》周围还活跃着一批毕业于密大新闻

---

① 亦有学者认为北京大学是第一个拥抱美式新闻教育的中国大学。现任教于密苏里新闻学院的张咏教授认为,早在 1918 年,北大就引进了新闻课程。但是北大的新闻教学是否效仿密苏里模式,一时尚无定论。

《密勒氏评论报》：美国在华专业报人与报格(1917—1953)

学院的中国人。这些人是美国新闻业注入中国的"第一滴血"，后来大都成为中国新闻业的干将。民国时期中国一大批重要的新闻记者、新闻教育家、新闻官员多出于密大新闻学院。例如主管对外新闻事务的国民党中宣部副部长董显光，国民党新闻官员沈剑虹(James Shen)，曾任国民党中央政治学校新闻系主任，并担任过国民党《中央日报》社社长的马星野，《申报》著名记者汪英宾(后任复旦大学教授)，《广州时报》主笔黄宪昭，路透社记者赵敏恒，著名报人吴嘉棠，新闻教育家蒋荫恩①、梁士纯、谢然之等。他们中很多都是《密勒氏评论报》的专职或兼职撰稿人。这些密苏里新闻帮的中国成员大部分取得了新闻学学士的头衔。黄宪昭、汪英宾和董显光是最早从密苏里新闻学院毕业的三名中国人。而董显光更是在中国勾连传承密苏里新闻帮成员的核心人物。上文提到的密苏里新闻帮的裙带关系在董显光身上体现得十分清晰。另外，早期还有5名中国人在密苏里获得了新闻学硕士学位，其中就包括卢祺新(David C. H. Lu)和沈剑虹。

1934年，董显光加入中国国民党，开始从政。起初，董在国民党军事委员会上海办事处负责检查外国新闻电讯。抗日战争爆发后，董任国民党军事委员会第五部副部长，不久又改任国民党中央宣传部副部长，负责营造当时国民政府的国际形象。董在争取西方媒体支持中国抗战方面功不可没。因为自己和美国新闻界有着紧密的联系，董显光也认为当时由他出任这样的职务是顺理成章的事情：

> 我想，由我出任此职②是自然而然的。我是中国第一个在美国受教育的记者。战争开始的时候，我已经积累了25年的英文报刊写作和编辑的经验。当我在美国上大学的时候，大多数中国学生学的是哲学、政治学和国际法学。而我却出人意料地选择了学习新闻学。我也下定决心要倾毕生之力，将现代的美国新闻实践方法介绍到中国来。

一战之前，学习新闻学即便对美国人也是一个新事物。一些

---

① 蒋荫恩毕业于燕京大学新闻系，1948—1949年在密苏里大学新闻学院研究新闻学，1949年出任燕京大学新闻系系主任，1958年出任中国人民大学新闻系教授和副主任。

② 这里的职务指的是专门负责检查外国新闻电讯的职务。

和我同班的、最早吃螃蟹的美国学生现在成了美国新闻界的头面人物。完成了在密大新闻学院的学业后,我又成了哥伦比亚大学普利策新闻学院的第一届学员之一。多年来,同学们与我一直交好如初。他们包括现任哥大新闻学院院长卡尔·W.艾克曼(Carl W. Akerman),《纽约时报》发行人的妻子阿瑟·海耶斯·苏尔兹伯格夫人(Mrs. Arthur Hays Sulzberger),她也是该报的成员之一,以及已故的里昂·弗莱泽(Leon Frazer)。我的老师有在哥大新闻学院任教授多年的罗伯特·麦克阿拉尼(Robert E. McAlarney),他于1945年战后不久去世;还有现任杜鲁门总统新闻秘书的查尔斯·G.罗斯先生(Charles G. Ross),他曾在密苏里教过我实用新闻学。①

相比之下,前文提到的黄宪昭虽然同是华裔,但成长背景却大不相同。黄宪昭是夏威夷的美籍华人,后来才回到中国从事新闻工作。而董显光回国从事职业新闻活动的时间相对更早。从这个意义上来说,董显光恰如其所言的那样,是"中国第一个在美国受教育的记者"。可以说,董显光对美国新闻专业主义在中国的实践和传播所起的作用并不亚于密勒和老鲍威尔等人,甚至有过之而无不及。

二、专业团队在华分布特征

20世纪上半叶,《密勒氏评论报》以密苏里新闻帮为核心的专业新闻团队在中国的分布呈现出跨国(主要跨中美两国)、跨领域、跨区域和跨党派分布的特点。

1. 地域分布

在地域上,随着来华密大新闻学院毕业生和中外专职记者的增多,其分布的地域也逐渐拓展。这些记者以上海和北京两地为起点,逐渐从东部和沿海通商口岸城市向中国内陆推进。其中密苏里新闻帮在抗日战争爆发前主要分布在上海、北京、广州、南京和汉口。上海始终是外国记者最为集中的城市。随着越来越多的密大新闻系毕业

---

① Hollington K. Tong, *Dateline: CHINA—The Beginning of China's Press Relations with the World*, New York: Rockport Press, Inc., 1950, p.3.

生来到中国,老鲍威尔在《密勒氏评论报》中开辟了《京津新闻》栏目,加强了刊物与京沪两地之间的联系。30年代燕京大学新闻系的创办使得北京成为又一个密苏里新闻帮成员集中之地,而且辐射到整个京津乃至华北地区。

与此同时,密苏里新闻帮成员也逐渐扩散到华中(汉口)和华南(广东)等地。《密勒氏评论报》也得以有条件向汉口和广州派驻代表(representative)[①]。黄宪昭和另一名密大新闻专业毕业生彼得·S.乔伊(Peter S. Jowe)就是从刊物早期就分别担任其驻广州和汉口的代表。此外还有刊物派驻成都的代表约翰·R.穆易尔(John R. Muir)。从此以后,以上海、北京、广州、汉口和南京等城市为中心,分布在中国中东部地区的密大新闻学子日益增多,进一步加强了美国在华新闻界的实力。

1937年年底,上海沦陷后,在沪中外新闻界因为战争而逐渐与中国广大内陆地区隔离开来。大批中外新闻记者随着国民政府向中国西部转移,先是聚集在武汉,随后又从长沙奔赴重庆。武汉、长沙和重庆又先后成为外国记者集中的地方。而此时的密苏里新闻帮成员不仅在地域上分布越来越广,而且开始日渐深入到了中国的政界、新闻业界和教育界等更广泛的领域之中。

2. 领域分布

密苏里新闻帮在华另一个更为明显的分布特征是跨越政界、新闻业界和新闻教育界三个领域。早期在华密苏里新闻帮成员几乎都有着跨界工作的经历。他们有的跨越政界和新闻业界,有的则跨越新闻业界和学界,有些人甚至跨越了这三个领域。面对着中国新闻业尚处于"有术无学"的局面,很多在20世纪前半叶学成归国的密大新闻学子开始撰写新闻学方面的书籍。与此同时,一些密苏里新闻帮的美国成员则撰写了介绍中国乃至整个东方的著作。与在华密苏里新闻帮的美国成员相比,中国成员似乎和政治联系得更加紧密。这和

---

① 在刊物早期的管理层设置中,除了主编兼出版商(Editor and Publisher)外,还设有特约编辑(Contributing Editor)、助理编辑(Assistant Editor)、商业和金融编辑(Business and Financial Editor)、上海本地内容编辑(Local Editor),以及派驻外地的代表(Representative),包括京津(华北)代表、华中(汉口)代表和华南(广州)代表等职务。

中国传统文人所秉持的"学成文武艺,货与帝王家"的观点不无关系。因此,中国成员的跨领域特征也就更加明显。像董显光和马星野等人有时就身跨政界、教育界和业界三个领域。

需要指出的是,"跨界"或"跨领域"是密苏里新闻帮在领域分布上的一个明显而重要的特征。这一特征深受新闻学教育的密苏里模式的影响。密苏里模式要求学生将新闻实践和课堂学习结合起来。密大新闻学院创办之初,《密苏里人》报(The Missourian)就成为学生发表新闻作品的园地。该报面向全美公开发行,其编辑团队由在校的教师、学生或毕业生组成,其发行和广告等业务也主要由学生负责。① 随着在华密苏里新闻帮成员的增多,这一教育模式被引进到中国新闻教育中来,并逐渐产生了越来越广泛的影响(参见第八章第二节)。受密苏里模式的影响,早期来中国的密大新闻学院毕业生表现出了更明显的跨领域特征。这从侧面说明了当时中国新闻界乃至政界均缺少并渴求从西方学成归来的人才。跨越新闻业界、教育界和政界也顺应了这一需求。这也是密苏里模式赋予中国新闻业现代化的一个显著特征。我们甚至可以认为,20 世纪 20 年代到 40 年代的在华密苏里新闻帮成员几乎垄断了中国新闻领域的重要位置。

应该说,在华密苏里新闻帮这种跨越政界和新闻界的特征是有违他们所尊崇的美国新闻专业主义的。按照它的理念,新闻应该是独立于任何政治和其他利益团体的,更不要说兼任政治和新闻两界的重要职务了。威廉士院长虽然在这一方面做出了表率(他曾拒绝出任美国驻中国公使),但是来华的密苏里新闻人在中国特殊的政治和社会文化场域里,不得不在这一点上有所妥协。而很多从密苏里新闻学院毕业的中国人恐怕是更享受这种跨界所带来的美妙感觉。这种美妙的感觉包括成名的陶醉感、光宗耀祖的满足感和报效国家的荣耀感。如果有机会享受这样的感觉,即便是在华外国人恐怕也不会轻易放过。密勒本人的经历充分说明了这一点。他从做战地记者开始,到创

---

① 随着媒介技术的发展、新闻媒介的增多,密大新闻学院逐渐增加了电子媒体和网络媒体。KOMU 电台和 KBIA 电视台成为该学院学生的电子媒体实践基地。21 世纪初,学院又创立了 www.newsy.com 网站,为学生提供了网络媒体的实践平台。

办报刊,在中国积累了足够的政治资本,而后又不失时机地两次出任中国政府顾问(参见第一章第一节)。表4-1显示了中外密苏里新闻帮在中国的这种跨领域的垄断特征。

3. 党派分布

《密勒氏评论报》创办于中国最后一个封建王朝清朝彻底崩溃之后,军阀割据使得在华外报的观点和立场也大相径庭。创刊的前十年里,京沪两地的美国驻华记者事实上在对华的政治观点上就很不一致,甚至彼此对立。

> 随着外国来华职业记者的增加,他们在京沪两地形成了有关中国新闻报道的两大分野。上海一派受密勒和老鲍威尔的影响,对中国国民革命运动持支持的态度。而北京一派中的密苏里新闻学院的毕业生则较少,主要包括哈勒特·阿班(Hallet Abend)、《芝加哥论坛报》的查尔斯·戴利(Charles Dailey)和国际新闻社的约翰·哥特(John Goette)。他们的观点相对比较保守,一开始对民族革命运动持不友好的态度……①

随着来华的美国专业记者的增多,特别是密苏里新闻帮成员的日益增加,密勒和老鲍威尔对中国新闻界的影响日趋明显。京沪两地美国报刊的这种分野也逐渐弥合。大多数密大新闻系毕业的人都趋向支持国民党。国民政府成立后,以老鲍威尔和董显光为代表的密大新闻人大多数成为新政府的坚定支持者。早期的密苏里新闻帮的中国成员很多加入了国民党,比如说董显光、马星野、沈剑虹和卢祺新等人。

20世纪30年代以后,中国成为越来越多西方记者眼中旅游和探险的最佳国度。她既是革命的试验田,同时也是国际形势日趋紧张的风向标。事实上,20世纪三四十年代大多数来华的美国记者都是偶然踏上了中国的土地,或者原本只是将中国作为其职业记者生涯的一站。这些人在踏上来中国的行程时,大多没有什么具体的目标,并且

---

① Mordechai Rozanski, "*The Role of American Journalists in Chinese-American Relations, 1900—1925,*" University of Pennsylvania, Ph. D. dissertation, 1974, p.376.

第四章 专业团队的构成与分布

表 4-1 早期在华密苏里新闻帮中外成员跨领域分布一览表

密苏里新闻帮主要成员		政界职务	新闻业界职务	新闻学界职务	主要著作
美国成员	托马斯·密勒	1. 北洋政府顾问 2. 国民党中央政府顾问	1.《纽约先驱报》记者 2.《大陆报》和《密勒氏评论报》创办者及主编		1. The New Far East (1906) 2. America and the Far East Question (1909) 3. Our Eastern Question (1916) 4. Democracy and the Eastern Question (1919) 5. Conflict of Policies in Asia (1924) 6. China, Where It Is Today and Why (1928) 7. The End of Extraterritoriality in China (1931)
	约翰·B.鲍威尔	曾为美国在华商界充当说客	1.《密勒氏评论报》主编和发行人 2.《芝加哥论坛报》《曼彻斯特卫报》驻华记者	密苏里大学新闻学院广告学教师	1. Methods and Ideals for Small Town Newspapers (1914) 2. Newspaper Efficiency in the Small Town (1915) 3. My Twenty-Five Years in China (1945)
	埃德加·斯诺		1.《密勒氏评论报》助理主编 2. 伦敦《每日先驱报》记者 3.《星期日晚邮报》记者	燕京大学新闻系讲师	1.《红星照耀中国》(Red Star over China)(1937) 2.《为亚洲而战》(The Battle for Asia)(1941) 3.《大河彼岸》(The Other Side of the River)(1962)

89

（续表）

密苏里新闻帮主要成员		政界职务	新闻业界职务	新闻学界职务	主要著作
美国成员	唐纳德·D.帕特森	国民党中央宣传部顾问	《密勒氏评论报》助理主编	圣约翰大学新闻系创始人之一，并在该系任教两年。	The Journalism in China（1923）
	毛瑞斯·武道		1.《密勒氏评论报》撰稿人 2. Baltimore Sun 记者 3. Toronto Star 撰稿人	1. 圣约翰大学新闻系主任和教师 2. 燕大新闻学院教师	
中国成员	董显光	1. 国民党中央宣传部副部长 2. 国民政府新闻局长 3. 台湾"中央"日报》董事长 4. 国民党当局驻日本代表	1.《北京日报》主笔 2.《庸报》创办者 3.《大陆报》主编 4.《密勒氏评论报》助理主编	"中央"政治大学新闻系创办人之一	1. Dateline: CHINA—The Beginning of China's Press Relations with the World（1950） 2.《一个中国农夫的自述》（又称《董显光自传》） 3.《蒋介石传》

第四章 专业团队的构成与分布

（续表）

密苏里新闻帮主要成员		政界职务	新闻业界职务	新闻学界职务	主要著作
中国成员	黄宪昭		1.《广州时报》创办者及记者 2.《密勒氏评论报》驻华南记者	燕京大学新闻系教师	
	汪英宾		1.《申报》 2.《大公报》设计委员会副主任	1. 参与创办上海南方大学报学系与报学专修科，任系主任 2. 上海圣约翰大学任教 3. 复旦大学新闻系任教	The Rise of the Native Press in China (1924)①

① 该书以英文写成，叙述了中国新闻从古代到现代的发展历史。书名可译作《中国报业的兴起》。它原是汪英宾在密苏里大学新闻学院的硕士毕业论文，1924年付印成书。它比戈公振的《中国报学史》(1927年)早了3年时间，在美国亦曾被广泛引用。

(续表)

密苏里新闻帮主要成员		政界职务	新闻业界职务	新闻学界职务	主要著作
中国成员	谢然之	1. 国民党军事委员会政治部设计委员 2. 三民主义青年团中央宣传处处长 3. 国民党中央宣传部秘书长	1. 中华苏维埃共和国临时中央政府机关报《红色中华》编委 2. 《扫荡报》笔政（主编） 3. 《中国青年》月刊主编 4. 《台湾新生报》和《台湾新闻报》创始人	1. 政治大学新闻系教授新闻学 2. 恢复政治大学新闻系 3. 台湾中国文化大学和台湾师范大学新闻系创办者	
	梁士纯		1. 《民主》杂志主编 2. 《益报》主编兼发行人 3. 北美报业联盟驻远东记者 4. 京津记者协会（中国记者协会前身）创办人	1. 上海大学讲授新闻学 2. 燕京大学新闻系主任	《实用宣传学》

第四章　专业团队的构成与分布

（续表）

密苏里新闻帮主要成员		政界职务	新闻业界职务	新闻学界职务	主要著作
中国成员	蒋荫恩		1. 上海《大公报》记者 2. 桂林《大公报》编辑主任	1. 燕京大学新闻系主任、教授 2. 中国人民大学新闻系副主任、教授	《国际问题词汇》（合著）
	马星野	国民党中央宣传部新闻事业处处长	《中央日报》社社长	国民政府中央政治学校新闻系创办者、教授兼系主任	1.《新闻学概论》 2.《新闻事业史》 3.《新闻的采访与编辑》 4.《言论研究》 5.《中国新闻记者信条》
	沈剑虹	1. 国民党中央宣传部国际宣传处英文编撰科科长 2. 国民政府行政院新闻局国际宣传处第二处处长 3. 1971年台当局驻美代表	1.《大陆报》编辑 2. 中央通讯社英文编译 3. 香港《中国邮报》和英文《虎报》（The Standard）任职		英文版《苏俄在中国》（1957年在美出版，中文版原著作者：蒋中正）

说明：(1) 部分人员在某一领域职务较多，支里仅列举其在该领域最为重要的职务。(2) 不同领域所列职务一般按照时间的先后排列。(3) "主要著作"一栏仅列举成员所著重要的书籍，而文章和报告则不在其列；若为英文著作，则使用著作的英文书名。(4) 表中所列职务仅仅是和哥新闻有着直接关系的职务。

93

呈现出很强的流动性。来华以后,这些外国记者逐渐选择了各自的政治倾向,也就是所谓的"划分山头站好队"。① 其中,只有少数是原本就带着坚定的政治信仰来到中国的。史沫特莱是最典型的例子。

一些新来的、更有经验的,且更具政治激情和意识形态感的记者更增添了30年代对中国报道的多样性。比如说,像艾格尼丝·史沫特莱、安娜·路易·斯特朗、弗里达·尤特利和弗兰克·格拉斯等人就是带着早前在美国或别的地方参与激进运动时形成的政治立场来到了中国。出生于密苏里的史沫特莱极力支持印度独立于英国和马格莱特·桑格斯为控制生育而进行的斗争,并因此于1918年在纽约被捕入狱,随后又在德国度过一段政治流亡的时期。在那里,她开始为左倾的《法兰克福日报》供稿。上海原本只是她继续终结英国在印度殖民统治斗争的一站。但是,随后她和中共地下工作者取得了联系。她还写了一本有关长征的书,并成为关注中国革命的约翰·里德(John Reed)②式的人物。

另外一些像埃德加·斯诺、海伦·福斯特·斯诺或杰克·贝尔登等人是不带什么政治立场来到中国的。他们在目睹了中国受践踏的普通民众所遭受的苦难和挣扎之后,对他们抱有一种传教士般的情怀。对中国社会和政治革命的报道,以及同时对抗击日本史诗般的战争的报道,使得一些记者产生了深深的情感上的共鸣,也将他们转变成为"鼓吹式新闻记者"(advocacy journalist)。斯诺后来于1936年访问了总部设在窑洞里的共产党人,打破了对他们的新闻封锁,并且写就了《红星照耀中国》。③

还有一部分人在欲走还留之中和中国结下了不解之缘。埃德加·斯诺就是这样的。他先于史沫特莱来到上海。两人很快在《密勒

---

① 〔英〕保罗·法兰奇:《镜里看中国:从鸦片战争到毛泽东时代的驻华外国记者》,张强译,中国友谊出版公司2011年版,第176—189页。
② 约翰·里德(John Reed,1887—1920),美国左翼新闻记者,美国共产党创始人之一,著有《震撼世界的十天》一书,描述了俄国十月社会主义革命。里德死后葬于莫斯科红场。
③ Stephen MacKinnon, "The 'Romantic' Generation," *Media Studies Journal*, winter of 1999, pp. 12-13.

氏评论报》社共事时成为好朋友。中国原本是斯诺周游世界计划中的一站。到中国后,这个计划一再受阻,原因却是他在新闻界的优异表现。第一个让他继续滞留中国的恰恰是老鲍威尔。在《密勒氏评论报》任职期间,斯诺进一步加深了对中国的了解。

> 这片广袤土地上的人所经历的灾难对斯诺产生了深重的影响,也使得他更加渴望离开中国。① 但是鲍威尔却让他难以成行。他增加了斯诺的薪水,并让斯诺在自己去苏联期间掌管《密勒氏评论报》。在鲍威尔离开期间,斯诺还接替他出任《芝加哥论坛报》驻上海记者。这一经历使得斯诺确信自己再也不愿意每天都受新闻事务的羁绊。斯诺利用鲍威尔图书室的大量藏书,潜心学习了中国的历史和时事。他早已发现自己的观点和密勒与鲍威尔两人的观点是一致的。这两人对帝国主义者公然压榨中国都非常愤慨。在中国的研究更加强了斯诺的这一观点。②

相对后来归属国民党的《大陆报》,《密勒氏评论报》的编辑记者团队体现出了更明显的跨党派色彩。和老鲍威尔支持国民党的坚定立场不同,斯诺一开始并不是带着支持中国某一党派的政治立场来到中国的。他以审视的目光观察国民党当局,并逐渐对中国政局产生了不同的看法。

> 现在(作者注:斯诺1931年重返中国时),斯诺对中国的危机有了进一步的了解,并且相对于他的密苏里同事们有了"左倾"的倾向。鲍威尔和密勒仍然坚决支持蒋介石。他们当时看不到"统一战线"或者共产党有什么出路。(They saw no appeal at that time in the United Front, or the Communist Party.)实际上,这两人是坚定的反共人士。而斯诺却清楚蒋介石和他一度说要将

---

① 1928年来中国后,斯诺供职于《密勒氏评论报》。不久,他应孙中山之子、时任国民政府铁路系统负责人的孙科之邀,乘火车到中国内陆旅行。此行目的是为国民政府撰写一份宣传中国旅游的英文小册子。

② Peter Rand, *China Hands: the adventure and ordeals of the American journalists who joined forces with the great Chinese revolution*, New York: Simon & Schuster, 1995, pp. 140-141.

《密勒氏评论报》：美国在华专业报人与报格(1917—1953)

之赶出中国的帝国主义者乃一丘之貉。在摧毁共产党的狂热情绪驱使下,他甚至愿意向其咄咄逼人的近邻日本妥协。斯诺曾经在上海国际租界的一家巧克力店采访了孙中山夫人。受孙夫人的影响,斯诺逐渐倒向了中国的地下革命运动和统一战线。自那以后,斯诺又和哈罗德·伊萨克斯结下了友谊。她(宋庆龄)有一个天赋,就是能够准确地估量这些年轻人在宣扬统一战线事业方面的才能。她使得埃德加·斯诺更加关注并认清了中国的局势、孙中山的设想,以及蒋介石的邪恶之处。[①]

许多年轻的美国记者当时是被他们的中国同行拖入了政治运动之中的。比如说,通过黄华(后任中华人民共和国外交部部长),埃德加·斯诺、海伦·福斯特·斯诺和麦克莱肯·费什尔积极地参加了1935年的"一二·九"运动,和学生们一道敦促蒋介石抗日,并因此引发了全国规模的抗议浪潮。[②] 除此之外,斯诺夫妇在燕京大学还研究了俄罗斯文学,蒋介石的"白色恐怖"和世界各国的法西斯主义之间的异同。海伦·斯诺后来写道:"当德国、意大利和日本正要改变世界的时候,大多数西方国家还在睡梦之中。"[③]

还有一些密苏里新闻帮成员的政治倾向至今也模糊不清。前文提到的毛瑞斯·武道也是"鼓吹式记者"的一员。只不过他更多的是为国民党所倡导的思想和事业而鼓吹。在美国学者史蒂芬·麦金农(Stephen MacKinnon)看来,武道和亨利·卢斯一样也曾经是一个传教士,一个极端反共而支持蒋介石的西方记者。[④] 但是在法国学者保罗·法兰奇的著作中,武道又是一个有着明显"左倾"倾向的美国记者。

---

① Peter Rand, *China Hands*: *the adventure and ordeals of the American journalists who joined forces with the great Chinese revolution*, New York: Simon & Schuster, 1995, p.142.

② Stephen MacKinnon, "The 'Romantic' Generation," *Media Studies Journal*, winter of 1999, p.12.

③ Peter Rand, *China Hands*: *the adventure and ordeals of the American journalists who joined forces with the great Chinese revolution*, New York: Simon & Schuster, 1995, p.147.

④ Stephen MacKinnon, "The 'Romantic' Generation," *Media Studies Journal*, winter of 1999, p.13.

在这时激进运动的洪流中,其他一些作家也各自走上了左倾道路。1922年,武道来到上海的圣约翰大学教授新闻学。他也是刚从密苏里大学拿到学士学位就前往上海的人之一。武道在著名的圣约翰大学一直授课到30年代末,在此期间,他一直以自由记者身份为多家报社工作,其中包括《巴尔的摩太阳报》《北华捷报》以及他所在大学的《圣约翰周刊》。与此同时,他还创立和主持了一个异常活跃的组织——上海短篇小说俱乐部。二战期间,武道拜访了共产党的战时圣地延安,受到热烈欢迎;他还报道了发生在广东的可怕饥荒。①

抗战初期,国民政府和外国记者之间基本上有着良好的关系。国共两党之间也在新闻战线上彼此配合。董显光对自己在武汉期间的工作相当满意。董认为国共合作是国民政府和西方记者之间关系融洽的重要原因。而周恩来和他之间的配合让西方记者无法在国共两党的分歧上做文章。在董显光看来,国民政府和西方记者关系良好的另一个原因是当时国民政府大部分官员已经西迁至重庆,时任国民党中央宣传部部长的邵力子得以推行较为"开明的新闻检查"(liberal censorship)政策。②

然而,随着国民政府新闻检查机构迁往重庆,国民党加强了针对中共管辖区域的新闻封锁。董显光和西方记者之间的关系日趋紧张。抗日战争后期,这种紧张关系达到了顶峰。斯诺对这种新闻封锁的突破使得几乎所有在重庆的西方记者都想亲赴延安,去一探中共统治区域的究竟。而国民党严苛的新闻封锁和新闻检查反而导致更多的西方记者产生亲共倾向。

毫无疑问,对所有想控制在华记者的群体或组织而言,最大的问题是1941年后越来越多的记者开始亲共,他们至少也想了解反日联盟的另一方正在发生什么。1937年,这样的记者出现在

---

① 〔英〕保罗·法兰奇:《镜里看中国:从鸦片战争到毛泽东时代的驻华外国记者》,张强译,北京:中国友谊出版公司2011年版,第152页。
② Hollington K. Tong, *Dateline*: *CHINA—The Beginning of China's Press Relations with the World*, New York: Rockport Press, Inc., 1950, p.51.

《密勒氏评论报》：美国在华专业报人与报格(1917—1953)

重庆、汉口和上海，甚至遍布中国各个角落，这其中包括相对"强硬"的爱泼斯坦、史沫特莱、斯特朗、岗察斯坦、斯诺夫妇。他们中的大多数是毛泽东的终身支持者。

除了这些"强硬派"，还有所谓的"温和派"，他们并不支持共产党，但在重庆的所见所闻使他们开始反蒋。这些人包括蒂尔曼·窦莫安、佩吉·窦莫安、哈里森·福尔曼、布鲁克斯·阿特金森和莫里斯·武道，他们都想采访八路军。①

抗战行将结束时，重庆国民政府已经无法阻挡大批西方记者前往延安的潮流。这让国民政府的新闻检查官董显光感到极度不安。对于董显光和他的团队来说，很多"温和派"都变得难以捉摸。武道1939年曾是董的情报部的一名顾问。眼见他明显投向共产党一方，董也无可奈何。后来白修德将西方记者当时对共产党的偏爱归因于国民党政府和董的机构对外国记者所实施的"新闻检查"制度。这导致抗战胜利以后，在国共争论中，国内外的无党派人士通常都支持共产党。原因很简单："直到1944年，中央政府都禁止任何记者或观察员踏足共产党的领地，在共产党的问题上，中央政府坚持要所有人都接受它的一家之言。"对于外国记者来说，这种态度简直就是挡在愤怒的公牛前的一块红布。②

总之，强硬派、日益增多的温和派和那些"牢牢扎根"于延安的人开始联合起来。不管董显光和他的团队怎样说话，国民党战时控制在华外国报道的意图不但没有成功，实际效果适得其反。也正是西方记者，尤其是个别美国记者激发了众人对共产党的同情和好感。在华的密苏里新闻帮成员，特别是美国成员也一样多数在抗战胜利后成为中国共产党的支持者。

《密勒氏评论报》自始至终和在华密苏里新闻帮成员保持着紧密的联系。这些在美国受过专业训练的新闻人对事情的真相和"总体的真实"有着更为执着的追求，到新闻一线和新闻事件的现场成为他们

---

① 〔英〕保罗·法兰奇：《镜里看中国：从鸦片战争到毛泽东时代的驻华外国记者》，张强译，北京：中国友谊出版公司2011年版，第283页。
② 同上书，第284页。

的一种"天命"。《密勒氏评论报》以密苏里新闻帮为核心的编辑记者团队具备的跨国、跨区域、跨领域和跨党派的分布特征，使得刊物在重视每一个记者追寻各种事实和真相的同时，也能够以团队的力量去呈现一个"整体真实"的中国。

第三节 专业新闻团队对"整体真实"的构建

《密勒氏评论报》非常重视多角度地呈现新闻事实。该刊发行十年之际，老鲍威尔撰文分析当时在华记者处理新闻的手法时提到，曾经有一位美国杂志的撰稿人将在华记者分成三类：(1)第一类记者热衷于呈现单一角度的观点；(2)第二类记者讲求报道新闻涉事各方，并且关注事件的发展，从而呈现出事件的完整的"图画"；(3)第三类记者根本不做原创性的报道，只会从别的记者或专职宣传员那里获取新闻。对比这三类记者，老鲍威尔认为美国记者对中国局势的报道比过去有很大的进步。一方面，美国主流报刊已经注重派记者从中国获取一手信息，而不再依赖于从欧洲获得有关中国的新闻。另一方面，美联社（Associated Press）、联合通讯社（United Press）和国际新闻社（International News Service）等美国通讯社使得国际新闻的流向发生了逆转，越来越多的欧洲报刊开始从美国通讯社获取有关中国的新闻。[①] 后来的研究者也发现，20世纪30年代以前，有关中国的新闻报道信息源过于单一。

> 和今天的记者所面对的过多的信息相比，20世纪30年代，中国记者写的更多是单一消息来源的故事。这些故事的真实性很难核实。彼此孤立而又原始的通信使得新闻报道五花八门。因为记者们在选择"事实"上有更多的限制，所以就肆意地表达他们对中国的偏见。美国新闻界对有关中国现实的报道体现了巨大

---

① John B. Powell, "Was China 'Saved by the Foreign Newspaper Correspondents?" *The China Weekly Review*, Vol. 41, No. 5, Jul. 2, 1927, p.106.

《密勒氏评论报》：美国在华专业报人与报格(1917—1953)

的反差……①

20世纪上半叶,中国日益严苛的新闻审查和新闻封锁使得报刊很难准确地报道新闻事件。这不仅迫使报界常常以讹传讹,也使得人们更加渴求了解各种事件的真相。加之一些西方记者在"蜻蜓点水"式地访问中国后,写出了一些严重失实的报道,甚至是书籍,愈发加重了外界对中国的误解。《密勒氏评论报》对这种状况非常不满,时常对一些严重失实的报道提出批评,并予以纠正。②

频繁的战争使得真实的消息更为难得。抗日战争初期,西方世界一度并不相信日本军队在中国的残暴行径。随着战事全面铺开,国民政府的宣传工作反而变得简单了。为了让外界了解日本军人在中国犯下的滔天罪行,董显光有目的地减少了向外国记者提供的战争信息,转而让这些外国记者去亲身体会战争的残酷性,因为董深知他所辖的国际宣传机构在外国记者眼里是一个有明显倾向性的消息来源。鉴于此,在抗日战争早期,董显光和他的国际宣传机构并不急于向在华外国记者提供信息,而是任由他们根据自己的所见所闻和搜集的一手资料,向其母国发回对战争的报道。然而情势的进展越来越不像早期那样黑是黑、白是白。用董显光的话来说,就是"真相有着很多阴暗面"(Truth has many shadings)。③

然而,老鲍威尔和他的《密勒氏评论报》立足于自身,在追求新闻的准确性和真实性方面提出了严格的要求。真实是新闻的生命。这是任何媒体在任何环境下赖以生存的根本,也是新闻业明确的最高准则。追求真实性的基础是确保基本信息的准确性(accuracy);然后是保证新闻所陈述的是事实(fact);更高层次的是对"整体真实"(general truth,或 whole truth)的追求。上海租界不仅为报刊提供了自由的新闻环境,同时也是假新闻盛行的温床。这里的报刊经常转载其他报刊

---

① Stephen MacKinnon, "The 'Romantic' Generation," *Media Studies Journal*, winter of 1999, p. 15.
② "Telling the Truth about China without Lying," *The China Weekly Review*, Vol. 66, No. 5, Sept. 30, 1933, p. 171.
③ Hollington K. Tong, Dateline: CHINA—The Beginning of China's Press Relations With the World, New York: Rockport Press, Inc. 1950, pp. 46—48.

的新闻,同时对消息来源不加任何说明。有的报刊只对它报的新闻稍作改动,或改头换面,就充作本报新闻。由于上海租界没有版权法,这些在美英两国不可饶恕的行为在上海却大行其道,报刊发行人也因而肆无忌惮。尽管《密勒氏评论报》始终坚持说明二手信息的来源,但是也深受租界内假新闻泛滥之害。创刊初期,主编密勒有一次看到某报的一篇文章,阅读了一小段后就决定予以转载,并对那家报刊予以赞扬。不久之后,密勒收到一篇读者来信,指出此文早前就刊登在《密勒氏评论报》上。密勒这才发现他转载的文章大部分是自己的刊物已经发表过的内容。为此,《密勒氏评论报》专门刊登评论,抨击上海国际租界内报刊这种不负责任的抄袭行为。① 与此形成鲜明对照的是,《密勒氏评论报》在追求新闻真实性上多得益于自身所拥有的专业新闻团队。

一、记者个人对新闻真实性的追求(以斯诺为例)

进入20世纪,美国报刊也越来越讲求集体新闻团队的作用。依靠内部团队的协作或集体新闻作业的方式,报刊在更加客观、平衡和公平地呈现新闻事实上达到了一个更高的水准。在中国,《密勒氏评论报》也同样依靠一支跨国的国际新闻团队,构建着"整体真实"的中国。任何媒体对整体真实的追求都是建立在记者个体对真实性的追求之上的。单凭记者个体的一己之力难以发现并展示出一事、一地、一国乃至世界的"整体真实"的面貌。《大陆报》和《密勒氏评论报》开启了美国职业和专业记者涌入中国的历史。这些记者大多数都表现出了对真实性的更高的追求,并且协同作战,使得《密勒氏评论报》在呈现"整体真实"方面更胜一筹。《密勒氏评论报》在不同年代里都有非常突出的记者个人追寻事件真相的案例。20世纪20年代前后,该报驻天津记者约瑟夫·华盛顿·霍尔(Joseph Washington Hall)对日本鸦片和吗啡贸易进行了深入的调查和报道(参见第六章第三节)。30年代初,老鲍威尔亲赴中国东北调查九一八事变的真相(参见第六

---

① "Dishonest Journalism," *The China Weekly Review*, Vol. 50, No. 1, Sept. 7, 1929, p.41.

章第三节)。以下仅以斯诺赴延安采访报道为例,说明《密勒氏评论报》记者个人为追求新闻真实性所作出的努力。① 斯诺对延安的采访和调查之所以能突破国民党的新闻封锁,某种程度上正是得益于密苏里新闻帮在华编织的关系网。30年代的中国,除了日本在自己的势力范围内实行新闻检查之外,国民党政府也开始封锁共产党领导的红色区域,并在自己的治下实行新闻检查。日趋严格的新闻封锁和新闻检查也更加突显了《密勒氏评论报》对记者个体追求真实的支持力度之大,以及因此取得的醒目的成果。其中最为中国读者所熟悉的当属斯诺1936年的延安之行。在很多人的眼里,斯诺是替中国共产党说话的西方记者。有人直接称他为毛泽东的"公关先生"(Mao's public relations man)②。殊不知,斯诺的延安之行及其著作《红星照耀中国》却是中共和斯诺双向选择的结果。

在燕京大学教授新闻学期间,斯诺向伦敦的《每日先驱报》和《纽约太阳报》同时提出去中国西北采访的请求,意图打破国民党对共产党所占据区域的封锁。两家报纸都明确支持斯诺的提议。《每日先驱报》同意支付他此行的费用。该报还承诺,一旦成功,将付给斯诺一笔可观的奖金。麻烦的是,没有红军保证的安全通道,去"反叛分子"占据的区域是任何记者都不敢冒的风险。那时,没有一个在华美国记者和(共产党)游击队有联系。③ 然而,在共产党的地下工作者的帮助下,斯诺终于在1936年踏上了去延安的路程。从1936年7月上旬到当年10月中旬,斯诺总共在红区停留了4个多月的时间。这点时间虽不足以一探新政权的全部,但是满足了斯诺作为一个职业记者到一线去搜集一手资料的愿望。在后来的记述之中,斯诺重点描述了解放区农民生活的改变。当时,大部分陕西人的生活质量因为共产党游击队的来

---

① 需要说明的是,斯诺在赴延安之前已不在《密勒氏评论报》任职。但是他和刊物之间仍然保持着亲切的关系。鉴于斯诺曾经担任刊物的助理主编,加上他仍不时在刊物上刊登自己的报道,这里仍将斯诺的延安之行看做《密勒氏评论报》记者个人追求新闻真实的一次壮举。

② Peter Rand, China Hands: the adventures and ordeals of the American journalists who joined forces with the great Chinese revolution, New York: Simon & Schuster, 1995, p. 25.

③ Ibid., p. 155.

到而得到很大的提升。此前,斯诺花了多年的时间去观察国民党统治下的中国农民生活状况。他在宝安的经历激励更多的西方记者于抗日战争期间从中国的重庆前往延安采访。但是斯诺和很多西方记者并非像一些人描述的那样是亲共产党的人士。他们更多的是为了了解被封锁的真相,甚至共产党人也不认为斯诺是亲共的。他们迎接斯诺的原因之一恰恰是看重他是一个诚实的记者,彼得·兰德曾经撰文这样描述:

> 两种情形之下,红色总部都呈现出简朴而又积极向上的特征,和国统区形成了鲜明的对照。这让人无法不为之热血沸腾。但是斯诺并非像后人所指责的那样对共产主义"温和"(soft)。在50年代美国右翼参议员的心目中,斯诺或许对共产主义显得"温和"。但在共产党人眼中却不是这样。他们只是觉得斯诺是一个自由的进步人士,是一个诚实的记者。但是当斯诺试图以一个马克思主义者的视角解释中国的事情时,他们(共产党人)反而紧张起来。周恩来在1941年对欧文·拉蒂摩尔(Owen Latimore)说:"问题是,从性格和思维上讲,斯诺这个人一辈子也不会理解什么是马克思主义的。"①

离开宝安后一个星期,斯诺在一位东北籍军官的陪伴下,躲在一辆国民党卡车里来到了西安。下车后,斯诺发觉自己装东西的粗布袋被颠出车外,里面有自己的日记、笔记本,以及在红色中国的采访素材和拍的照片。它是在往回约20英里处与整麻袋的坏步枪一起被颠出卡车的。斯诺后来回忆说:

> 当时已近黄昏。司机提议第二天早上再回去找。早上!一种不祥的预感告诉我,早上就太迟了。在我的坚持下,他们退让了。第二天黎明,司机和那位军官带着那个粗布袋子回来了。他们刚回来不久,通往西安的路旁就站满了宪兵和军队。蒋介石委

---

① Peter Rand, China Hands: the adventures and ordeals of the American journalists who joined forces with the great Chinese revolution, New York: Simon & Schuster, 1995, p.165.

《密勒氏评论报》：美国在华专业报人与报格(1917—1953)

员长正突访西安。卡车差一点就无法顺原路回到渭河，因为稍迟些卡车就要绕开重兵把守的小飞机场。①

作为当年国民政府的新闻检查官，董显光享有决定外国在华记者新闻稿存废的大权。但是，面对密苏里校友的新闻稿，他也时常网开一面。董后来著书提及自己和斯诺的关系，以及在新闻审查过程中对斯诺的眷顾。

> 我们私下是好朋友，尽管我们的政见，特别是对中共的看法大相径庭。战前，当我在上海负责新闻检查的时候，埃德加在北平当记者。他的电讯稿都要经过我的手。我不时地会看到他夹带的便条，上面说："Holly②，高抬贵手!"诸如此类的话语。从早前那些日子开始，他的书已经成为美国的畅销书。现在这位大作家正短暂逗留重庆。③

从董显光的回忆可以明显地看出密苏里新闻帮成员之间的裙带关系。斯诺对毛泽东的专访之所以能够在《密勒氏评论报》发表，恐怕与董的"高抬贵手"密切相关。董是外国记者，特别是美国记者与国民政府的桥梁。通过董的牵线搭桥，《密勒氏评论报》的记者经常获得采访蒋介石和国民政府要员的机会。但是，董后来却为斯诺没有获得采访蒋介石的机会而感到遗憾。在去延安之前，斯诺多次争取采访蒋介石，都没有得到机会。在从西安回北平潜心写作之前，他仍然作了采访蒋介石的最后一次努力，希望从蒋那里得到第一手的材料和观点，却再次以失败告终。④

虽然斯诺没有亲自采访到蒋介石，但是他在上海和北平的工作经历已经让他积累了足够的背景知识，也已经对国民党统治下的中国有了深入的了解。因此，他的报道虽然缺少国民党方面的声音，但是无

---

① Peter Rand, China Hands: the adventure and ordeals of the American journalists who joined forces with the great Chinese revolution, New York: Simon & Schuster, 1995, p.168.

② 董显光的英文名为 Hollingtong K. Tong，"Holly"是他的美国朋友对他的昵称。

③ Hollington K. Tong, Dateline: CHINA—The Beginning of China's Press Relations With the World, New York: Rockport Press, Inc., 1950, pp.119—120.

④ Ibid., p.148.

论如何他成功地通过《密勒氏评论报》发出了共产党和解放区的声音,从而为该刊呈现"整体真实的"中国做出了极大的贡献。也正是在记者个人追求真实性的基础上,《密勒氏评论报》的整个编辑记者团队共同构建了"整体真实的"中国。

二、克服语言障碍

跨国编辑记者团队首先在语言上保证了《密勒氏评论报》能获取更为准确的信息。从创刊起,密苏里新闻帮的中外成员就成为刊物解决语言问题方面所拥有的先天优势。老鲍威尔不仅保持了这一优势,而且着意强化编辑和记者的国际背景。办刊期间,《密勒氏评论报》不但解决了在华外文报刊普遍面临的语言问题,还能够向外界提供语言服务。1945年复刊后,小鲍威尔延续并强化了刊物所拥有的语言优势。他曾经骄傲地宣布《密勒氏评论报》解决了语言的巨大问题。

> 我们设法解决了这个问题,并且提供翻译服务。我认为我们的翻译服务比领事馆的要好得多。我们的办公室每天早 10 点前会汇集全城主要报刊,以及它们刊登的重要文章。而后每周翻译出 50 到 60 页摘自中国杂志的内容。我们就以那样的方式克服了语言问题。美国新闻局(USIS)、耶稣会学者(Jesuit scholar)和美国商会(American Chamber of Commerce)也提供翻译服务,并且都向记者开放。学汉语不像学法语,它是一种极难学的语言。在我的经历当中,即便是中文学得最棒的学者在做重要的采访时,也要用中文翻译,几乎无一例外。[①]

显然,语言的障碍是 20 世纪上半叶大多数西方记者在中国举步维艰的重要原因。而《密勒氏评论报》不仅通过其跨国团队很大程度上解决了语言的问题,而且能够为其读者提供语言服务。鲍威尔父子始终重视语言问题的解决,因而格外突出其雇用团队的跨国特征。《密勒氏评论报》也充分利用和发挥这一优势。一方面刊物设置专

---

① Steven R. MacKinnon and Oris Friesen, *China Reporting: An Oral History of American Journalism in the 1930s & 1940s*, Berkeley, Los Angeles: University of California Press, 1992, pp. 98-99.

栏——《中国当代历史、金融和商务研究纲要》①，为西方读者翻译有关中国研究的成果，介绍中国国情；另一方面，刊物从 1947 年 12 月设立了英语学习专栏——《〈密勒氏评论报〉英语课程》("Review's English Lesson")，开始向中国读者提供英语学习的服务。②

三、寻求更多的消息来源

事实上，人们很可能忽视了以密苏里新闻帮为代表的在华美国记者所秉承的新闻专业主义理想与激情。他们中的大多数并不十分在意所谓的党派立场，而是更为关心能否探访到事实真相。当时，多角度地报道新闻已经成为《密勒氏评论报》受过新闻专业训练的记者的一种报道和写作新闻的习惯。老鲍威尔本身所秉持的兼容并包的编辑方针也有助于刊物从多个渠道传回消息。这给史沫特莱留下了深刻的印象。史沫特莱 1929 年来到中国后也是以《密勒氏评论报》为起点。但是她和当时上海的大多数西方记者显得格格不入，而老鲍威尔却刊登了她发给杂志的所有文章。彼得·兰德回忆说：

> 她（史沫特莱）充满激情的人生态度，以及明显不服输的性格使得她不仅与强硬的保守派以及在上海美国社区的官员对立，也使她和很多没有她那么愤世嫉俗的同事不和。除了一些为《密勒氏评论报》工作的记者，她和其他记者比较疏远。她喜欢该杂志的主编，密苏里人约翰·B. 鲍威尔。他刊登了她的文章和书评。他是一个很好的人。她（史沫特莱）曾写道："因为他不喜欢共产党，并且相信国民党，我们经常观点相左。但他是一个美国的民主人士，经常捍卫我自由思考和写作的权力。我们对英国和日本在远东的政策都怀有恐惧和仇恨。日本侵华将我们逼到了同一

---

① 该栏目从 1920 年 3 月 27 日的第 12 卷第 4 期开始设立，英文名称为 Outline for the Study of Current History, Finance and Commerce of China。栏目名称后来缩短为《中国当代历史研究纲要》(Outline for Study of Current History of China)。

② "Review's English Lesson," *The China Weekly Review*, Vol. 108, No. 1, Dec. 6, 1947.

条战线之上。他出版了我发给他的所有文章。"①

1945年10月复刊后,小鲍威尔延续了刊物追求更多消息来源的传统。当时在重庆的外国记者因为语言问题仍然严重依赖国民政府官方和"美国战争新闻办公室"提供的信息。同时,共产党也在争取西方记者的支持。周恩来和宋美龄成为两个被在渝外国记者格外推崇的重要信息源。但是小鲍威尔并没有随大流,而是更加注重开辟不同的消息来源。中国知识分子和大学生成为刊物的一个重要的,甚至是主要的消息来源:

> 似乎我们有两个消息来源:国民党和共产党。我们大多很早就发现,得自国民党的信息都不太好。于是,我们就开始寻找其他消息来源。共产党在重庆的确有一个总部,(成员)包括周恩来、龚澎等人。但是我认为主要的信息来源是中国不满于现状的知识分子。我从没有见过周恩来,一次也没有去过他的新闻发布会。

> 那不是我们的消息来源。我们从一个在战时就与之打交道的、更大的群体那里获取消息。一些是我战前就在上海结识的中国报人和教授等。要知道,大部分知识分子都对国民党不再抱有幻想。这些人是靠得住的。经过多年的了解,我们开始知道谁几乎总是正确的,谁又是没什么用的。一大群普通的非政府人士成了我们最大的信息来源。②

更多的消息来源显然有利于《密勒氏评论报》呈现事件的"整体真实"。刊物的文章不仅来源广泛,具体到某个新闻事件的报道,编辑和记者也很注重从多方证实新闻的真实性。这种专业的报道手法得到了读者的广泛认同。中华人民共和国成立后,刊物的文章多是正面报

---

① Peter Rand, China Hands: the adventure and ordeals of the American journalists who joined forces with the great Chinese revolution, New York: Simon & Schuster, 1995, p. 85.
② Steven R. MacKinnon and Oris Friesen, *China Reporting: An Oral History of American Journalism in the 1930s & 1940s*, Berkeley, Los Angeles: University of California Press, 1992, pp. 93-94.

道中国共产党,而且消息来源越来越单一,以致有美国读者给刊物写信指出它只呈现事情的一面(to present only "one side" of the picture)①,并且质疑刊物没有像以前批评国民党政府和美国的政策那样,勇于批评中国的人民政府,因而没有以前客观了。对此,刊物解释说,新生的人民政府是中国有史以来最好的政府,是诚实且勇于承认自身错误的政府。鉴于此,刊物感叹说:"对这样的政府夫复何求呢?"(What more could one ask of such a government?)②而对读者提出的刊物是否不再相信"每一个问题都有两面"的疑问则一笔带过。

四、突破新闻封锁和新闻检查

新闻封锁可算是整个20世纪上半叶中国新闻界遭遇的最大的障碍之一。从清朝廷到袁世凯、北洋军阀和蒋介石,历任统治者无不对新闻业施以严格的限制。日本在其势力范围和占领区里也实施了严厉的新闻封锁。可以说,新闻业界这一时期始终面临着统治者和侵略者的打压。《密勒氏评论报》则在中国经历了各种类型的新闻封锁,也在冲破种种新闻封锁方面有着突出的表现。刊物团队的跨界特征更有助于其成员突破新闻封锁和新闻检查。从30年代初开始,国民党不仅开始在其统治区推行更为严苛的"新闻检查",更是对共产党活动的红色区域实施了极为严密的"新闻封锁"。

> 从围剿江西苏区红军开始,蒋介石阻止了任何来自红区的信息。在"白色恐怖"中,哪怕提一下共产主义都会招致可怕的结局。在文学上与共产主义有染的人一律格杀勿论。几乎没有外国记者造访过江西苏区。结果,租界里到处都在散布共产党是多么野蛮的谣言。③

尽管如此,《密勒氏评论报》仍持续关注中共和红军的动向。从

---

① "Are We Objective?," *The China Weekly Review*, Vol. 115, No. 9, Oct. 29, 1949, p. 129.
② Ibid., p. 130.
③ Peter Rand, China Hands: the adventure and ordeals of the American journalists who joined forces with the great Chinese revolution, New York: Simon & Schuster, 1995, p. 152.

1930年开始,"特殊稿件"里有关中共和红军的动向的文章有三四十篇。从下列文章的标题,我们就可以看出刊物并没有因为国民党对苏区的封锁而停止对共产党和红军的关注。1930年3月30日,在一篇题为《共产主义在北方将军们争执不下之际壮大》("Communism Grows While Northern Generals Squabble")的文章中,刊物引用独立的国闻通讯社的报道,叙述了中国工农红军在南方省份开展武装斗争的情形,并且报道说共产党军队由一群知名的军事领导人率领,其中包括朱德和毛泽东。刊物将毛泽东的名字拼写为 Mon Chi-tung。① 当年,《密勒氏评论报》还引用第三国际的机关报《国际新闻通讯》(*International Press Correspondence*)的报道,以怀疑的态度披露了中华苏维埃全国代表大会将于5月30日,也就是"五卅运动"发生5周年之际召开的消息。文章还全面综述了共产主义运动在中国各地开展的局势。②

从下列标题中,我们可以看出《密勒氏评论报》对中国共产党和红色政权持续不断的关注。从中,我们可以看出中国共产党的发展壮大和建立红色政权的艰苦历程,也可以看出刊物对共产党的态度的微妙变化:

- 《湖北"红匪"一盘散沙》(第53卷第1期,第24页)
- 《莫斯科无形之手》(第53卷第11期,第409页)
- 《红军扩张之严峻形势》(第55卷第9期,第322页)
- 《一位美国军官对中共的调查》(第55卷第13期,第453页)
- 《中国共产党内部的派系斗争》(第62卷第12期,第526页)
- 《中国的共产主义问题》(第65卷第6期,第244页)
- 《共产主义注定要在中国失败》(第65卷第12期,第495页)

---

① "Communism Grows while Northern Generals Squabble," *The China Weekly Review*, Vol. 52, No. 5, Mar. 30, 1930, p. 162.
② "Chinese Soviet Congress Called for May 30," *The China Weekly Review*, Vol. 52, No. 13, May. 24, 1930, p. 502.

- 《中华全国苏维埃大会在江西召开》(第67卷第13期,第492页)
- 《政府军"边区"大胜"红军"》(第68卷第6期,第205页)
- 《华中共党被赶至贵州;宁穗临近和好》(第71卷第5期,第145页)
- 《细数蒋将军如何将中共赶出江西》(第72卷第8期,第251页)
- 《中共福建沉浮记》(第72卷第11期,第362页)
- 《3万红军向甘肃首府兰州进发》(第74卷第4期,第125页)
- 《共产党楔入陕西》(第76卷第2期,第56页)
- 《中日联合发起反共运动》(第76卷第9期,第316页)
- 《中国红军领导人甘肃大会师》(第78卷第3期,第89页)
- 《张学良将军打击中共取得稳步进展》(第79卷第1期,第22页)
- 《共产党再度在华南活跃》(第79卷第8期,第268页)
- 《一个中国红军对共产主义的解释》(第86卷第2期,第54页)①

显然,在刊登斯诺对毛泽东专访之前,《密勒氏评论报》对中共红色政权有着较为充分的报道。更为难得的是,这些文章很多是刊物自身记者所发回的报道。尽管在交代消息来源的时候,记者常常是语焉不详,但是所报道的细节大多是符合历史事实的。《密勒氏评论报》之所以能够在国民党实施新闻封锁的情形下保持对中共和红军的关注,首先是因为刊物是"位于租界的英文杂志"这一特殊地位;其次是得益于刊物跨界的团队;再次就是这个团队中的各个成员在追寻事件真相方面的不懈努力。这种个体的努力汇聚成一种合力,在更大程度上保证了刊物对中国局势报道的真实性。

---

① 以上所选文章时间跨度从1930年开始到1937年结束。原题都为英文,上述中文标题都是笔者所译。

五、构建整体真实的中国形象

《密勒氏评论报》团队的跨界特征使得刊物在报道各个党派、地域和领域方面都具有代表性的人物,从而在不同时期,从不同角度和区域向刊物发回不同的声音。而这些来自不同视角的报道共同描绘了一个"整体真实"的中国图景。即便在老鲍威尔主笔的鼎盛时期,刊物在倾力支持国民党政权的同时,也保持了美国报刊和报人对政府进行"揭露式报道"的特色。早在1934年,《密勒氏评论报》驻汉口记者就报道称,蒋介石有搞中国式法西斯统治的趋势。在一篇题为《蒋介石正发展中国式法西斯主义》(Chiang Kai-shek Developing a Fascism a Ja Chine)的报道中,记者报道说:

> 法西斯主义确实已经在华中生根。它带有墨索里尼和希特勒的味道,但是更具备了中国独特的味道。
>
> 当蒋介石委员长通过电台播放"新生活运动"规则,并鼓励成立"新文化协会"(New Cultural Society)的时候,他发起运动,以法西斯的理想为基础,分别组织起了街头的人以及文化界的人。
>
> 在过去几周里,人们饶有兴趣地看着事情越来越朝着类似于法西斯体系初期的方向发展。没有对政府官员和各类学校施加一点儿强制力,武昌和汉口的公园就频繁地举行了大规模集会。各年龄段的学生被教会以极为整齐划一的方式在大街上列队行进。有时候会组织提灯游行集会。在集会上,武汉地区的头面人物向孩子们和年轻人宣讲"新生活"的好处。地方官员和其他官员受命组织在各自的辖区内组织"新生活运动"的新的分支机构。[①]

从这两段节录中我们可以看出,老鲍威尔本人虽然支持国民党,但并没有将自己的立场强加给刊物其他的编辑和记者。相反地,他敏锐地捕捉到了国民党的一些新的动向,并通过刊物予以反映。

---

① "Chiang Kai-shek Developing a Fascism a Ja Chine," *The China Weekly Review*, Vol. 68, No. 10, May. 5, 1934, p. 387.

《密勒氏评论报》：美国在华专业报人与报格(1917—1953)

抗日战争的爆发使得《密勒氏评论报》更加坚定地支持国民党抗战。然而，随着战事的推进，上海和汉口、重庆等广大内陆地区陷入了隔绝的状态，成了一座"孤岛"。刊物能够坚持住抗日的立场已经实属不易，遑论揭露国民党政府施政的种种弊端了。从战争爆发到1941年12月停刊，《密勒氏评论报》可以说是成了一个全面反映抗战的杂志。从起初鼓励上海军民抵抗日军侵略，到报道民众支持抗战的活动，再到撰文评论中国最终必胜的信念，老鲍威尔通过《密勒氏评论报》不折不扣地践行着一种"倡导式新闻"（advocacy journalism）——倡导中国军民，甚至是西方国家坚决抗击日本军国主义。尽管囿于"孤岛"，刊物仍尽可能取得战争一线和广大内陆地区的消息。更为难得的是，刊物不仅仅报道了国民党军队在正面战场的进展，还关注了中共抗战的努力和各地的抗日游击战争。以下列举刊物在《特别稿件》中刊登的部分文章的标题，从中我们不难看出刊物的上述特色。

- 《陕西受伤战士——中国沉默的英雄》(作者：史沫特莱，1937年11月6日第82卷第10期，第214页)
- 《中国抱定最终战胜日本之信念》(作者：孟长泳，1938年1月8日第83卷第6期，第155页)
- 《八路军和西北党派需要支援》(作者：史沫特莱，1938年3月5日第84卷第1期，第12页)
- 《中国机动部队袭扰日军》(1938年4月23日第84卷第8期，第213页)
- 《日军南下难抑中国乐观》(1938年5月21日第84卷第12期，第340页)
- 《为中国游击队工作一周》(1938年7月23日第85卷第8期，第246页)
- 《新四军发展引人关注》(1938年12月17日第87卷第3期，第76页)
- 《中国战斗与重建同步》(1939年2月4日第87卷第10期，第298页)
- 《恐怖暗杀将日本威胁带入国际租界》(1939年2月25日

第 87 卷第 13 期,第 389 页)
- 《中国陪都现乐观态度》(日期同上,第 392 页)
- 《江南抗日志愿者效仿新四军》(日期同上,第 398 页)
- 《前红军领导人周恩来调查敌占区游击活动》(1939 年 6 月 17 日第 89 卷第 3 期,第 81 页)
- 《抗战两年中国精神不屈》(1939 年 7 月 1 日第 89 卷第 5 期,第 136 页)
- 《英美禁运下日本将无法在太平洋战事中支撑一年》(1940 年 11 月 9 日第 94 卷第 10 期,第 325 页)①

通过这些标题,我们可以看出密苏里新闻帮跨界分布的成员从中国各个地区向刊物发回了报道。从中我们也可以看出,《密勒氏评论报》甚至在办刊最艰苦的阶段,仍在坚持从多个角度报道中国局势,直至老鲍威尔 1941 年 12 月被日本军人逮捕,刊物被迫停刊。

停刊后,越来越多的驻华记者将国共两党的冲突看成是反动势力和进步力量的较量,但他们有时无法将这种情况反馈给国内。这就形成了西方国家和中国国内对国民党政府截然相反的看法。这种反差在美国尤甚。在亨利·卢斯的《时代》(Time)周刊和《生活》(Life)杂志的竭力粉饰之下,蒋介石和他领导的国民党政府被美化了,或者说是美国化了。而在以上海为代表的西方在华新闻界的心目中,国民党则成为反动和腐朽的代名词。在重庆,由于国民党的新闻封锁和检查制度,外国记者经常聚集在一起交流自由思想和小道消息,他们频繁聚会,互相修改稿件。他们对中国共产党的同情越来越明显。在童显光看来,这是国民政府日益严苛的"新闻检查"所产生的负面效应和中国共产党高超的宣传技巧双重作用的结果。

无论如何,政府对涉及共党话题的新闻检查变得更加严格了。这使得其自身陷入了一个糟糕的宣传习惯,就是对所有国外刊登的有关共产党的新闻一律予以否认。这种拒不承认的态度

---

① 原题为英文,中文标题均为笔者所译。

《密勒氏评论报》：美国在华专业报人与报格(1917—1953)

当然招致回火(backfire)①。共产党则拜许多新闻界同情者所赐，尽管面临新闻检查，却总能够在美英新闻报道中呈现自己的一面，也自然提升了他们(外报)的新闻价值。外国记者因为得不到政府提供的信息，于是在综合各种渠道得来的消息时，就以为搞到了"内幕"(inside story)，急切地加以利用。他们中很多人明显没有中国背景，却鹦鹉学舌般地照搬共党输出的可怕的宣传内容，借此成为中国(问题)的"权威"(authorities)。而我们政府却在完成自己的任务上每况愈下。②

正是在这种情形之下，小鲍威尔在上海恢复了《密勒氏评论报》的出版和发行。复刊后，《密勒氏评论报》所反映的中国和美国国内的《时代》周刊和《生活》杂志描绘的中国形成了强烈的反差。美国学者克里斯托弗·杰斯普森曾指出：20世纪上半期美国基于传教士激情、由卢斯媒体误导、赛珍珠小说强化，再由宋美龄推向高潮的中国形象是一个不符合实际的形象。在很大程度上影响着美国人信息接收和对华态度的卢斯媒体帝国从不报道国民党的专制和腐败。它赞扬蒋介石的基督教信仰和他倡导的新生活运动，却只字不提蒋介石内部的法西斯组织蓝衣社；它把蒋介石和国民党人标榜成中国现代化的推动者，而对赢得中国广大农民支持的毛泽东和共产党人却横加歪曲；它使得中国离卢斯的理想和信念越来越远，也离中国的现实越来越远。③史蒂芬·F.麦基农(Steven F. MacKinnon)认为，整个三四十年代美国驻华记者右倾的趋势明显多过驻世界其他地区的记者。他们在报道简单的新闻事件方面显得训练有素，效率颇高，但是在报道复杂而重大的话题，比如说中国重要的文化和意识形态趋势方面却显得很弱。这很大程度上归咎于美国国内编辑在把关的时候对"硬新闻"(hard news)的渴求。自从中日战事成为西方媒体关注的重心，美国驻中国的记者很少报道国民党在意识形态上体现出的法西斯特性，

---

① 英文"backfire"可译作"回火"，意思是"造成对自身的伤害"。
② Hollington K. Tong, Dateline：CHINA—The Beginning of China's Press Relations With the World, New York: Rockport Press, Inc. 1950, p.155.
③ 转引自克里斯托弗·杰斯普森：《美国的中国形象(1931—1949)》，姜智芹译，江苏人民出版社2010年版，《译者的话》。

以及中共内部的政治运动。比如说1942年的"整风运动"就完全被忽视了。40年代末期的学生运动也没有得到美国新闻界的关注和理解。①

对此,复刊后的《密勒氏评论报》严厉抨击外国媒体,特别是美国媒体对华的"一边倒"式的报道,以及由此造成的恶劣影响。② 从复刊到新中国成立,刊物的报道有三个主要内容:(1)揭露国民党政府的腐化堕落;(2)关注中国的学生运动;(3)报道解放区和解放战争的进程。能够广泛而真实地报道远东和中国事务正是《密勒氏评论报》引以为自豪的一点。在回顾1946年刊物所做的重大报道时,刊物骄傲地宣布:

> 我们驻菲律宾记者爱德华·罗波尔从塔克洛班发回有关莱特游击队依然积极而强硬地抵抗着美国和菲律宾的部队的消息;我们驻延安记者沈千图③则勾画了"孙逸仙博士的国民党不知不觉变成了官僚买办资本之大本营"的进程。④
>
> ……
>
> 迪克·威尔逊11月2日从张家口报道说,那里(的解放军)虽然在被国民党重新占领期间遭受挫折,但并没有瘫痪。安娜·路易·斯特朗从齐齐哈尔报道,满洲的共产党在战线的另一方运营着3000英里的铁路。⑤

从20世纪20年代开始,以密苏里新闻帮为代表的美国记者开创了美国对华报道的新的高峰。相对于美国国内的媒体,在华美国人报刊呈现了更为真实的中国图景,《密勒氏评论报》是其中卓越的代

---

① Steven R. MacKinnon and Oris Friesen, *China Reporting*: *An Oral History of American Journalism in the 1930s & 1940s*, Berkeley, Los Angeles: University of California Press, 1992, p. 193.

② "One-Sided Coverage," *The China Weekly Review*, Vol. 101, No. 12, May. 18, 1946, p. 249.

③ 此人姓名为音译。原文中的姓名拼音为 Shen Chien-tu。

④ "The Year 1946 in the Review (July-December)—Compiled from the Files of the China Weekly Review," *The China Weekly Review*, Vol. 104, No. 6, Jan. 11, 1947, p. 161.

⑤ Ibid., p. 163.

《密勒氏评论报》：美国在华专业报人与报格(1917—1953)

表。拿《密勒氏评论报》和由亨利·卢斯在美国创办的《时代》周刊相比,足见两者之间在报道中国上的差距。鉴于语言、文化背景、新闻审查、时空的差距以及远在美国国内的新闻把关等方面的障碍,美国国内的报刊在报道中国时,体现了更多的选择性。整个三四十年代,以《时代》杂志为代表的美国国内报刊对中国的关注基本囿于中日战事中的国民党和蒋介石,并且极大地美化了国民政府的形象,忽略了包括中国共产党在内的其他政治势力的关注。这直接导致美国公众乃至政府误读中国的形势。

相比之下,《密勒氏评论报》的报道并没有停留在在华外国人、中国主流和上层社会的层面,也没有局限在上海等大都会和各口岸城市,而是触及社会的底层,延伸到更广阔的地区。刊物多次发起针对中国社会、政治和经济的调查,例如"民国十二大人物调查""《中国名人录》对领导力影响的调查"[1]和"对华中丝绸工业的调查"[2]等。《密勒氏评论报》旗下一批受过新闻专业教育的编辑和记者视自身为中立的观察者。他们很好地克服了语言上的障碍,突破了形形色色的新闻审查和新闻封锁,开拓了更多的消息来源,从而在整体上展现了更为真实的中国形象。小鲍威尔恢复《密勒氏评论报》的出版发行后,刊物更多地发出中国自由民主人士的声音,既揭露国民党的种种弊政和腐化堕落,也关注共产党的言论和动向。可以说,以《密勒氏评论报》为代表的美国在华英文报刊呈现并描绘了一幅更为真实的中国政治情景和社会图谱。然而,时空的距离和越来越厚重的有色眼镜屏蔽了真实的信息,这使得刊物在沟通中美交流上的努力一时付诸东流。有美国学者在对比当年美国国内报刊和在华报刊的报道后认为,当年美国国内报刊过度关注中国主流政治势力和经济,而忽视了她广大的农村地区和农民。这是造成美国和西方媒体难以反映中国真实情景的一个重要原因。时至今日,这种情势似乎仍在延续。

---

[1] "Influences Which Have Produced Leadership in China—An Analysis of Who's Who in China," *The China Weekly Review*, Vol. 56, No. 1, Mar. 7, 1931, pp. 490-494.

[2] "A Survey of the Silk Industry of Central China," *The China Weekly Review*, Vol. 35, No. 1—6.(《密勒氏评论报》从第35卷第1期起,连续数期刊登调查结果)

比尔·鲍威尔(小鲍威尔)的经历和最后的信息告诉我们,尽管 20 世纪三四十年代的美国对华报道有很多不足,但是它在质量上达到了一个顶峰。一个主要的原因就是观点的多样性。如今美国驻华记者寥寥无几,而且只住在北京。几乎没有像窦莫安、费什尔和斯蒂尔那样的冒险家,也没有像密勒、卢斯和史沫特莱那样的"鼓吹者"(advocate)。他们(笔者注:现在驻中国的记者)通常是正处职业生涯中期的新闻专业人士,有着相似的背景(常常是学过几年语言,加上几年的学术生涯)。他们在北京过着隔绝的生活,一如他们在 40 年代的前辈和中国农民隔绝那样。特约记者非常稀少。结果导致美国媒体对中国观点的高度同质化,并且持续地过度关注中国政治的古怪和不可思议之处。①

显然,以密苏里新闻帮为核心的编辑记者团队从不同地域、不同立场和不同角度向《密勒氏评论报》发回了报道。他们中的绝大多数受过新闻专业训练,已经将追求事实和真相视作新闻的生命。这些专业记者追寻事实的个体努力汇合到一起,形成了一个专业团队的集体力量,从而成功地向《密勒氏评论报》的读者呈现了一个整体上更为真实的中国形象。

本 章 小 结

在威廉士、弗莱舍、密勒和老鲍威尔等人的引领和倡导之下,越来越多的密苏里新闻学院的毕业生来到了远东。他们以中国上海的《密勒氏评论报》《大陆报》和东京的《日本广告人报》为基地或跳板,逐渐扩大了在远东和中国的活动范围,并形成了一股强大的新闻势力。这些密苏里新闻学子和一些同样来自美国密苏里州,但非密苏里新闻学院学子的新闻人组成了密苏里新闻帮在远东的分支。《密勒氏评论报》不仅成为密苏里新闻帮的基地和跳板,而且有意识地利用这种

---

① Steven R. MacKinnon and Oris Friesen, *China Reporting: An Oral History of American Journalism in the 30s & 1940s*, Berkeley, Los Angeles: University of California Press, 1992, p.201.

裙带关系,以该"帮"的成员为核心,缔结了一支跨国的专业新闻团队。显然,《密勒氏评论报》的专业新闻团队是一支亲美的团队。这从其核心人员的身份和经历可见一斑。一方面,以密勒、鲍威尔父子、斯诺和史沫特莱等人为代表的美国成员几乎是本能地维护美国在华利益。不管他们各自的政见如何,爱国主义是大部分人在国际竞争场合的第一选择。这些密苏里新闻帮成员中鲜有人在中国揭露美国政策的扩张主义实质,以及它和其他列强既竞争又合作的事实。实际上,他们和《密勒氏评论报》在中国扮演的是"美国政策的辩护者和解释者"以及"美国利益维护者"的角色(这在随后的章节里将有更为详细的论述)。另一方面,以董显光、黄宪昭、谢然之、马星野和沈剑虹等人为代表的中国成员抑或是因为曾师从于美国人,亲美立场也是众所周知。他们在当时的中国新闻界呼风唤雨,有的甚至成为国民党政府的"御用新闻人"。在他们的勾连传承之下,密苏里新闻帮对中国新闻业的影响更加深远。

总而言之,《密勒氏评论报》的专业团队在中国呈现出跨国、跨党派、跨领域和跨地域分布的特点,这一特点也使得该报更有能力从多角度报道中国的政治和经济局势。首先跨国的团队在很大程度上克服了语言的障碍。其次,跨党派、跨领域和跨地域的分布使得其记者团队在一定程度上突破了中国形形色色的新闻检查和新闻封锁。这样的分布特征也确保了刊物消息来源的多样化。正是得益于这些有利条件,《密勒氏评论报》才能够呈现出整体上更为真实的中国图景。

第五章　专业服务功能的发挥

在发行五周年之际,《密勒氏评论报》宣布自己致力于发扬威廉士院长所倡导的"公共服务"(public service)精神。刊物曾转述威廉士所拟的《记者信条》中部分条文,说明自身对"公共服务"的重视。

《密勒氏评论报》深信"广告、新闻和社论栏目应该一体服务于读者的利益;真实和简洁是衡量一切的唯一标准;而对好新闻的最高评判就是其'公共服务'功能(的发挥)……"①

人们难免要问:《密勒氏评论报》所服务的是什么样的"公共"? 这是一个击中在华外国人报刊要害的问题。19、20 世纪之交,新闻享有绝对自由的论调在美国受到越来越多人的质疑。报刊的"社会公器"论逐渐盛行。威廉士的"公共服务"说就是这种"社会公器"论的典型代表。《密勒氏评论报》虽然宣称自己致力于践行"公共服务"的理念,却无法言明自己服务的公共究竟是指美国的"公共"? 还是报刊所在国的"公共"? 还是上海国际租界里的那种"公共"? 这些显然是密勒和鲍威尔父子在创办和发行《密勒氏评论报》时所必须面对的问题。事实上,《密勒氏评论报》前后三任主编以实际行动对这些问题给出了不同的解答。从前文可以看出,密勒显然是个信奉报刊享有绝对自由的自由主义者。老鲍威尔和密勒的根本立场是一致的。不同之处是,

---

① "Editorial Paragraphs," *The Weekly Review of the Far East*, Vol. 17, No. 1, Jun. 4, 1921, p. 4.

老鲍威尔具备了更多的美国新闻专业主义的理想、信念、知识与技能。小鲍威尔复刊时宣称自己将延续前辈的办刊宗旨,但是在办刊过程中饱受诟病和挫折。

为了避免逻辑上的混乱,这里以 1949 年为界限,呈现《密勒氏评论报》在前两个时期所发挥的"公共服务"功能,重点是刊物的政治和经济功能以及它的其他社会功能。

第一节 《密勒氏评论报》的政治功能

《密勒氏评论报》通过"短社评"和"特别稿件"两个栏目在远东地区搭建起了一个国际舆论的平台。刊物自身在这个平台之上扮演了美国政策的解释者或辩护者的角色。同时,刊物还时刻关注着中国、远东地区和全球局势的变化。

一、远东国际舆论的平台

除了以"短社评"栏目发表自己的言论外,《密勒氏评论报》先后开辟过多个摘录其他报刊言论的栏目,按照栏目设置时间顺序,包括"远东报刊评论"(Far Eastern Press Opinion)、"美报言论"(What US Papers Say)、"华报言论"(What Chinese Papers Say)、"中国杂志评论"(Comment in Chinese Magazines)和"美国杂志评论"(Comment in US Magazines)等栏目。这些栏目中所摘取的言论并非是和刊物的立场一致的,很多时候是针锋相对的。通过这种方式,刊物搭建起了一个让不同观点互相交锋的舆论平台。

以"远东报刊评论"为例。它一般少则 1 页到 2 页,多则 4 页到 5 页。栏目持续时间为 1917 年 6 月 9 日—1922 年 1 月 7 日,中间偶有间断。栏目英文名称有过两次调整,分别叫做 Current Opinion on Far Eastern Subjects 和 Current Press Opinion on Far Eastern Affairs。但是,栏目的形式一直没有改变,由编者给每一段摘录的评论配发一个标题,标题下面是评论的来源说明。栏目的内容主要是以中国为中心的远东问题。纵观该栏目的历程,不难发现编者是比较注重这些言论来源的广泛性的。以下是 1919 年全年"远东报刊评论"栏目从其他报纸摘取的言论来源分布图。

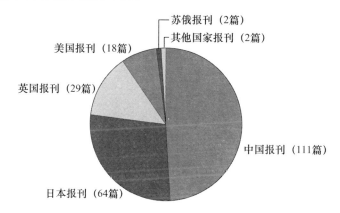

图 5-1 "远东报刊评论"栏目 1919 年全年摘录篇数来源示意图(1)
说明：各国报刊既不以语言划分，也不以刊物创办和发行区域划分，而是以其所属关系划分。比如日本报刊就包括其在本土和中国拥有的各种语言的报刊。

"远东报刊评论"1919 年全年共摘录了 226 篇其他报刊的评论。这 226 篇评论来自 60 个刊物。有趣的是，中国报刊虽然被摘录了 111 篇，占了将近总数的一半，但是被引用的报刊数量却并非最多。这 111 篇被摘录的评论来自 13 家中国报刊。其中《申报》《时事新报》《新闻报》《民国日报》和《时报》被摘录的篇数名列前茅。而日本报刊被摘录的 64 篇评论则来自 22 家刊物，在被摘录的刊物数量上名列第一。1919 年全年被摘录的各国报刊数分布如图 4 所示：

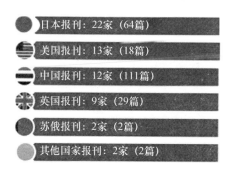

图 5-2 "远东报刊评论"栏目 1919 年全年摘录篇数来源示意图(2)

这些被摘录的评论主要针对远东地区的事务，特别是中国事务所发。从图 5-2 中我们不难发现，这五国当时在远东地区彼此有着激烈的利益冲突。日本除了和英国缔结有《英日同盟条约》，与美、中和苏俄都有着日益尖锐的矛盾。在这种情形下，《密勒氏评论报》仍对日本报刊给以广泛的摘录和引用，说明刊物是十分注重舆论的公平和公正性的。而刊物长时间开辟这种摘录其他报刊言论的栏目，直到1949年10月中华人民共和国成立。可以说，《密勒氏评论报》通过这一方式，在中国乃至远东地区搭建起了一个国际舆论的平台。而刊物则在这个平台上进一步扮演着两个重要的角色：美国政策的辩护者和中国政局的观察家。

二、美国政策的辩护者和解释者（1949年以前）

20世纪上半叶，美国人在华有四大报刊，它们是《北京导报》《华北明星报》《自由西报》和《密勒氏评论报》。[①] 四家报刊都站在美国的立场上，为美国的外交政策，特别是对华政策进行解释和辩护。其中《密勒氏评论报》影响力首屈一指。它主要是用以下三种方式为美国的外交政策解释和辩护的。

1."短社评"直接表达美国立场，解释美国政府的政策，为美国外交建言献策。

纵观《密勒氏评论报》的创办历程，"短社评"覆盖的重大话题包括中国政局、治外法权的存废、日本在中国乃至远东地区的图谋与野心、第一次世界大战和第二次世界大战，以及两次世界大战之间的巴黎和会和华盛顿会议。其中，对华盛顿会议的评论和分析最能看出刊物的美国视野以及对美国利益的维护，原因有二：一方面，《密勒氏评论报》办刊的前25年恰恰处于一战末到二战开始阶段。这一时期，列强大多曾在战争中针锋相对，各自都有着鲜明的立场。另一方面，刊物对中国政局的评论代表了美国人，特别是在华美国人对中国政局的看法和洞察力。而对日本动向的评论与分析在华盛顿会议召开期间也可谓旗帜鲜明。所以，分析刊物发表的有关华盛顿会议的短社评，最能

---

① "American Advertising and An American Press in China," *The China Weekly Review*, Vol. 44, No. 4, Mar. 24, 1928, p.86.

看出其美国立场。

华盛顿会议是美国1921年下半年发起的一个旨在邀请大国一起参加限制军备的会议,而与此有关的太平洋及远东问题也将得到讨论。会议于1921年11月11日召开,次年的2月6日结束。华盛顿会议的结果是签订了三个条约:《四国条约》《五国协定》和《九国公约》。另外,中日两国单独签订了有关归还胶州湾的条约。① 从1921年6月4日到1922年5月27日,《密勒氏评论报》总共刊登了288篇短社评。其中82篇的评论对象是华盛顿会议与会各国的相关外交举动(第17卷:23篇;第18卷:23篇;第19卷:28篇;第20卷:8篇)。表5按照各篇评论对象国的不同,将它们分成了四部分,分别是评论美国(34篇)、中国(28篇)、日本(19篇)和欧洲(1篇)的文章。笔者分析了这些短社评对评论对象国所持的不同立场,并将这些文章的基本立场分为四种:支持、中立、怀疑和反对。

表5-1 华盛顿会议《短社评》立场列表

评论对象	持不同立场的短社评				总篇数
	支持(篇数)	中立(篇数)	怀疑(篇数)	反对(篇数)	
美国	28	2	1	3	34
中国	15	12	0	1	28
日本	0	6	4	9	19
欧洲(英法)	1	0	0	0	1
总篇数	43	21	5	13	82

说明:(1)将对会议筹备的评论归入对美国的短社评中;(2)支持的立场包括对某国的政策措施进行辩护、解释,或表示称赞和同情等;(3)对涉事双方未来形势的分析和判断不计入任何一方;(4)分析会议背景和国际形势的短社评不计入任何一方。

从表5-1可以看出,以美国为评论对象的短社评大多对美国政府持支持的立场。更进一步阅读这些文章,笔者发现它们大多是为美国

---

① 《四国条约》约定美、英、法、日尊重彼此在太平洋岛屿属地的权力;《五国协定》规定美、英、日、法、意的海军主力舰对比为5∶5∶3∶1.75∶1.75;《九国公约》要求与会各国保证尊重中国的独立与领土完整。另外,中日之间还在会议期间签订双边协定,日本同意将胶州湾归还给中国。

的外交政策和主张而解释和辩护。而持反对和怀疑态度的仅有4篇。其中3篇是对美国以会议模式来解决国际问题的方式表示怀疑或反对。另外1篇的内容主要对美国签订《四国条约》稍有微词。对中国的评论多是给出建设性的意见和表达对中国的同情,对日本的反对和怀疑多是针对它使用的欺诈的外交手腕以及缺乏参加会议的诚意。刊物重点评述了日本对会议的阻挠和虚与委蛇的态度。对欧洲的评论几乎可以忽略不计(仅仅有一篇对英国首相劳合·乔治的声明表示理解的评论)。

1921年12月24日,《密勒氏评论报》的第一篇短社论就为华盛顿会议的召开而欢呼,并满怀希望会议能给全世界的人们带来一个美好的圣诞消息:"和平降临全球,人类迈向友善。"①随着会议的推进,国家间的矛盾,特别是日美矛盾使得会议进展缓慢,日本成为《密勒氏评论报》主编眼中对会议的"蓄意阻挠者"。

> 在远东问题上,日本成为"阻碍者",露出了中世纪强权国家的真实面目。它相信凭"实力说话",而不愿意放弃自己利用不光彩手段得来的实惠,以实现全世界人民建立在和平和友谊之上的团结。它显露出了一个"蓄意阻挠者"最自私和胡搅蛮缠的特点。②

华盛顿会议临近尾声时,《密勒氏评论报》对会议期间列强之间体现出所谓的秘密外交动向提出了批评,警醒美国政府和人民要信守承诺,不要重演在凡尔赛会议上的大国幕后交易。

> 秘密外交的邪魔被重新披上"高尚的"外衣,似乎又掌控了华盛顿会议,一如它曾经在凡尔赛会议和更久以前的会议上一样,大行其道……美国一开始以开放的姿态参会,并承诺要作出公开的决定,现在似乎又已陷入当年凡尔赛会议阴谋的同样境地。③

---

① "Editorial Paragraphs," *The Weekly Review of the Far East*, Vol. 19, No. 4, Dec. 24, 1921, p. 141.

② "Editorial Paragraphs," *The Weekly Review of the Far East*, Vol. 19, No. 5, Dec. 31, 1921, p. 186.

③ "Editorial Paragraphs," *The Weekly Review of the Far East*, Vol. 19, No. 6, Jan. 7, 1922, p. 229.

1922年2月6日,为期近3个月的华盛顿会议终于在签订了一系列协议之后落下帷幕。《密勒氏评论报》旋即发表短社论,称赞会议的成功和为此做出杰出贡献的美国国务卿查尔斯·E.休斯(Charles E. Hughes)。

> 华盛顿会议闭幕了。它在确保了各国互相尊重,保证各国得到尊严后,在广泛的赞誉声中,以及握手道别声中落幕了……因为休斯先生,华盛顿会议才得以最大程度地为今后10到20年里解决了远东问题。如果没有休斯先生的坚持不懈,将不会有如此重要的尝试。此时此刻我们仍难以克制地带着疑问呼吁整个微笑的世界,继续关注最不稳定的远东地区,关注西伯利亚和日本的关系。①

在《密勒氏评论报》看来,华盛顿会议表面上恢复了太平洋上的战前力量平衡,暂时排除了日本对中国领土完整和对太平洋上美英海军优势的威胁。但是,正如刊物所预料的那样,后来的事实也证明,华盛顿会议只不过在远东地区赢得了大约10年的和平。而《密勒氏评论报》则继续为美国的利益守望着日本这个远东地区最不稳定的因素。

2. 刊登美国的外交政策条文并加以解释。

每当美国有重要的外交政策和主张出台,《密勒氏评论报》都会不惜篇幅加以转载,并给以评论和解释。以下是《密勒氏评论报》早期刊登的具有代表性的美国外交政策和主张的清单:

- 《威尔逊总统给俄罗斯的信息》(President Wilson's Message to Russia)
- 《威尔逊总统在独立日的演讲》(President Wilson's Independence Day Speech)
- 《威尔逊总统劳动节讲话》(President Wilson's Labor Day Address)
- 《威尔逊总统宣布和平原则》(President Wilson Announces

---

① "Editorial Paragraphs," *The Weekly Review of the Far East*, Vol. 19, No. 12, Feb. 18, 1922, p. 495.

Allied Peace Principles)

　　•《威尔逊总统谈国联》(President Wilson on League of Nations)

　　•《威尔逊总统在法国纪念日上的讲话》(President Wilson's Memorial Day Address in France)①

华盛顿会议召开前,《密勒氏评论报》在"特别稿件"栏中加强向读者解释美国对华政策。这种解释性的报道既为了增进读者对美国外交政策的理解,同时也为会议的召开营造了一个良好的氛围。

　　•《美国国务院》(American Department of State)

　　•《哈定政府的一项对华政策》(The Harding Administration and a China Policy)

　　•《美国对华政策》(The American Policy Toward China)

　　•《约翰·海伊与"门户开放"政策》(John Hay and the Open Door)

　　•《柯立芝总统和一项对华政策》(President Coolidge and a U. S. Policy)

　　•《美国对华贸易法修正案》(The Amendments to the China Trade Act)

北伐胜利后,在沪外国人对新政权的未来走向充满了疑惧。这一阶段,《密勒氏评论报》更是密集向读者介绍美国的对华政策,以期得到读者,特别是中国读者的理解。1925年之后,"特别稿件"一栏相当一部分的稿件都是关于中美关系的。这也可以从稿件的标题窥见一斑:

　　•《列强还能保持在中国的"特权"吗?》(Can the Powers Keep their "Rights" in China?)

　　•《这是西方在华租界的终结吗?》(Is It End of Western Concessions in China?)

---

①　以上列举的是摘自《密勒氏评论报》第1卷第2期—第9卷第2期"特别稿件"栏目的部分标题。

- 《美国和英国殖民的差异》(U. S. and British Colonial Contrasts)
- 《英美对华的善意姿态》(The British and American Friendly Gestures to China)
- 《中国危机中的美国义务》(America's Duty in the Chinese Crisis)
- 《美国从中国进口大于出口》(America Buys More from China Than It Sells)
- 《美国对华政策的来龙去脉》(Present American Policy in China in the light of the Past)
- 《美国有对华政策吗?》(Has the United States A Chinese Policy?)
- 《中外关系中的恐惧和轻蔑》(Fear and Contempt in Relations of Chinese and Foreigners)
- 《美国应该澄清其对华关系》(America Should Clarify Her Relations with China)①

抗日战争爆发后,美国国内的孤立主义势力仍占据上风。即使欧洲战事爆发,美国仍然把"中立政策"当做规避战争风险的"长城"。《中立法案》事实上被日本所利用,在战争物资上限制了中国,而协助了日本。罗斯福总统因此在1939年4月的国会参众两会联席会议上讲话,阐释这一政策的负面影响。②《密勒氏评论报》也在这一时期密集转载罗斯福总统的讲话。

- 《罗斯福总统致国会的信》(Text of President Roosevelt's Message to Congress)
- 《罗斯福总统"炉边谈话"的全部细节》(Full Details of President Roosevelt's "Fireside Chat")

---

① 以上列举的是摘自《密勒氏评论报》第39卷第8期—第42卷第5期《特别稿件》栏目中的文章标题。
② Edward Lee, "Neutrality—America's Great Wall," The China Weekly Review, Vol. 88, No. 8, Apr. 22, 1939, p.237.

•《罗斯福在震惊世界的"炉边谈话"中宣布"无限期国家紧急状态"》(Roosevelt Declares Unlimited National Emergency in World-Shaking "Fireside Chat")

•《罗斯福总统宣布美国发誓摧毁希特勒主义》(Roosevelt Declares America Is Pledged to Destroy Hitlerism)

•《罗斯福披露延长美国对中国租借法案的期限》(Roosevelt Reveals Extent of U. S. Lease and Lend Aid to China)①

解放战争期间,《密勒氏评论报》除了原文刊登过《中美友好通商航海条约》外,再也没有介绍过美国的对华政策措施。相反,刊物对美国在中国和远东地区的政策持越来越负面的评价。这主要是因为小鲍威尔对共产党的同情和支持。特别是在老鲍威尔去世后,刊物日益左倾。中华人民共和国成立后,美国已深陷"冷战"的思维之中,对社会主义中国采取了敌视和遏制政策。《密勒氏评论报》基本上停止登载美国的外交政策。刊物也不再扮演美国政策辩护者和解释者的角色。相反地,小鲍威尔在华对美国政府倒是完全扮演了一个"揭丑者"(muckracker)的角色。

3. 为美国在华各界人士开设专栏。

(1) T. F. 杰尼甘和"观察"(Observations)专栏。

"观察"是《密勒氏评论报》设置在"短社评"之后的一个个人评论专栏,由 T. R. 杰尼甘撰写。该栏目从 1918 年 9 月 14 日(第 6 卷第 3 期)开设,到 1919 年 3 月 22 日(第 8 卷第 4 期)截止。期间,栏目一度并入《特别稿件》。《密勒氏评论报》创刊不久(1917 年 6 月 16 日第 2 期),杰尼甘就开始为其撰稿,并逐渐将其拓展成为一个评论专栏。在开辟专栏之前,他撰写的所有文章都拟有标题。但就其内容来看,这些文章应该归为"短社评"。而从其篇幅和形式来看,又应该归为"特别稿件"。

杰尼甘一开始是作为美国驻神户总领事来到东方的。在此之前,他担任过美国北卡罗来纳州议会议员和雷励市(Raleigh)一家报纸的

---

① 以上列举的是摘自《密勒氏评论报》第 92 卷第 13 期—第 98 卷第 3 期《特别稿件》栏目中的文章标题。

社长。① 从神户回美国后,他恢复了平民的生活。1894 年,杰尼甘接受任命,出任美国驻上海总领事。卸任以后,他又进入上海法律界,成立了一家名为 American Bar in China 的法律服务公司。杰尼甘在法律界的最大贡献就是促进了美国在上海乃至整个中国商界的团结。他还在生命的最后两年出任海牙特别法庭的东方代表。②

杰尼甘的评论形式和前面的短社评风格相似。他的"观察"栏目可以说是每一期"短社评"的延续。杰尼甘熟知远东形势,对中国局势的了解尤为深入和透彻。更为重要的是,杰尼甘和老鲍威尔一样是威尔逊总统的崇拜者,是个不折不扣的国际主义者加理想主义者。这一切使得他成为《密勒氏评论报》评论专栏作家的不二人选。彼时,杰尼甘基本上是以一个作家的身份为太平洋两岸的人,特别是学生所熟知的。他的文章在中美两国都以分量重而著称,并且被报刊广泛翻译和转载。杰尼甘还著有三本谈论中国事务的书,分别是:《中国的经商之道》(China's Business Methods)、《法律与贸易中的中国》(China in Law and Commerce)和《中国影像录》(Shooting in China)。③ 在远东地区生活了 35 年之后,杰尼甘于 1920 年 11 月 1 日在上海去世。老鲍威尔亲自为他撰写了一篇讣闻。在这篇讣闻中,老鲍威尔是这样评价杰尼甘的作品和贡献的。

> 他对美国宪法和美国政府制度的讨论是最为规范的,并且极大地影响了中国努力发展立宪制的政府形式。

> 几乎没有哪家东方的报纸杂志不曾刊登过杰尼甘先生的文章……他的评论切中时弊,判断异乎寻常的准确且备受尊崇。④

然而,也有读者指责杰尼甘写的评论晦涩难懂。对此,他常开玩笑地回应说自己是一个"受过教育"的写手。《字林西报》曾经刊登文

---

① "Editorial Paragraphs," *Millard's Review of the Far East*, Vol. 14, No. 10, Nov. 6, 1920, p. 504.
② Ibid.
③ 本书中文名为笔者所译。笔者根据网上对图书的简介,得知杰尼甘此书是早期在中国的摄影作品集,因此得名《中国影像录》。该译名或有不贴切之处。
④ "Editorial Paragraphs," *Millard's Review of the Far East*, Vol. 14, No. 10, Nov. 6, 1920, p. 505.

《密勒氏评论报》：美国在华专业报人与报格(1917—1953)

章描述杰尼甘的性格说："他是一个极具幽默感的人。有时候有些尖酸刻薄。如果不是生性谦逊有礼，加上为人友善，可能会伤人。"①

杰尼甘具备渊博的知识，熟悉中美日三国之间的事务和关系，又有着在远东地区长久的工作和生活经验，以及广泛的人脉关系。他的专栏和评论大大地提升了《密勒氏评论报》的影响力。

（2）"战后美国"（America after the War）专栏

"战后美国"专栏的作者是一位美国法官，姓名不详。该专栏始于1918年2月16日（第3卷第12期），持续一个多月后结束。专栏的内容是原载于《纽约时报》的一个系列文章。内容是在对第一次世界大战思考的基础上，对美国所应该扮演的国际角色和承担的义务给出意见和建议。该专栏旨在回答这么两个问题：（1）战后世界格局将会如何影响美国的特殊利益？（2）战争结束后，美国应该如何处理和世界其他地区的关系。尽管在回答这两个问题时，作者的观点倾向于保守的孤立主义，但是它对美国在远东地区的主张是和密勒、老鲍威尔等人的观点高度一致的。作者展望一战结束后，中国的最大诉求时评论说：

> 中国毫无疑问该在此时呼吁终止欧洲（对中国）的侵犯。这些侵犯已经过火，有违美国人的利益。美国在东亚压倒性的利益诉求就是"门户开放"。这一政策的成功需要东亚像世界其他地区一样，能够依据本国的基本法律实现自治。中国人的自治权绝不容忽视。这作为美国的一项主张正被迅速地推向风口浪尖。中国人的自治权一如美国人的自治权，是不容任何挑战的。华盛顿政府在理论上一直支持"亚洲是亚洲人的亚洲"的诉求。但是美国缺乏足够的实力，所以要么维护中国的（领土）完整，要么推行"门户开放"政策。②

---

① Ibid. （原文是：He was, moreover, a man of great sense of humor, sometimes touched with a mordaunt irony which might have wounded, had it not been modified by a fine courtesy and the essential kindliness of his nature.）

② "America after the War," *Millard's Review*, Vol. 4, No. 6, Apr. 6, 1918, pp. 194-195.

该专栏作者在简要回顾了美国的"门户开放"政策由来后,进一步辩解其本意只不过是在中国要求贸易上的平等权利。为了突显美国政府所谓的"善意",作者分析说欧洲列强和日本在中国造成的复杂局势使得这一政策遭遇到了很大的障碍。

> "门户开放"的主张不幸被中国赋予欧洲的筑路权和租界弄得复杂了。这些租界在这个帝国的很多省份侵占了中国的主权。但是对"门户开放"主张最大的障碍是俄罗斯和日本对中国领土的贪欲。英法对此也不加阻拦。俄罗斯和日本实际上已经在蒙古和满洲排斥了"门户开放"的主张。他们的行径是美国"门户开放"政策在东方遭到的最致命的打击。日本和俄罗斯只要侵吞了中国哪里的领土,哪里的门户就不复开放。①

这些观点都是密勒和老鲍威尔一再重申的观点。但是,因为不同意作者主张美国战后应该走向孤立主义,《密勒氏评论报》每一次都在该专栏下加上一个编者按:"本文涉及的是一个至关重要的主题。文章原载美国都市中最保守的报纸——《纽约时报》。"②

可见,《密勒氏评论报》利用多种方式为美国政策辩护,尤其是为美国的外交政策进行辩护。需要特别指出的是,中华人民共和国成立后,刊物逐渐改变其美国政策解释者和辩护者的角色,转而去揭露和批判美国的一些政策。

三、中国政局的观察家

《密勒氏评论报》的最主要的内容还是对发生在中国的事件的报道、解释和评论。老鲍威尔全权接手刊物后,很快将其英文名称改为 *The China Weekly Review*,从而将"远东"(the Far East)一词从刊名中剔除。从此,刊物更是倾力关注中国政治经济局势的走向。不论是从刊物对中国新闻报道的广度和深度,还是从其评论的前瞻性和洞察力来看,《密勒氏评论报》都堪称中国事务的观察家。

---

① "America after the War," *Millard's Review*, Vol. 4, No. 6, Apr. 6, 1918, p. 195.
② Ibid.

1. 增设新闻栏目,密切关注中国时局的变化。

关注中国政局的变化是《密勒氏评论报》又一重要的政治功能。纵观整个办刊历程,《密勒氏评论报》一直很注重扩大新闻报道的覆盖范围和消息来源。从创刊开始,刊物的新闻类栏目逐渐增多,新闻报道所覆盖的范围也日益扩大,消息来源也呈现出多样化的趋势。这些都为撰写"短社评"提供了丰富的素材,从而使得刊物的评论建立在更为广泛的事实的基础上。

《密勒氏评论报》的新闻类栏目在结构上有一个共同的特征,那就是每一条新闻都非常简短。常常是一个段落一条新闻,和现在所说的"短消息""简明新闻"或"一句话新闻"非常相似。它们几乎都没有标题。为了区分不同的新闻事件,有些栏目将所有的新闻仅仅用不同的符号隔开;有些则直接以日期开始,告诉读者某日发生了某事;有些则将每一段的首字母以不同的较大字体印刷,从而表明一段讲述一事。这些新闻类栏目所占篇幅或长或短。短的有时只占四分之一栏,有时又长达数页。新闻的内容和"特别稿件"的深度分析或解释性报道不同,它的语言非常精炼,明白易懂。读者不需要太高的英语水平,就可以读懂,从而获知中国乃至天下大事。图5-3显示了《密勒氏评论报》在三个阶段所设的新闻类栏目。

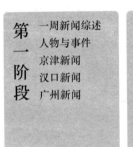 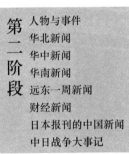 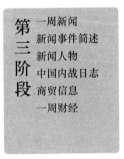

图5-3 《密勒氏评论报》所设新闻栏目

2. "特别稿件"深度报道中国。

深度的解释性新闻稿是杂志最为吸引人的内容。从某种程度上说,《密勒氏评论报》的"特殊稿件"栏目中的解释性新闻稿件要比"短社评"更加重要。这些新闻稿基本上都是署名的文章。按照作者和

《密勒氏评论报》之间的关系,这些新闻稿可以进一步细分为两类。

(1)刊物本身的编辑记者发回的深度报道。

在20世纪30年代,中日之间的矛盾逐渐升级,国共两党的斗争也异常激烈。中国逐渐形成了国统区、敌占区和解放区各自为政的局面。对于《密勒氏评论报》来说,想要一览这三个区里所发生的新闻事件绝非易事:国民党在其统治区里实行严格的新闻审查制度,同时封锁解放区发出的声音。日本人早已将老鲍威尔和《密勒氏评论报》视作眼中钉。但是,《密勒氏评论报》仍然获得了来自各地的新闻。在不同的地区或领域刊物都有代表性的记者:亲赴东北挖掘九一八事变真相的老鲍威尔、20年代就深入日本人控制区调查真相的(Upton Close)(参见第六章第三节)、报道延安的埃德加·斯诺和艾格尼丝·史沫特莱以及更多活跃在国统区的中外记者。这些记者和各界名人是刊物"特殊稿件"中深度报道的主力军。

(2)各界约稿和来稿。

在刊物自身的编辑记者撰写的文章外,"特殊稿件"栏目还大量刊登中外各界人士的约稿与来稿。虽然这部分稿件每期中所占比例不大,但是很多是出自各领域的权威人士之手。这些撰稿人又可以被进一步细分为两类:一类是相对稳定的撰稿人,主要以专职报人和大学教师(特别是新闻学院的教师)为主,比如说《大陆报》的一些编辑和记者、燕京大学新闻系教师汪兴和聂世芬(Vernon Nash)等;另一类是就重大事件或重要话题临时为刊物撰写稿件的撰稿人,主要以中美政界和商界名流为主。这一点通过《密勒氏评论报》发行的特刊可以看得更加清晰。

1928年10月10日,《密勒氏评论报》出版了《新中国特刊》(*New China Edition of the China Weekly Review*)。特刊的封面上印了这么一行文字(原文请见"附录2:《密勒氏评论报》1928年所刊《新中国特刊》封面及目录"):

> 兹增发《密勒氏评论报》之《新中国特刊》,以纪念多年来为中华民国之发展和现代化,并使之成为世界民族之林中独立之一员

而作出的不懈努力。①

除了一如既往的"短社评"外,这份特刊里一共发表了45篇特稿。特刊的目录栏目还对所有稿件的署名作者的身份予以说明。在45篇稿件中,有14篇是国民政府的官员撰写;2篇为美国驻华官员所写;9篇来自专职记者和编辑;7篇由大学教师撰写;其他则是来自不同领域的专家之手。当时刚来中国不久的埃德加·斯诺也为特刊撰写了一篇文章。特刊对国民党统治下的"新中国"的各个主要领域和行业进行了宏观的介绍和解释,并且为一些文章配发了作者的照片,包括孔祥熙、宋子文、王宠惠和孙科等。

值得一提的是,刊物还翻译并刊登了毛泽东的《论持久战》和《论人民民主专政》。②

3. 深度评论,引导东西方涉华舆论。

《密勒氏评论报》创办的32年中,对中国事务的评论堪称高屋建瓴。总体来说,其"短社评"中有关中国的主要内容经历了这样一个发展历程:倡导中国主权完整和独立→为中国外交建言献策→支持国民党政府和中国的重建→反对日本侵略→支持共产党和社会主义中国→反对美国发起的朝鲜战争。其中,最为典型的是刊物在两个"新中国"成立之前对国民党和共产党发展前景的预测,体现出了刊物所具备的远见卓识,以及老鲍威尔父子不同的立场。

1926年,北伐成功,蒋介石名义上统一了中国。老鲍威尔当时认为蒋介石领导的国民党和其他军阀势力不一样,因此对它给予了巨大的言论的支持。1926年9月18日,北伐运动还在行进之中,外国在华的商务活动受到了很大的影响,商界普遍弥漫着对北伐运动的不满。《密勒氏评论报》却发表了一篇题为《广东的胜利与未来》("The Cantonese Victory and the Future")的社论。社论认为,无论国民党背后是否有苏联的支持,北伐的胜利都孕育着某种希望。社论以乐观的态度展望北伐和中国的未来。

---

① 《新中国特刊》,《密勒氏评论报》1928年10月10日,封面。
② 这两篇文章分别刊登在《密勒氏评论报》第86卷第4期(1938年9月24日)第114页和第114卷第6期(1949年7月9日)第131页。

尽管局势混乱，但是很多观察中国政局的人相信国民党势力的扩张也许意味着局面最终的改善。原因是多方面的，这里无法一一详述。但是最重要的原因是来自广东的这个党是有计划的。

除了吴佩孚将军外，很难发现北方的某位军阀或政客有任何政治计划。除了扩张个人的势力，他们别无所求。

所以目前这种局势下，广东的胜利有希望使状况得到最终的改善。原因很简单，就是广东的党代表着某种东西。或许有人不赞同他们所代表的原则，但是不得不承认他们有一个计划，并在付诸实施，迅速推进。①

然而，刊物早期对国民党人和北伐运动的支持惹怒了外国在华商界，特别是英美两国的商人。上海美国商会在1927年4月26日召开的年会上通过了一个由商会主席F.F.费尔曼(F. F. Fairman)提交的决议，要求取消《密勒氏评论报》在上海美国商会的会员资格：

美国商会年会达成一致意见，针对《密勒氏评论报》近期发表的关于中国国防策略批评言论，及其对此发表的社论危及了上海美国人的财产和共同利益，本商会郑重宣布，《密勒氏评论报》现在的宗旨似乎和本商会对此类极为重大事务的观点相左，因此会起到破坏性而不是建设性的作用。鉴于此，(商会)要求《密勒氏评论报》辞去会员的资格。②

决议刚刚陈述完毕，《密勒氏评论报》主编老鲍威尔就发表简单的声明说，要求《密勒氏评论报》辞去会员资格有悖商会的章程，因为章程规定，如果要暂停或取消某个会员的资格，必须事先通知当事的会员或会员单位，并举行听证。鲍威尔解释说，他并没有收到任何通知。对于这种不公平的行为，鲍威尔表示反对，并保留进一步采取行动的

---

① "Editorial Paragraphs," *The China Weekly Review*, Vol. 38, No. 3, Sept. 18, 1926, p. 59.
② "The American Chamber of Commerce and the China Weekly Review," *The China Weekly Review*, Vol. 40, No. 9, Apr. 30, 1927, p. 220.

《密勒氏评论报》：美国在华专业报人与报格(1917—1953)

权利。①

1926年3月23日，加利福尼亚的《伯克利日报》刊登了一封来自天津的电讯稿，题目为《英美报纸编辑之争》("The British vs. the American Newspaper Editors")。《密勒氏评论报》也全文转载了这篇文章。该文对老鲍威尔等三位在华美国报纸主编给予了高度的赞扬。

> 有三位在中国的报纸主编，尽管他们之间没有什么联系，但是却秉承共同的编辑方针。这使得中国能阅读英文的青年一代相信，他们反映了美国政府的对华政策。他们的社论与其竞争对手英国报纸的社论形成了鲜明的对比。这三人就是天津的C.J.福克斯(Dr. C. J. Fox)、北京的格罗夫•克拉克(Grover Clark)和上海的约翰•B.鲍威尔。
>
> 我最近和三位主编就中国局势进行了长谈。颇为巧合的是，三人都对中国人持非常同情的态度。或许大部分在华美国人都不会和他们的立场完全一致，但是很多事情都证明，正如他们所宣扬的那样，要么给中国想要的，要么让她自己去获取。(China will either get what she wants or will take it.) 从他们的美国同胞和中国朋友的最大利益出发，他们更希望这是一个循序渐进的过程。
>
> 这三个美国人都并非矫揉造作之人，也都和教会利益毫无关系。但他们和商业圈的联系非常紧密，都拥有各自的股份。他们都断言各自写了该写的东西，并不出于对中国的同情，而是因为他们相信那样写是最大程度地维护在华外国商人的利益。他们敦促列强现在就优雅地做出重大让步，而不要等到中国的极端主义者拒绝所有条约，从而使得局面更糟糕。②

事实也证明，《密勒氏评论报》对北伐运动的报道是颇具远见的。从此以后，《密勒氏评论报》对国民党和蒋介石给予越来越多的关注。

---

① "The American Chamber of Commerce and the China Weekly Review," *The China Weekly Review*, Vol. 40, No. 9, Apr. 30, 1927, p.220.

② "The British vs. the American Newspaper Editors," *The China Weekly Review*, Vol. 36, No. 11, May. 15, 1926, p.285.

随后一期的《密勒氏评论报》就刊登了两篇介绍国民党的文章,第一篇是伍朝枢写的《什么是国民党》("What Is Kuomintang"),第二篇是约翰·C.格里格斯(John C. Griggs)写的《广东对中国革命之贡献》("Canton's Contribution to the Chinese Revolution")。后来,刊物经常发文并以漫画等各种形式支持国民党政府。①

国民党定都南京后,中国名义上正式赢得了独立和统一。《密勒氏评论报》转而开始关注"新中国"的重建,从而开始了和国民党政府之间的"蜜月期"。这一时期可以说一直持续到1941年12月停刊。在此期间,刊物鲜有对国民党政府批评性的言论,而对中国共产党早期的武装斗争多持负面的观点。从20年代末到红军开始长征之前,《密勒氏评论报》一直称各根据地的中共军队为"土匪"(bandit),和国民党持同样的立场。但是长征开始前后,刊物开始改称中共军队为"红军"(Reds)。但是其评论的基调仍然是期盼国民党早日消除"匪患"。国共两党结成抗日联盟后,刊物对解放区给予一定的关注,但其主旋律仍然是支持国民党政权。究其原因,一方面是因为国民党政府和美国的关系越走越近,两国之间出现了越来越多的共同点,特别是双方在远东需要共同面对一个最大的敌人——日本。而倡导中美友谊、反对日本恰恰是《密勒氏评论报》长久以来评论和报道的主旋律。另一方面是由于国民党对解放区的封锁,《密勒氏评论报》同样难以了解到解放区的真相。这种状况一直持续到抗日战争爆发以后,越来越多的西方记者渴望了解抗日联盟的另一方——共产党解放区到底是什么样子。于是,在以斯诺和史沫特莱为代表的西方记者的引领下,越来越多的外国记者奔向延安。而在董显光的勾连之下,刊物主编老鲍威尔与国民党政府官员的关系也越来越密切。

小鲍威尔1945年10月回到上海恢复《密勒氏评论报》的创办。刊物一改以前对国民党的支持,开始发挥美国媒体热衷于揭露和批评政府的特点。复刊不久,《密勒氏评论报》就转载了昆明的中文杂志《民

---

① 《密勒氏评论报》从1927年3月12日的第40卷第2期开始刊登题为《美国漫画家看中国问题》的漫画,为国民党人提供精神支持。后来漫画作者扩大到加拿大和欧洲漫画家的作品。

主周刊》(The Democracy Weekly)1945年底所做的一项民意调查。该调查一共提出了当时民众广泛关注的8个国内和国际问题。这8个问题是:(1)内战能否被阻止?(2)谁该对此次内战负责?(3)政治协商会议会有实质性的结果吗?(4)1935年国民大会选举的代表在今天是否仍有效?(5)中国是否应该立即举行大选?(6)美国军队继续留在中国是否有益?(7)美国是否对日本过于宽大?(8)中国和苏联是否应该共同参与对日本的控制。①

调查收到114份有效的结果。这114人的职业涵盖范围较广。最终经过分类,确定62人属政府雇员,21人是大学生和中学生,8名自由职业者,4名军官以及8名从事其他职业的人。②

结果显示:(1)50%以上的人认为内战不可阻止;(2)约57%的人将内战爆发归咎于国民党;(3)约87%的人认为政协会议不可能有实质性的结果;(4)超过98%的人认为1935年国民大会所选代表不应该继续有效;(5)67%的人认为中国应该立即举行大选;(6)有83%的人对美军在中国的存在说"不";(7)大约94%的人觉得美国对日本过于宽大;(8)超过99%的人认为中苏应该共同参与对日本的控制。③ 最后,《密勒氏评论报》为调查结果加了一个编者按。

> 此项针对紧迫的时事问题所做的民意调查尽管比较初级简单,但这是中国编辑第一次做这样的调查。研究这些问题的答案和其他独立报刊的社论,将向我们展示中国公共舆论的走向,以及中国未来可能的出路。④

复刊之后,刊物开始集中批判国民党政府的腐朽和没落,支持中国共产党的倾向越来越明显。1946年5月,中国处于内战的边缘,来自解放区的消息非常之少。小鲍威尔对新闻界,特别是美国新闻界向蒋介石一边倒的报道方式提出了批评。

---

① C. Y. W. Meng, "Chinese Public Opinion Survey On 8 National, World Issues," *The China Weekly Review*, Vol. 100, No. 12, Feb. 16, 1946, p. 202.
② Ibid.
③ Ibid.
④ Ibid., p. 203.

现在的中国,牵动国际时局的间歇性内战再次受到了一边倒的关注,也因而误导了公众舆论。某种原因是,几乎所有的外国记者都只报道战争的一方。对北平、重庆、上海、南京和满洲的报道铺天盖地。除了对张家口和延安蜻蜓点水式的报道,以及5名记者碰巧报道了长春易手之外,对战争另一方的报道可谓零零星星。结果,全世界的人对内战的进程及其意味也就无从知晓,更不要说了解每天谈判的进度和战况了。[1]

由此可见,《密勒氏评论报》对中国事务的评论具有深远的洞察力。历史的发展也证明了这一点。更为可贵的是,刊物对中国前景的预测和把握大多都是逆当时的舆论潮流而动的。但是,需要特别指出的是,密勒和老鲍威尔时期的《密勒氏评论报》对中国民族民主运动的支持是以不触犯美国在华利益为前提的。一旦涉及美国切身利益,刊物"美国政策的解释者和辩护者"的角色便显露无疑。

第二节 《密勒氏评论报》的经济功能

随着资产阶级法治国家的建立和具有政治功能的公共领域在法律上得到认可,具有批判意识的报刊业才得以摆脱意识形态的压力。这样,它就能够抛弃论战立场,而真正从事商业活动,争取赢利。当然,尽管广告在经济上已必不可少,但是广告印刷品席卷公共领域并不一定会导致公共领域自身的转型。例如,从19世纪六七十年代开始,日报就已经开始划分编辑版面和广告版面,传播功能的划分(一方面是作为公众的私人的公开批判,另一方面是个人的或集体的私人利益的公开展示)丝毫没有影响公共领域。但是,这样一种似乎脱离了政治领域的经济公共领域(一种具有特殊源头的广告公共领域),却从来没有真正出现过;相反,特殊的私人利益的公开展示从一开始就与

---

[1] "One-Sided Coverage," *The China Weekly Review*, Vol. 101, No. 12, May. 18, 1946, p.249.

政治利益融合在一起。① 由此可见,媒体的政治和经济功能是从来也不曾分开的,恐怕也是永远无法分开的。而像《密勒氏评论报》这样的刊物干脆将这两种功能合而为一。从某种意义上来说,这种"政治财经之周刊"的经济功能更为显而易见,也更实实在在。《密勒氏评论报》的经济功能主要体现在三个方面:(1) 把握经济局势,为美国在华经济利益服务;(2) 提供以上海为中心的国际金融和贸易信息;(3) 为中美商户广而告之。

一、服务于美国在华经济利益

《密勒氏评论报》曾经声明其办刊方针之一,就是要促进"美英和中国之间在正确和公平基础上的合作"("American-British Cooperation with China on a Right and Just Basis")。进入20世纪后,西方列强已经在中国攫取了足够多的政治利益,这时的合作更多地是指经济领域的合作。刊物曾经发表评论说:

> 《密勒氏评论报》矢志不渝地工作,以促进有志于太平洋贸易的主要国家,包括美国、中国、英国、日本和法国之间的关系。它或许比其他任何地方的刊物都刊登了更多旨在促进"美英和中国之间在正确和公平基础上的合作"的文章。报刊实际上是对正在发生的事实的反映,如果它应该有一个宗旨,那么这就是《密勒氏评论报》的宗旨。②

第一次世界大战前,上海见证了两次美国在华的商业浪潮。第一次是始于1787年的伟大的快船时代,一直延续到了19世纪中期;第二次则不那么光彩:从1898年美国接管菲律宾开始,一批鱼龙混杂的冒险家和海盗在美国军事力量的庇护下涌入远东,最终落脚于上海,因为上海当时是世界上唯一不需要签证的城市。就这样,这座"包罗万

---

① 〔德〕哈贝马斯:《公共领域的结构转型》,曹卫东等译,上海:学林出版社1999年版,第221—22页。
② "Editorial Paragraphs," *Millard's Review of the Far East*, Vol. 13, No. 1, Jun. 5, 1920, p. 8.

象"的城市（"catch-all" city）容纳了他们，成为他们在中国活动的大本营。①

一战之后，第三波美国人来到上海。在此之前，英国人在政治、经济和社会等领域已经主宰了上海公共租界长达75年之久。在英国人眼中，一战以后大批涌入的美国人就是一批暴发户，打乱了上海原本井然有序且利润丰厚的商业格局。② 而美国人的商业天赋丝毫不亚于他们原来的宗主国——英国。他们带来的产品，小到牙签，大到火车机车，几乎无所不包。但是美国在华商户和商人在很长一段时间里仍处于缺乏管制的状态。一些不法商贩就借着租界的自由，从事非法的买卖，从而损害了美国在华商界的声誉，乃至美国的声誉。《密勒氏评论报》从创办之初就对此予以高度的关注，并呼吁以更高的标准去要求从事国际贸易的美国商人。

> 我们认为，那些低级的商人得以在国外从事商业活动，极大地败坏了美国在海外的声誉。最近的分析表明，这大多是人为的因素。一个国家或许希望通过其资本来宣扬更高的理想，但是如果在外贸领域代表国家的人达不到那样高的标准，那么它在国内所宣扬的理想只不过是空谈，或者至少是无效的。③

为了促进中美贸易，《密勒氏评论报》认为"美中协会"（American Association for China）有必要出版一份有关中美商贸关系的月刊或季刊，记录美国在东方贸易的重要进展，从而供那些有志于中美贸易的人作永久的参考。④

1920年秋，老鲍威尔正准备回国为刚站稳脚跟的《密勒氏评论报》拉一些长期的广告客户。就在他动身的前几天，上海美国商会（American Chamber of Commerce）主席哈罗德·道勒尔（Harold Dollar）突然邀请老鲍威尔去美国俱乐部就餐，说是为他送行。欢送的

---

① JBP Collections，C3662，Folder 147，Western Historical Manuscripts Collections of Missouri University.
② Ibid.
③ "Editorial Paragraphs," Millard's Review, Vol. 2, No. 6, Oct. 9, 1917, p. 143.
④ "Editorial Paragraphs," *Millard's Review*, Vol. 4, No. 2, Mar. 9, 1918, p. 33.

《密勒氏评论报》：美国在华专业报人与报格(1917—1953)

餐会行将结束的时候，道勒尔才对老鲍威尔说："J. B.，我们希望你到华盛顿去一趟，看能不能设法让国会通过一个《中国贸易法案》(China Trade Act)，以联邦政府之力，协助美国商人在远东做生意。"①

从没有去过华盛顿的老鲍威尔欣然接受委托。而他在新闻界建立的广泛的关系网这次派上了大用场。在回国后的第一站芝加哥，老鲍威尔通过《芝加哥论坛报》的发行人罗伯特·R.麦考米克(Robert R. McCormick)见到了刚当选总统的哈定。在将自己于上海草就的《中国贸易法案》呈交给哈定的时候，老鲍威尔说，这个新法案一方面可以促进美国商户在远东地区拓展贸易，一方面又可以及时恢复美国在远东的商誉。哈定承诺说："在到华府就任前，我无法为你做任何一件事。不过假使你愿意到白宫来看我，我将为你做任何足以帮助你的事，使你向往的法案在国会通过。"②

随后，老鲍威尔又找到了来自密苏里州圣路易斯市的参议院议员戴厄尔(Leonidas C. Dyer)。在戴厄尔的帮助下，议案被提交到国会，并进入了听证的阶段。老鲍威尔甚至将当时的美国商务部部长，曾经在中国做过矿业工程师的胡佛(Herbert Hoover)请去参加了听证会。在议案被列入《国会纪录》后，老鲍威尔还跑到波士顿，取得了马萨诸塞州议员的支持。最终，在取得参众两院的支持后，《中国贸易法案》于1921年年底华盛顿会议召开之前得以通过。老鲍威尔后来回忆道：

> 《中国贸易法案》对于小规模的工商企业有很大的帮助，而且意外地迎合了胡佛部长在第一次世界大战后，在中国拓展美国商务的理想。此前，商务部只派了一位代表阿诺德(Julean Arnold)驻在北京。《中国贸易法案》通过后，商务部立刻加派了很多各方面的专家到中国，研究调查中国的经济情况。后来美国商务在中国的大肆拓展，以致造成在中国市场上的领导地位，可说全是在这个时候打的基础。③

---

① 〔美〕约翰·B.鲍威尔：《〈在中国二十五年〉——上海〈密勒氏评论报〉主持人鲍惠尔回忆录》，尹雪曼等译，合肥：黄山书社2008年版，第61页。
② 同上书，第62—63页。
③ 同上书，第65页。

在报道完华盛顿会议后,老鲍威尔回到中国全面接手《密勒氏评论报》的出版和经营管理。他不仅将刊物经营得有声有色,而且随着自己对中国和远东局势了解的加深,老鲍威尔更是将刊物打造成为人们了解远东经济局势的权威刊物。

二、提供金融和经贸信息

提供以上海为中心的国际金融和经济贸易信息是《密勒氏评论报》又一个重要的经济功能。为此,刊物在不同时期都辟有经济类的专栏。"商业与金融界"(In the Field of Business and Finance)是它的第一个经济类栏目。创刊初期,该栏目的内容比较庞杂,以第1卷第1期为例,它的"商业与金融界"栏目中有6篇报道和分析中国经贸领域的文章。其中一篇是延续在"特殊稿件"栏目中没有登完的呼吁中美加强商贸往来的文章。其余5篇内容分别涉及美国在中国的纺纱厂、股市分析、哈尔滨船运业、上海在建的现代建筑项目和美国金融局势等。除了这6篇分析性的报道外,本期的《商业与金融界》还有5个提供过去一周商业信息的子栏目,分别是宾馆入住信息(At the Hotels)、商贸一句话消息(Commercial Notes)、浪卡(Langkat)一周石油产量、上海股市行情表(出版前一天)以及铁路和轮船时刻表。另外,该栏目还插入一个通告,内容是因邮政交通工具的改变,邮资将从下月起大涨。创刊号的"商业与金融界"栏目占据了7页的空间。

从创刊号开始,"商业与金融界"栏目逐渐将内容固定下来:(1)两三篇深度经济报道;(2)商贸简讯(Commercial Notes);(3)上海股市行情信息;(4)原材料价格信息;(5)上海宾馆客人入住信息,告知读者何人何时入住哪家宾馆;(6)交通时刻表等。此后,刊物逐渐将这一栏目规范化。除了取消宾馆入住信息外,还将商品价格信息重新划归到"最新市场行情"(Current Market Report)子栏目中去。到了1920年9月,刊物还增设了两个栏目:一是"中美船运信息"栏目(What the Ships Carry Between America and China)。这一栏目根据上海海关提供的数字,将中美间海运货物往来的情况以图表的形式呈现给读者。另一个栏目是"最新纽约股市行情"(Latest New York Stock Exchange Quotations)。与此同时,刊物取消了"商业与金融界"栏目

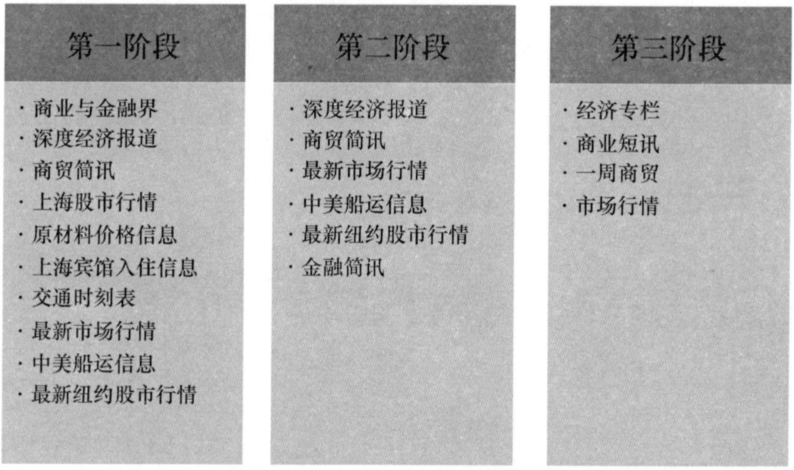

第一阶段	第二阶段	第三阶段
·商业与金融界 ·深度经济报道 ·商贸简讯 ·上海股市行情 ·原材料价格信息 ·上海宾馆入住信息 ·交通时刻表 ·最新市场行情 ·中美船运信息 ·最新纽约股市行情	·深度经济报道 ·商贸简讯 ·最新市场行情 ·中美船运信息 ·最新纽约股市行情 ·金融简讯	·经济专栏 ·商业短讯 ·一周商贸 ·市场行情

图 5-4 《密勒氏评论报》三个阶段设置的经济类栏目

说明:各阶段中经济类栏目设置大多处于不稳定状态。部分栏目存续的时间过于短暂,因而其影响力非常有限。这里就不一一列举。

的总称。至此,刊物的经济类栏目基本固定为:(1) 商贸简讯,(2) 最新市场行情,(3) 中美船运信息,(4) 最新纽约股市行情。此外,刊物随时关注汇率变动和债券销售等方面的信息。

从图 5-4 我们可以看出,经济栏目在整个办刊期间在数量上呈现递减的趋势。导致它减少的可能有三个主要原因:(1) 刊物进入第二个阶段后,也就是 1922 年以后,《密勒氏评论报》在华建立了稳定的报道团队,加上有了一批稳定的自由供稿人,刊物的"特别稿件"栏目稿源越来越丰富。每期的稿件数量也由原先的三四篇逐渐扩展到七八篇左右。而"特别稿件"里就包含很多经济领域的专门稿件。经济类栏目的空间因此被压缩了。(2) 从 20 世纪 30 年代初开始,刊物的经济功能因为日本在华侵略势力的步步紧逼而严重受阻。与此同时,整个 30 年代,除了"最新纽约股市行情"栏目固定不变,其他同类栏目处于不稳定状态,时有时无,有的很快就被取消。刊物的经济功能因此有所弱化。30 年代后期,伴随着日本加紧侵略中国的步伐,《密勒氏评论报》几乎完全成了一本政论杂志。这种状态一直维持到老鲍威尔被捕。(3) 1945 年 10 月 20 日,《密勒氏评论报》复刊之后,小鲍威尔尝试重建刊物的经济功能。他逐步恢复了对市场行情的报道,并在复刊近一个月后设立了"商业短讯"(Business Foot-Notes),反映过往一周的上海市场行情和国际经济动态。此后很长一段时间内,市场行情和"商业短讯"都占据1到2页的空间。1948年5月8日,刊物进一步设立"经济专栏"(Economic Section)。该专栏每期收入一篇经济类专稿,并下设"一周商贸"(The Week's Business)和"市场行情"(Quotations)两个子栏目。但是子栏目的设置也不固定。整个"经济专栏"仍然只占1到2页的空间。1950年1月4日,经济栏目从《密勒氏评论报》上完全消失,刊物的经济功能进一步弱化。从小鲍威尔1945年复刊开始,《密勒氏评论报》的财经特色日渐消退,已经不能再被称作一份"财经"杂志了。

三、为中美商户广而告之

《密勒氏评论报》的另一个显著的经济功能就是为中美两国商户刊登广告。前文提及老鲍威尔曾经在密苏里新闻学院教授广告学。而且他在来中国之前已经在美国报界积累了一定的经营报刊的经验,《密勒氏评论报》在广告方面的出色业绩也就不难理解了(参见第一章第二节)。老鲍威尔从创刊之初就对刊物的广告设立了很高的标准。他在创刊号上声明说:

> 《密勒氏评论报》只为声誉良好的公司刊登广告,概无例外。如果对本广告声明有歧见,敬请订户立即告知本馆,以咨协商。①

后来,老鲍威尔在任助理主编期间在一篇题为《计广告之光闪耀中华》("Let the Advertising Light Shine Out in China")的文章中表明了自己对广告的观点:

> (我)很遗憾地看到很多外国人在华报刊不能自始至终达到其母国报刊的高标准。比如在美国,没有哪个声誉好的报纸会刊登没有专利号的药品广告、虚假的融资或彩票广告,不会给下流之地或毒品店刊登广告,也不会刊登某种自毁形象与影响力的图

---

① "Editorial Paragraphs," *Millard's Review*, Vol. 1, No. 1, Jun. 9, 1917, p. 12.

《密勒氏评论报》：美国在华专业报人与报格(1917—1953)

片和插图。但是(我)很遗憾地在外国人在华报刊中看到了很多这样的广告。它们应该为此设定最高标准才是。①

老鲍威尔这么说实际上是有所指的。第一次世界大战前，德国人是在中国报刊中做广告最多的外国人。德国利用在华报刊的广告实现了两个目标："首先，告诉人们自己将要销售什么，拓展了贸易；其次，巧妙地利用广告影响中国新闻界。一战后，当德国人的广告撤出中国的时候，日本商人逐渐弥补了中国报刊在广告利润上的损失。日本人向在华报刊既提供广告，也提供新闻。在上海所有的报刊中，很难找到一份没有日本产品广告的中国报纸，他们大多充斥了日本的专利药品、香烟和卫生纸等产品的广告。"②一方面日本人越来越注重利用广告的手段控制报界的新闻，进而控制舆论导向。另一方面，被广而告之的日本产品有很多是低劣的产品。这严重损害了报业的声誉。实际上，通过广告的手段，日本人也成功地控制了一些在沪外国人报刊。《密勒氏评论报》曾不点名批评一家美国人的刊物采取"亲日"的办刊方针。这家刊物的主编回应说："他的杂志之所以改变原有的办刊方针，是因为他无法得到美国广告的支持。"事实是，该杂志45%到50%的广告的内容是日本产品。③ 一战之前，在中国做广告的美国公司相当少。一份由美国驻上海总领事发布、副领事沃尔特·A.亚当斯(Walter A. Adams)撰写的题为《广告在中国》("Advertising in China")、敦促美国人在中国加大广告力度，从而促进美国产品在华的销售。④

也许正因为其遵守高标准的广告政策，《密勒氏评论报》创刊初期的广告量并不多。在第一期上，《密勒氏评论报》只有7页插有广告，占该期杂志页数的四分之一。而另一个重要原因是因为该刊明确拒

---

① "Let the Advertising Light Shine Out in China," *Millard's Review*, Vol. 4, No. 2, Mar. 9, 1918, p.40.
② Ibid.
③ "American Advertising and an American Press in China," *The China Weekly Review*, Vol. 44, No. 4, Mar. 24, 1928, p.85.
④ "Let the Advertising Light Shine Out in China," *Millard's Review*, Vol. 4, No. 2, Mar. 9, 1918, p.40.

绝为日本公司和产品做广告。事实上,广告成为美英日在华势力竞相控制报刊的一个重要手段。老鲍威尔宣布不给日本人做广告。日本人反过来也不会将广告投放到他们无法控制的报刊上。而英国人在美国人报刊上投放的广告也处于不稳定的状态。只要美国报刊对英国的利益稍有冒犯,英国公司就可能立刻撤回其在该报投放的广告。如此一来,读者在《密勒氏评论报》上看到的广告就基本上全是中美两国产品的广告,几乎看不到其他国家产品的广告。刊物甚至刊登中文告白,以吸引更多的中国商户。

> 《密勒氏评论报》为美国公民及银行巨子每星期所必读之报。即华侨具有势力之西人亦莫不以先睹为快。故本埠及各埠华商巨贾登录广告最为良好之报章。中华商人若欲使其出产品受知于美人,必藉本报表扬,始能造成宏大之贸易于美洲。
>
> 美国驻沪邮局蒙其嘉许,所寄包件邮费准取低廉,以供运送。凡中华出产之丝货、古玩、银器、铜件等项,以及华人高贵之制造品,本报发生逐一登载,从此大有可为。
>
> 本报电话四千七百四十一号如荷。华商赐教,请即通知。当派代表赶赴贵号接洽,缮成告白。不劳枉驾。其便利洵称独一无二。①

正因为在广告上坚持高标准,加上经营得力,《密勒氏评论报》吸引了越来越多的高档的广告客户。其中大多是美国汽车、机械和银行业的商户。在刊物的鼎盛时期,也就是老鲍威尔主笔时期,随着刊物每期页数增加到60多页,有广告的页数也增加到了50多页,是早期的7到8倍。这主要得益于老鲍威尔的两个举措:(1) 1920年秋,老鲍威尔回国为刊物拉到了一些长期的广告客户;(2) 老鲍威尔全面接手刊物后,为了吸引更多的中国广告客户,开始从内容上拉近与中国读者的联系。

我们分别选取两期《密勒氏评论报》中的广告进行分析。一期是1921年3月5日(第16卷第1期)。选取这一期的原因是,1921年间

---

① *Millard's Review*, Vol. 1, No. 7, Jul. 21, 1917, p.195.

是刊物广告量最多的时期。刊物内容长达60多页。从1922年年初开始,刊物在页数上有所减少,其广告量也相应减少。在抗日战争爆发前,特别是日本占领上海之前,整个刊物页数,包括整版广告页在内,基本稳定在30至50页之间。抗日战争爆发后,刊物的页数和广告量波动比较大,因而不在选取之列。

1921年3月5日一期的杂志共刊登了68则广告,可以说是达到了刊物广告量的一个顶峰。从图10可以看出,刊物的绝大多数广告客户都是中美两国的客户。另外两则广告从英文内容来判断十之八九仍然是美国产品或服务的广告,绝非来自日本客户的广告。

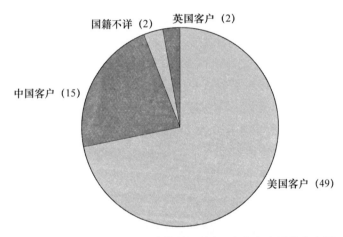

图5-5　1921年3月5日《密勒氏评论报》广告客户国籍分布图

如果将广告客户按照其产品和提供的服务进行分类,我们又可以进一步看出《密勒氏评论报》所选择的广告客户的规格和品质。这68则广告大致可以分成以下7类:(1)重工业产品广告,包括汽车、钢铁、机械、军工、矿业和电气等;(2)轻工业产品广告;(3)银行业和保险业广告;(4)服务业广告,包括医疗、宾馆、船运和百货等;(5)政府和政党宣传广告;(6)烟草广告;(7)报刊书籍广告。

显然,工业产品,特别是重工业产品的广告数量最多。这些广告客户中不乏像福特汽车、鲍德温火车引擎和Consteco这样的重工业巨子。银行业和保险业的广告数量位居第二,其中大多是美国人在上海开设的银行。中国的银行则包括中国懋业银行、交通银行和中国银行

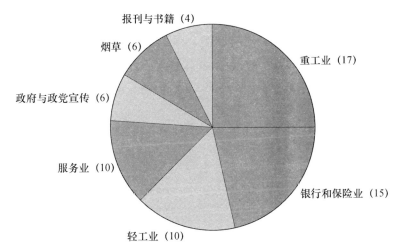

图 5-6　1921 年 3 月 5 日《密勒氏评论报》广告客户行业分布图

等大银行。其中交通银行更是《密勒氏评论报》最稳定的广告客户之一。不难看出,由于《密勒氏评论报》坚持高规格的广告标准,它所争取到的广告客户多是高质量的、稳定的客户。1922 年以后,《密勒氏评论报》的广告量虽然有所减少,但是其主要为中美高规格商户刊登广告的功能一直延续到中华人民共和国成立后。

第三节　《密勒氏评论报》的其他社会功能

林语堂认为,杂志如果不能反映社会的不断进步和其中的生活,那就失去了它的功用。就现代报刊的社会功用而言,中国报刊在作为人民代言人方面,进步得异常缓慢。这首先应归咎于袁世凯的统治。其次,应归咎于 1927 年后反常的政治环境。[①] 林语堂的这些言论发表于 1936 年前。那种反常的政治环境却正适宜外国报刊发挥其社会公用。与中国本土的报刊相比,外国人在中国租界办的报刊则拥有更自由而广阔的舆论空间。和本土报刊在政治言论上的"噤若寒蝉"相比,外国人在华报刊,特别是外文报刊显然要更为大胆直言。这一点在

---

① 林语堂:《中国新闻舆论史》,刘小磊译,上海人民出版社 2008 年版,第 82,167 页。

《密勒氏评论报》表现得尤为明显。在花费一段时间适应了中国的"水土"之后,刊物开始从深层次上建立和中国社会的联系,发挥出更为独特的社会功能。

一、以《中国名人录》沟通中外

"中国名人录"(Who's Who in China)栏目从1918年4月20日的第4卷第8期开始设立,一直持续到1948年的9月。该刊是第一家在中国设立"中国名人录"栏目的报刊。《密勒氏评论报》创刊之际,对大多数西方人来说,中国仍然是一个十分陌生的国度。很多想来中国做生意的人犹豫不决,因为他们不知道该和哪些人打交道,也不知道那些政界和经济界名人的姓名和背景。而中国人即便知道这些人的姓名,也不了解他们的具体背景。据老鲍威尔回忆说,《密勒氏评论报》创办《中国名人录》的初衷是因为在很多西方人眼里,"所有的中国人长得都很相像",都是"黑色的直发、褐色的眼睛和黄色的皮肤"。他们甚至穿衣服的风格都是一样的。[①] 在经过一番调查之后,老鲍威尔发现此前没有任何一家出版机构出版发行过任何语种的"中国名人录"。于是他就指示手下的记者开始撰写名人小传记,并向各界名人征集照片。在正式开设这一专栏之前,老鲍威尔和蔡廷锴将军商量过此事,得到了他的支持。蔡廷锴还率先给刊物寄来了自己和夫人的一张合照。

然而,一段时间以后,老鲍威尔发现报社收集到的名人基本上都是官员,而且很多记者为他们写的小传记过于展示和炫耀这些名人的私生活,比如某某有妻妾6名,吸食鸦片,虽薪水不高,但积聚有万贯家财……这让老鲍威尔颇为头疼。于是,他只好指示记者再去搜集各行各业名人,特别是商界和银行业精英人士的信息。然而,在中国,商界人士格外警惕,害怕隐私暴露,受到敲诈勒索。就是在这样艰难的情形下,"中国名人录"一步一步艰难地开设起来。也许正因为艰难,其价值显得格外的高。

一年以后,《密勒氏评论报》已经刊登了60位中国名人显要的小

[①] JBP Collection (C3662), F176, Western Historical Manuscripts Collections of Missouri University.

传记。后来报社派鲍威尔的妻子玛格丽特·C.鲍威尔(M. C. Powell)和董显光一起编辑修订这些人物的传记材料,最终结集出版成书,书名就叫《中国名人录》。1920年,《密勒氏评论报》出版了第二期的"中国名人录",并为此刊登了一整页广告,呼吁读者订阅。

《中国名人录》中的蔡廷锴夫妇[①]

本书专为各国使团、领馆、商人、学校与城市图书馆、报馆,以及所有对中国感兴趣的人所设计。

它提供人们需要的有关中国当今领导人物之最基本的信息,包括他们的年龄、教育背景、职业成就、为官之政绩,以及他们在目前所处的位置上对中国事务的总体看法。[②]

从1918年至1950年,该栏目共6次结集出版成书(其中第三、四、五版出有增刊)。《中国名人录》在欧美和中国都十分畅销。通过这一

[①] 作者翻拍自《密勒氏评论报》。
[②] "Editorial Paragraphs," *Millard's Review of the Far East*, Vol. 14, No. 1, Nov. 27, 1920, p.525.

栏目,《密勒氏评论报》逐步累积和扩大了对中国上层社会的影响力。多年以后,这本书仍然是西方人了解当时中国社会的重要信息来源。在回忆《中国名人录》的诞生和刊载过程时,老鲍威尔还叙述了这么一个细节,足以作为该栏目强大影响力的佐证。

> 曾经有一位日本情报官到我们的办公室,要求看看最新一版《中国名人录》。我递了一本给他,同时给了他一个便笺板,以备他做记录。在审阅了一会儿之后,他把书扔到我的桌上,说:一旦日本控制了中国,"书上每一个中国佬都必须要离开这个国家"。他说,日本在其新秩序下不会容忍任何在英美资助下接受教育的中国人,或是在外国传教士影响力盛行的学校里受教育的中国人。①

"中国名人录"栏目的成功让同行们纷纷仿效。有的干脆模仿和照抄《密勒氏评论报》出版的"中国名人录"。刊物一面宣布自身为此感到骄傲,同时声明真正的"中国名人录"只有一个,那就是《密勒氏评论报》的"中国名人录"。②

二、关注中外教育交流

《密勒氏评论报》很早就对中国归国留学生的影响给以格外的关注。在1918年6月20日和21日两天举行的中国政府参议院第一阶段选举上,有3名美国归来的学生当选议员。其他国家归来的学生当选议员的数目分别是:留英学生2名、留日学生2名、留德学生1名和留法学生1名。《密勒氏评论报》评论说:"在共和国的历史上,第一次有如此多在海外受教育的人当选议员。在登记的400多人中,大约300人投了票。其中绝大多数是西方和日本大学的毕业生。"③

1920年7月,《密勒氏评论报》报道了两位上海富商决定资助中国

---

① John B. Powell Papers (C3662), Folder 176, Western Historical Manuscripts Collections of Missouri University.
② "There's Only One Genuine 'Who's Who in China'", *The China Weekly Review*, Vol. 26, No. 1, Sept. 1, 1923, p. 4.
③ "Editorial Paragraphs," *Millard's Review*, Vol. 5, No. 5, Jun. 29, 1918, pp. 165-166.

学生出国留学的事。一位年龄不到 40 岁的上海纺织业富商(Mr. H. Y. Moh)致信北大校长蔡元培,表示愿意资助 5 名北大优秀学子赴美留学,学成后再继续资助其前往欧洲游学。北大为此组成了包括胡适、蒋梦麟等人在内的选拔委员会。选拔的标准要求被选中者:(1) 相信中国社会和人民处于变革之中,(2) 参加纽约社会研究新学派(New School for Social Research in New York),(3) 完成在此机构的学业后,继续前往欧洲游学。①

无独有偶,另一位烟草业巨富(Mr. Chien Chao-nan)也在报上登广告,表示要选拔 15 名学生前往国外留学,原因之一是政府奖学金大多落入官宦和富家子弟。与政府奖学金不同,他要为真正贫穷的、有资质的、无法获得政府奖学金的理工科大学毕业生提供资助。除了贫穷,另一个条件是,这些学生必须在农、工、技术或商科上成绩优异。②

《密勒氏评论报》对这两名富商资助学生出国留学给以高度的赞扬,并提出应该改革留学生选拔制度。刊物抨击越来越多身份显赫家庭的孩子进入清华大学。一些没被清华录取的孩子的父母甚至能对清华校长施以惩罚。另一方面,刊物呼吁那些正准备归还"庚子赔款"的国家,在将资金用于资助教育的时候,充分关注选拔留学生的公平与公正。③

《密勒氏评论报》不只是对西方教育日益影响中国的事实予以关注,而且积极促进美国从教育上影响中国,因此它高度赞扬将"庚子赔款"用于资助中国教育的举动,称赞其为美国真正的"利他主义"(altruistic)行为。1922 年,英国政府正在为是否应效仿美国,将自己那份"庚子赔款"用于资助中国学生到英国接受教育。当时支持的一方以美国的成功为例,认为在英国受教育的学生将来会在政治和贸易等方面反哺英国。《密勒氏评论报》直斥这种言论是"愚蠢的",并为美国归还"庚子赔款"作了辩护。

美国归还"庚子赔款"的时候,并没有附加什么条款,要求中

---

① "Editorial Paragraphs," *Millard's Review of the Far East*, Vol. 13, No. 6, Jul. 10, 1920, p. 320.
② Ibid., p. 321.
③ Ibid.

国必须将其用于资助青年人去美国大学接受教育。中国完全是自觉自愿将这笔钱花在这方面。事实是,私人赴美留学的学生和政府公派的学生一样越来越多。这正说明了美国教育机构在中国的受欢迎程度。美国从未将对中国留学生的教育商业化。我们相信,这也正是美国教育制度的成功之处。①

上述辩护显然有事实上的出入。美国退还部分"庚子赔款"时,是明确规定中国政府应该将其部分用于资助留美学生。《密勒氏评论报》这样辩护,一方面说明了其维护美国利益的立场;另一方面也显示了其倡导中国学生到外国接受教育的积极一面。

此外,《密勒氏评论报》颇为热衷于向中国教育界传播美国先进的教育理念。1919 年 4 月 30 日,美国著名哲学家、教育家约翰·杜威(John Dewey)应其学生胡适、陶行知和蒋梦麟等人的邀请,携夫人爱丽丝及女儿罗茜抵达上海,开始为期两年的在中国的游历和讲学。刊物不仅全程关注了杜威的行程,还发表杜威专门为其撰写的文章。②在杜威来华一年多以后,《密勒氏评论报》发表了一篇由资深记者雷默(C. F. Remer)撰写的分析性报道,题为《约翰·杜威在中国》("John Dewey in China")。文中叙述到:

> 杜威教授过去一年在北大和其他北平周边的学校讲学,现仍在中国许多城市游历并讲学。最近,哥伦比亚大学批准他继续在中国居留一年。杜威教授以这种游历讲学的形式,已经接触了成千上万的中国人。这些讲学的内容已经被译成中文,刊登在中国的报刊杂志上,成为许多人精心研读的材料。据估计,杜威教授所讲授的内容以口头、笔录和刊印等形式已经影响到了几十万中国人。③

---

① "Editorial Paragraphs," *The Weekly Review*, Vol. 21, No. 11, Aug. 12, 1922, p. 403.

② 来华期间,杜威曾为《密勒氏评论报》撰写过 3 篇专稿,分别是:《美国在中国的机会》(第 12 卷第 5 期)、《远东僵局》(第 16 卷第 8 期)和《国际银行团在中国》(第 16 卷第 12 期)。

③ C. F. Remer, "John Dewey in China," *Millard's Review of the Far East*, Vol. 13, No. 5, Jul. 3, 1920, p. 266.

文章在总结了杜威主要的哲学和教育观点之后,以几个发人深思的问题结束了全文:

> 通过约翰·杜威,美国将自己最好的东西呈现给了中国。美国通过他向中国人说:"你们无法避免社会变革,你们需要社会变革。你们是通过教育、自律、试验以及聪明地选择民主和自由的方式实现? 还是任由可怕的教条者或独断专行之人宰割? 这依旧是你们需要回答的问题。"①

《密勒氏评论报》对中国教育的关注不仅体现在其积极促进中国教育理念的现代化,倡导中西教育交流方面,还体现在刊物本身也在传播知识、价值和行为规范等方面有着突出的作用。一方面,刊物既为在华外国人开设学习中文、中国历史和文化的专栏,比如"当代中国历史、金融和商贸研究纲要"(Outline for the Study of Current History, Finance and Commerce in China)。另一方面,刊物也为中国读者开设了学习英文和西方文化的专栏,比如说"《密勒氏评论报》英文课程"。刊物曾经发表评论说,虽然中国不可能在一夜之间变成西方人眼中有秩序的国家,但是"那些在中国最困难的阶段给予她最多的国家,将来会是从她的新发展中获益最多的国家"②。

三、关注中国现代化进程

中国人"睁眼看世界"的时间其实比日本人还要早。第一次鸦片战争以前,以魏源和林则徐为代表的一些中国人就有了"师夷长技以制夷"的思维。可见,在学习西方现代化理念方面,中国人觉醒得要早于日本人。然而,历史进入20世纪的时候,中国的现代化步伐远远落后于日本。1920年3月20日,《密勒氏评论报》对比中日两国的现代化进程时,作了如下的分析:

> 现代而高效的日本帝国是西方思维和物质理念在排除外国

---

① C. F. Remer, "John Dewey in China," *Millard's Review of the Far East*, Vol. 13, No. 5, Jul. 3, 1920, p.268.
② *Millard's Review of the Far East*, Vol. 13, No. 3, Jun. 19, 1920, p.112.

干涉的情形下，被精心地移植到一个国家的产物。中国则基本上是一个被一群有帝国倾向的国家肆意踩躏而无力自卫的国家。成为现代文明国家的压力非常可怕。而对一个人民尚没有做好准备的国家，成为现代文明国家的压力最为可怕。一战后本该以新面貌示人的中国，其所谓的落后的子民也应该获得新的理念。然而，这些子民仍然对"利他主义"充满了怀疑。①

此外，《密勒氏评论报》常从美国和美国人的角度思考如何帮助中国加速向现代文明前进的步伐。刊物曾经为此专门发起了《美国如何能助中国》的征文活动，并且在刊物上以中文的方式刊登了征文通告。通告全文如下：

> 欧战之结果，美国独较其他列国为多幸运，且幸运之途不一，尤以经济方面为特甚。工业与人力之发展、国民爱国精神之滋长，亦最彰著。今就实业、财政及军事之进步而论，美国已跻于世界领袖国之林矣。
>
> 天既以此幸福赐美国，美国人民不愿独私其利，而愿用其伟大全能以助幸运不逮吾美之民族，并愿用其富源以重建欧洲之残破，更愿用其余力，以助他国如中国者，俾其发展国力，将来对于世界人类亦有所贡献。
>
> 美国于此次战争中未尝取得任何新土地亦不欲得他国之土地。若一千九百年美国与西班牙战争而得之菲律宾群岛，今决许其独立。换言之，即以菲人所有者还诸菲人也。今美国筹备一切实际上已完备，故愿以种种方法赞助中国。美国人民向因从事于本国之发展，遂罕注意于他国。因此美国大多数人民对于中国情形不甚了了。美国极愿辅助中国。然中国必须以美国如何能助中国之通告诸美人，方可着手进行。本报三年前始设于上海，目的在能以美国情形告华人，又以中国情形告美人，且在华美人所主撰之杂志只有一《密勒氏评论报》而已。

---

① "Editorial Paragraphs," *Millard's Review of the Far East*, Vol. 12, No. 3, Mar. 20, 1920, p. 103.

今为增进本报之效益起见,特行征文之举,题为《美国如何能助中国》。佳卷第一名奖洋廿五元;第二名奖洋十五元;第三名奖洋十元;以下十名各送阅本报一年。此项征文专为华人而设。每篇不得逾一千字。华英文均可。期限本年九月一号截止。凡得奖者,姓名及原文均在本报宣布。再,应征者不限于订阅本报诸君。且征文期内,人人可享特价利益,即付洋五元可阅报七月是也。一切投稿均请寄交上海爱多亚路一百三十号《密勒氏评论报》主笔收为荷。

上海《密勒氏评论报》主笔鲍启[①]

《密勒氏评论报》还设立专栏,跟踪中国的工业现代化进程。从1920年年底开始,刊物设立的"中国工业之进步"专栏,每周对中国各部门和各省份的商贸和工业予以报道。其中部分消息来自其他中文报刊。刊物曾阐释设立此专栏的目的:

本专栏应该能引发读者的兴趣,特别是那些有志于发展中国工业的读者的兴趣,不论他是一个消极的旁观者,还是一个积极在华开展贸易的商人。在这一期杂志中,您将看到关于各类工厂建设、京汉铁路提议购买火车发动机和车厢设备、中国商人意欲修筑公路,以及政府将修一条铁路支线等报道。这些信息对资本运作有很高的价值。[②]

显然,《密勒氏评论报》开设"中国工业之进步"栏目最主要的目的是提供商业信息,服务于商贸和投资。但是它客观上反映了中国工业现代化的进程。事实上,刊物始终关注中国现代化的进程,反映了中国在诸多领域取得的进步。

四、关注中国社会思潮变迁

20世纪上半叶的中国可谓是各种主义和思想的"试验田"和"竞技

[①] "Editorial Paragraphs," *Millard's Review of the Far East*, Vol. 9, No. 9, Aug. 2, 1919, p.365.
[②] "Editorial Paragraphs," *Millard's Review of the Far East*, Vol. 15, No. 2, Dec. 11, 1920, p.65.

场",上海更是中国社会思潮变迁的前沿。报刊则是反映社会思潮变迁的风向标,《密勒氏评论报》更是敏锐地捕捉到了许多导致社会变迁的新思想和新主义。以刊物对共产主义在中国的传播为例。从第3卷第1期(1917年12月1日),也就是俄国十月革命后不久,密勒就第一次在刊物上介绍了马克思主义。密勒还错误地把马克思主义者称为"Maximalists"①。而他对马克思主义的解释现在读来也显得有几分滑稽:

> 近来俄罗斯有一大批以"马克思主义者"(Maximalists)的名义组织起来活动的人。在俄语中,他们也自称布尔什维克分子。这些人的政治信仰引起了世人的关注。我们感谢一位出生于俄国的英国商人,是他向我们提供了下述定义和评论:马克思主义者认为,每个人都有权最大限度地享有任何必要之事物,所以他们被称为"Maximalists"……在财产所有权这个重要问题上,马克思主义者认为每个人都有权最大限度地享有土地。而在当前形势下,土地分配是最不均衡的,所以应该重新分配土地。②

虽然密勒最初对马克思主义的理解是有偏差的,但是刊物无疑在关注世界上各种思潮对中国的影响方面行动迅速。此后,《密勒氏评论报》也一直密切关注共产主义在中国的传播。早在中国共产党成立前,刊物就报道说俄罗斯的布尔什维克分子、朝鲜的革命分子、日本的社会主义者和中国的学生领袖每日在上海法租界召开会议,密谋推翻中国政府,并引起了中国当局的警惕。鉴于上海已经成为布尔什维克和社会主义分子活动的中心,中国政府意图封锁上海,阻止布尔什维克分子从这座城市向其他地区渗透。③ 从创刊到1949年中华人民共和国成立为止,《密勒氏评论报》先后在"特别稿件"里发表了60多篇文章,跟踪报道了共产主义在中国传播和实践的过程。

---

① 英语 maximalist 本意是"多数派成员",或"反对妥协者"。而文中所介绍的显然是马克思主义者,其英语对应词应该是"Marxist"。
② "Editorial Paragraphs," *Millard's Review*, Vol. 3, No. 1, Dec. 1, 1917, p.2.
③ "Editorial Paragraphs," *Millard's Review of the Far East*, Vol. 12, No. 11, May. 15, 1920, p.525.

对共产主义运动的关注只是刊物聚焦于中国社会思潮变迁的一个缩影。纵观《密勒氏评论报》32年的创办历史,不难看出它实际上把握住了20世纪上半叶中国社会思潮变迁的主要脉络。从共和思想,到三民主义,到中国的民族主义,再到共产主义思想,《密勒氏评论报》都长期予以关注,并都对它们有过颇为独到的论述。虽然刊物同样是站在西方的立场上,但是它对中国社会思潮的论述同时也是站在新闻专业主义者的高度上的,因而显得更为客观、公允,也就更容易为中国人所接受。

五、娱乐大众

虽然《密勒氏评论报》是一个"政治与财经之周刊",但是在谈论严肃话题之余,刊物也不忘娱乐其读者。早期的《密勒氏评论报》还设立过"戏剧"专栏,主要对西方当时上演的戏剧加以评论。这个栏目存在时间比较短。除此之外,刊物还时常关注中国演艺界的动向。早在1930年,《密勒氏评论报》报道了梅兰芳即将访美之事。文章以简洁的语言向中外读者解释了京剧演员社会地位低下,但是梅兰芳改变了人们对他们的看法。在生动地描述了梅兰芳的表演风格之后,文章点明了梅兰芳访美的深层意义:

> 梅的美国之行有着特殊的意义。他不是为了赚钱,而是为了向美国公众展示中国文化和艺术。迄今为止,美国舞台和银幕上的中国人,大多被描绘成脑后拖着辫子的丑陋形象。这一错误的表达方式已经严重伤害了中国的声誉。虽然在纽约、芝加哥和三藩市等大城市的唐人街偶尔能看到中国的舞台表演,但那些只是为了娱乐当地华人,根本代表不了中国文化和艺术。所以梅的美国之行将通过展示真正的中国舞台艺术,极大地纠正美国公众的错误观念。①

在访美之前,有人曾就梅兰芳赴美演出咨询过在上海的美国新闻

---

① Paul K. Whang, "Mei Lan-Fang and His Trip to the United States," *The China Weekly Review*, Vol. 51, No. 6, Jan. 11, 1930, p.214.

界人士。这些人也是莫衷一是。很多人担心没有多少美国人会有耐心听京剧大段的唱腔。他们恐怕接受不了锣鼓和铙钹之类的"震耳欲聋"的中国乐器。而且美国人恐怕也理解不了"一把椅子就算一座山,一根棍子代表一匹马"的象征意义。① 然而,梅兰芳的美国演出取得了极大的成功。《密勒氏评论报》立即发表长文对此表示祝贺,并摘录了包括《文摘》《时代》和《新共和》等杂志对梅兰芳和中国艺术的高度评价。②

此外,《密勒氏评论报》偶尔也在"短社评"和"特别稿件"栏目中插入一些轻松幽默的话题和文章。这些轻松幽默的话题和文章与低俗下流没有丝毫的关系,反而是让读者在看了之后能体味到东西文化和思维的不同。刊物曾经以 8 页纸的篇幅对中国麻将的由来、游戏规则、普及程度进行了深入的报道。老鲍威尔本人还深入麻将生产作坊,将麻将生产工艺和流程图文并茂地作了介绍。③

同样反映中国社会民俗和娱乐的文章在《密勒氏评论报》上不在少数,而且刊物的编辑和记者往往能找到中西结合的角度,将文章写得通俗易懂,而又引人入胜。这些文章更加注重从人性的角度去反映人与社会的风貌,是非常成熟的专稿形式。按照美国新闻体裁的划分,专稿(feature story)的英文名称也叫做 Human Interest Story。从字面上就不难看出这一类稿件是讲求人性和趣味性的。《密勒氏评论报》在发挥其"政治和财经"的主要功能之时,还发挥了一定的娱乐功能。而这种功能不但没有降低刊物的品位,反而为其增添了一抹亮色。

本 章 小 结

19、20 世纪之交,美国新闻业在专业化的过程中逐渐摒弃了极端自由主义的新闻理念,转而开始强调报刊的"社会公器"功能。威廉士的报刊"公共服务"论可以说是美国那一时期具有代表性的新闻专业

---

① "Mei Lan-Fang's Successful American Tour!," *The China Weekly Review*, Vol. 52, No. 6, Apr. 5, 1930, p. 203.
② Ibid.
③ "Ma Chang Invented in China Spreads All Over the World," *The China Weekly Review*, Vol. 25, No. 5, Jun. 30, 1923, supplement, pp. 1—8.

主义理念。这种理念已经逐渐融入美国新闻专业人士的思维之中。然而,在向海外推行美国新闻专业主义的过程中,"公共服务"理论遭遇了现实的悖论,在别国的土地上产生了变异。受威廉士的影响,密勒和鲍威尔父子也宣称要将"公众服务"的理念运用于《密勒氏评论报》的编辑和发行之中。然而,他们所宣扬的所谓"公共服务"在中国是经不住拷问的,一个根本的原因就是其服务的"公共"指向不清。也就是说,刊物将要服务的是其母国美国的"公共",还是其所在国中国的"公共"?抑或是全球大众?面对这样的拷问,《密勒氏评论报》的三任主编以实际行动给出了不同的回答。密勒和老鲍威尔选择了顺应母国美国的国家利益。小鲍威尔则逐渐放弃了刊物"美国的外交政策辩护者"的角色,并转而使之扮演了美国外交弊政"揭露者"的角色(小鲍威尔因此最终被勒令终止其在美国的新闻生涯)。这从刊物所发挥的政治、经济和其他社会功能上可以清晰地看出。政治上,刊物搭建起了一个远东国际舆论的平台。密勒和老鲍威尔时期的《密勒氏评论报》扮演了美国政策,特别是外交政策的解释者和辩护者的角色。刊物还重点关注了中国政治局势的变化。从报道和言论的广度、深度和准确性来看,《密勒氏评论报》堪称中国政局的观察家。经济上,刊物服务于美国在华商业利益,为读者提供以上海为中心的贸易和财经信息,并主要为中美商户广而告之。此外,《密勒氏评论报》不仅成为连接在沪美国社区的桥梁和纽带,还十分注重加深刊物本身与中国读者和社会的联系。它关心中国教育的进步,提倡中美教育交流,时刻关注中国的现代化进程,跟踪中国社会思潮的变迁。值得一提的是,《密勒氏评论报》的这些社会功能都是服从和服务于刊物最主要的政治和经济功能的。在密勒和老鲍威尔主笔时期,在无关美国利益的事务上,刊物尚能保持一定程度的客观和中立。在涉及美国切身利益的国际事务中,刊物往往表现出明显的倾向性。这种倾向性将刊物置于"公共服务"的现实悖论之中。小鲍威尔时期,刊物在内容上和形式上都发生了根本性的改变。应该说,小鲍威尔在某种程度上突破了新闻报道"国族化"的倾向。但是他在回到美国后被勒令不得从事新闻事业(参见第七章)。

第六章 专业报道手法的综合运用

《密勒氏评论报》创办的时候，美国国内的新闻写作和一般的文学写作之间的分野越来越清晰。新闻专业报道手法也日渐丰富。新闻学的创立不仅从学理上总结出新闻报道与写作的规则和原理，也推动了新闻专业报道的手法在实践中更加丰富和完善，从而使得对真实性、客观性、公平性和平衡性的追求有了具体的指导原则。《密勒氏评论报》及其专业编辑记者也有意识地将这些专业报道手法，运用于他们在中国的新闻活动之中。为了更清晰地呈现这些手法的运用及其有效性，以下选取了刊物报道的五个典型案例，用以探析刊物对一些专业报道手法的运用。这些报道手法主要包括客观报道（objective report）、解释性报道（interpretative report）和调查性报道（investigative report）。这五个案例分别是：西安事变、巴黎和会、九一八事变、日本在华毒品贸易和治外法权。在这五个案例中，西安事变和九一八事变属于有预谋的突发性事件。而巴黎和会和治外法权则是两个人为控制进程的、国际性的事件。日本在华毒品贸易是中国社会深受其害的一个"毒瘤"，是一个深层次的社会问题。《密勒氏评论报》在报道这五个新闻事件或话题中综合运用了一些报道手法，而对每一个新闻事件的报道又突出运用了某一种报道手法。

第一节 对西安事变的客观性报道

客观性报道（objective report）是新闻客观性原则在新闻报道中的

体现。客观性报道所关注的是新闻事实（facts）中的5个"W"和1个"H"，即在什么时间（When），什么地点（Where），发生了什么事情（What），以及是谁干的（Who）。再深入一步，记者会继续挖掘新闻事件为什么发生（Why），以及如何发生（How）的事实。客观性报道的特点是："事实与观点分开，报道新闻不带个人感情，力求公正平衡，使涉及新闻事件的各方都有机会向受众提供充分信息。5个"W"加1个"H"是客观性报道的最常用方式。"① "倒金字塔结构"（the inverted pyramid style）被认为是客观性报道的最为典型和普遍的手法。

西安事变发生在1936年的12月12日，因此又被称为"双十二事变"。事发当日，时任西北"剿匪"副总司令、东北军领袖张学良和国民革命军第十七路总指挥、西北军领袖杨虎城在西安扣留了当时的国民政府军事委员会委员长和西北"剿匪"总司令蒋介石，意在逼迫蒋停止剿共，出兵抗日。西安事变最终以蒋被迫接受停止反共、一致抗日的主张而和平解决。它同时开启了第二次国共合作。事变发生后，《密勒氏评论报》从多个角度报道了西安事变。其报道和编辑的手法在很大程度上遵循着客观性的原则。

一、报道与评论分开

从一开始，《密勒氏评论报》就遵循将对事变的报道和评论分开的原则。当年12月12日恰逢一个周六。刊物只能等到下一个周六，也就是1936年12月19日的一期杂志对事件进行报道。这一期恰好是当年的圣诞特刊。刊物在封面的第一行就是红色的"短社评"标题《蒋总司令被张学良发动兵变囚禁于西安》（General Chiang Detained at Sian by Coup of Chang Hsueh-liang）。②

在"短社评"之外，"特别稿件"栏目中刊登了两篇对西安事变的报道。一篇是长达4页的对事件的详细报道，题目是《蒋总司令西安兵变被囚，侵略者绥远发动反攻》（"General Chiang Made Prisoner in Sian Mutiny; Suiyuan Invaders Launch Counter-Offensive"）。该篇一

---

① 黄鹂：《美国新闻教育》，武汉：华中科技大学出版社2008年版，第57—58页。
② *The China Weekly Review*, Vol. 79, No. 3, Dec. 19, 1936, the cover.

《密勒氏评论报》：美国在华专业报人与报格(1917—1953)

开始回顾了过去一周西安事变最新和重要进展；随后援引路透社和日本《读卖新闻》，简单地还原了事变的整个过程；接下来，刊物继续引用路透社和《读卖新闻》报道的张学良对外界的声明。显然，为了突出新闻的时效性，该文并没有将一周以前发生的事变本身放在文章的最开头。紧随其后，文章又分析了西安事变爆发的深层次的原因。在分析原因的同时，刊物十分注重对消息和信息来源的说明。在分析事变原因之后，刊物又报道了其他和蒋介石一起被控制的 10 位国民政府高官，以及包括宋美龄、端纳(William Henry Donald)、孔祥熙、宋子文和冯玉祥等人在内的重要人物的反应，以及日本侵略者在事变时的动向。①

另一篇"特别稿件"题目为《西安府兵变令汉口吃紧》("Sianfu Coup Leaves Hankow Gasping")。这是《密勒氏评论报》驻汉口记者发回的西安事变时期武汉的动向，特别是军队的调动情况。②

刊物在短社评《蒋总司令被张学良发动兵变囚禁于西安》中虽然表达了对蒋介石的同情与支持，对张学良发动兵变的不解并加以谴责，但是其观点也不乏公允之处。作者在社评的一开始发表了这样的观点：

> 从任何观点来看，西安事变(详细报道请看本期《密勒氏评论报》相关文章③)都不由得让人哀叹。尤其让人遗憾的是，它发生在国家急需团结一致、抵御外部威胁的时候。无论结局如何，在绥远成功发动的打击由外部势力支持的侵略，以及在内蒙古的剿匪军事行动，显然都要因之受阻了。除非这场兵变能在最短时间内得到迅速有效的解决，更严重的后果或许会接踵而至……④

在西安事变发生后的两个多月里，《密勒氏评论报》一共就事变发表了 16 篇"特别稿件"和 5 篇社论。这 16 篇报道持续关注事件的进

---

① "General Chiang Made Prisoner in Sian Mutiny; Suiyuan Invaders Launch Counter-Offensive," *The China Weekly Review*, Vol. 79, No. 3, Dec. 19, 1936, pp. 81-84.
② Ibid., p. 90.
③ 括号中内容为原文中所加的编者按。
④ "General Chiang Detained at Sian by Coup of Chang Hsueh-liang," *The China Weekly Review*, Vol. 79, No. 3, Dec. 19, 1936, p. 78.

展,从迅速释放蒋介石无望,到日本威胁介入事变,再到蒋介石和张学良同机回到南京,最后是密苏里新闻帮的中国成员梁士纯写的有关西安事变的深度新闻分析《我们可从西安事变中学到什么?》。① 总的来说,刊物对西安事变的报道基本遵循了美国的"客观性报道"的原则之一:评论和报道分开。

二、报道和评论的多个视角

客观性报道的另一个重要特点就是报道的平衡性,让涉事的各方同样享有被充分报道的权利。但是,整个20世纪上半叶,中国新闻界基本上没有树立起多角度报道事件的原则。董显光在1950年出版的一本英文著作中抱怨中美新闻的这种差别给他的新闻检查工作带来了很大的麻烦。

> 我的难处部分源自于当时中美报刊在内容上的差异。战前的中国报刊多是党报、某派系或利益集团的单向的喉舌(one-sided organs of particular factions or interests),鲜有例外。报刊应该在其栏目中多角度地呈现新闻故事的想法对当时的中国政界人士几乎是不可思议的。我与之共事的政府官员几乎没有人在乎他读的报纸是否在追求一个独立的宗旨,因而难以让他们大多数理解我长期以来为赢得美国自由报刊的善意所做的努力。②

租界里的《密勒氏评论报》应该算是美国自由报刊的一分子。尽管刊物的立场是支持蒋介石的国民政府的,但是它在报道"西安事变"中展示了涉事各方的观点。刊物关于事变的第一篇新闻稿既报道了蒋介石的被囚和南京政府要员的反应,也报道了张学良的声明,甚至还报道了日本人对事变的反应。随后,刊物对事变的报道不仅包含涉事双方的最新信息:蒋介石代表的国民政府的视角和张学良的视角,还先后增加了中国共产党的视角,以及包括美国和日本在内的国际视

---

① "What May We Learn from Sian Crisis?" *The China Weekly Review*, Vol. 79, No. 13, Feb. 27, 1937, p. 452.
② Hollington K. Tong, *Dateline: CHINA—The Beginning of China's Press Relations with the World*, New York: Rockport Press, Inc., 1950, p. 9.

角。我们从以下的"特别稿件"栏目中的部分文章标题可见一斑:

- 《迅速释放蒋司令希望渺茫,日本威胁介入》(第79卷第4期,第114页)
- 《中国欢庆蒋司令安全归来,张将军南京"等待受罚"》(第79卷第5期,第153页)
- 《张学良前途未卜,蒋司令奉化休养》(第79卷第6期,第193页)
- 《日本军阀讨论"西安事变"后的华北政策》(第79卷第6期,第198页)
- 《红军撤退西安局势改善,傅将军敦促不要再内战》(第79卷第11期,第67页)
- 《西安事变仍让美国人迷惑》(第79卷第11期,第371页)
- 《中国困局——剿共与"统一战线"》(第79卷第11期,第373页)①

除了报道卷入西安事变各方的消息以外,刊物对事变的评论也体现了多重的视角。社论文章《国共再次"联姻"团结全国抗日》("Re-Marriage" of Communists and Kuomintang Will Provide National Unity Against Japan)则从国共两党的角度,评论了西安事变的国内和国际影响。社论阐述了国共双方为实现"抗日民族统一战线"各自所做出的政策调整。文章还援引《大公报》的报道,分析称西安事变是由东北军发动,西北军相助,最后红军卷入并发挥了一锤定音的作用。社论紧接着分析了苏联和共产国际在事变背后所起的作用,并最终发表观点认为:

> 国共再次"联姻"的结果一时难以预料(姑且假设它能够圆满),但是国民党会议上决定接受红军投诚,形成了中国政府政策的重大转折点。这必然将从根本上影响远东的国际关系。外国,特别是美国,已经比上海更清楚将要发生的变化之意义。这一点在有关西安事变的社论中可见一斑。比如说芝加哥的《基督世纪

---

① 原标题为英文,中文标题为笔者所译。

报》(Christian Century)1月13日声称:"人们越来越怀疑,蒋介石将军被绑架为共产党重回中国中央政府提供了机遇……如果这是真的,那将意味着日本残酷的军事政策从与其公开寻求的目标相反的方向取得了成功。它不再要将共产主义从中国铲除,而是第一次在中国政府内部为共产主义提供了安全。"①

从引文可以看出,《密勒氏评论报》是从美国人的视角,并秉承新闻专业主义的理念,从多个角度发表对西安事变的评论。这和前面提到的刊物作为"远东国际舆论的平台"的特征是相吻合的。

此外,刊物对西安事变的报道体裁也是多样化的。除了"短社评"栏目中的社评以外,"特别稿件"栏目里的新闻报道包含多种新闻体裁。这些新闻体裁以深度报道为主,不仅篇幅较长,报道手法也多种多样。其风格和现在的长篇通讯和新闻专稿类似,英文统称这一类稿件为"features and long stories"。甚至在西安事变发生即将10周年的时候,也就是在事变的调停者——端纳去世一周之后(1946年11月16日),《密勒氏评论报》还刊登两篇专稿,记述了端纳的功绩。第一篇人物专稿(profile)突出了端纳曾经先后做过张学良和蒋介石私人顾问的经历。这一经历使得他在西安事变后的调停工作上起到了决定性的作用。文章称端纳是"救了蒋介石的人"②。另一篇是记述端纳之死和其一生功绩的讣闻(obituary)。文章详细列举了西安事变从1936年12月12日爆发到12月25日蒋介石获释的过程,特别突出了端纳所起的作用。这篇讣闻更是将端纳描述成"'西安事变'的英雄"③。

三、事变的消息来源

老鲍威尔曾经撰文从多个角度回忆了西安事变发生的前因与后

---

① "'Re-Marriage' of Communists and Kuomintang Will Provide National Unity against Japan," *The China Weekly Review*, Vol. 79, No. 13, Feb. 27, 1937, p. 433.
② "The Man Who Saved Chiang," *The China Weekly Review*, Vol. 103, No. 11, Nov. 16, 1946, p. 314.
③ "Hero of Sian, 1936," *The China Weekly Review*, Vol. 103, No. 11, Nov. 16, 1946, pp. 314-337.

果,以及《密勒氏评论报》是如何获得涉及事变各方的信息的。事变发生后的第五天,也就是从12月17日开始,各方展开了谈判。谈判从17日持续到25日。期间没有有关任何一方的消息。事变的"主要角色"(the chief actors)①是蒋介石、张学良、杨虎城、宋子文、宋美龄,以及红军领导人周恩来、叶剑英和博古。老鲍威尔将这次谈判称为"三方会议"(the triangular conferences)。《密勒氏评论报》获取有关事变的消息来源主要有:(1)关于蒋介石和宋美龄的信息是从官方和半官方的刊物上获取;(2)关于红军方面的信息则主要来自于两位著名的作家埃德加·斯诺和英国人詹姆士·M. 波特兰(James M. Bertram);(3)而张学良方面的信息则因为其被软禁而无从得知。

在接下来的分析中,老鲍威尔大赞蒋介石的坚韧不屈和宋美玲的顾全大局。尽管如此,老鲍威尔对事变的结果持肯定的态度,认为其意义在于确定了"南京受过德国训练的政府军应该担负起正面抗战的责任,而受过俄罗斯训练的红军则将在陕西和山东的敌后发动游击战"。至于张学良,老鲍威尔则称之为曾经充当红军爪牙的(served as the cat's paw of the Reds)、西安事变的"罪魁祸首"(culprit)。②

无论老鲍威尔作为主编持怎样的立场,他本人和整个刊物都努力地从多个角度呈现新闻事件。这与很多在华外国记者习惯的一边倒式的新闻形成了鲜明对照,更不要说前文中董显光所描述的中国报刊多从单一角度陈述新闻事件的情形了。因此,《密勒氏评论报》所采用的客观性报道方式对当时的中国新闻界是极为难能可贵的。

第二节 对巴黎和会的解释性报道

解释性报道(interpretative reporting)又被成为"背景式报道"或"指导性报道",是深度报道的一种。解释性报道的特点是在报道事实之外,还要加上大量的背景资料,将事件放到具体的历史条件下去了

---

① John B. Powell Collections (C3662), F150, Western Historical Manuscripts Collections of Missouri University.
② Ibid.

解其来龙去脉,并且在事件中加入评论和分析,以帮助人们认识事件的真相。在美国,解释性报道兴起于20世纪20年代后期。当时美国公众越来越需要新闻媒体对复杂的事件作出深入的报道和分析,新闻界为了发挥更大的舆论监督作用和社会影响力,也越来越注重让新闻记者深入新闻现场,挖掘新闻事实。专门"揭丑"的负面报道也因之大行其道。相对于客观性报道来说,解释性报道可谓新闻报道方式的又一次大飞跃。①

《密勒氏评论报》作为政治和财经周刊,尤其注重对重大新闻事件的解释和评论。巴黎和会是《密勒氏评论报》创刊以后报道的第一个国际性的重大新闻事件。会议从1919年1月18日开幕到6月28日闭幕,总共持续了5个月零10天。这次会议对美国和中国都有着非同寻常的意义。一方面,刊物的母国——美国首次在全球性的国际政治会议上扮演了一个主导者的角色;另一方面,刊物所在国——中国作为所谓的战胜国之一,却成了国际斗争的牺牲品,也因而成了国际新闻的一个焦点。作为旨在充当中美友谊桥梁的《密勒氏评论报》发挥了杂志本身深度报道的优势,重点解释和分析了美国在巴黎和会上的立场和中日两国围绕着和会的冲突。刊物从第7卷开始,逐步增加了对和会的报道和评论。第7卷第1期(1918年12月7日)报道了中国政府将派往和会的代表。此后,一直到巴黎和会结束,刊物几乎每一期都在"短社评"栏目刊登有关和会的社论文章。而"特别稿件"更是专门刊登解释性报道的栏目。同一时期,"特别稿件"和巴黎和会直接相关的报道有大约30篇。这些长篇报道和社论相结合,对和会进行了非常深入的报道和分析。

巴黎和会召开之际,《密勒氏评论报》已经在上海站稳了脚跟。刊物也正处于密勒和老鲍威尔交接之际。此时密勒仍然是刊物的发行人、老鲍威尔任主编和经理。而董显光则在北京兼任《密勒氏评论报》的助理主编。加上前文提到的约瑟夫·华盛顿·霍尔继续以"Upton Close"为笔名,发回中日两国在和会上争夺的焦点——山东问题的报道,他们四人成为《密勒氏评论报》对巴黎和会展开解释性报道的主

---

① 黄鹂:《美国新闻教育》,武汉:华中科技大学出版社2008年版,第58—59页。

力。他们在不同地点、从不同角度对巴黎和会进行了充分的解释。

一、密勒——中国政府顾问的解释性报道

巴黎和会召开前夕,密勒和数位由远东赶赴巴黎和会的代表同乘日本轮船 Tenyo Maru 号前往巴黎。其中包括和密勒观点相左的鲁塞尔·肯尼迪(Russell Kennedy)。鲁塞尔是日本的支持者。其他同船前往的有日本赴和会代表 Baron Makino 与 Marquis Saionji,以及美英等国驻中日两国的大使,或前任使节。这些人立场各异。《密勒氏评论报》当时引述《日本纪事报》(*Japan Chronicle*)报道说:"再离奇的戏剧家也难以用更高的艺术手法将这些人物聚集到一起。"①密勒则一如既往地将中美两国的利益紧密联系在一起。1919年4月初,密勒从巴黎发回长篇分析报道。这篇长达5页的报道详细解释了中国在和会上面临的局势。密勒认为中国在很大程度上是冲着美国才向德国开战的,而中国在和会上对美国有着很强的依赖心理,希望美国能为中国仗义执言,而美国也应该担负起维护中国领土完整的责任。但是,在详细列举了中国在和会上的11项诉求之后,密勒逐一从中国人和外国人的角度分析了这些诉求的合理性和可行性。密勒认为,"要想消除外国对中国行政的干涉,首先只能是增加对它的干涉"②。密勒在这篇报道中分析称,只有像美国这样的国家,才能够真正帮助中国最终实现这些愿望。

> 但是在外国的经济援助、行政管理的援助和监督方面,有一种方式是中国可以接受的。那就是如果美国不是领头者的话,至少要成为组织的积极参与者。可以说,任何不包括美国在内的国际集团,任何没有美国批准或得不到美国合作的事涉中国之计划,都是中国所不能接受的。③

密勒的观点尽显其美国立场和所谓美式"利他主义"的真实面目。

---

① *Millard's Review*,Vol. 7,No. 4,Dec. 28,1918,p. 121.
② Thomas F. Millard,"China's Case at the Peace Conference,"Vol. 8,No. 6,Apr. 5th,1919,pp. 200—206.
③ Ibid.,p. 204.

但是,密勒在让美国国会参议院拒绝签署《凡尔赛条约》上起了很大作用。1929年,在密勒出任南京国民政府顾问的时候,《密勒氏评论报》刊文述及了这一细节:

> 那些了解国际政治"内幕"的人知道,密勒先生在美国参院拒绝《凡尔赛条约》的山东条款上起了主要作用,并最终使得该条约没有得到美国政府的批准。他已经数次以远东政治问题权威的身份在参院外交委员会(Senate Foreign Relations Committee)和国际政治学会(International Institute of Politics)现身。①

密勒以报人和中国政府顾问的双重身份从巴黎和会发回的解释性报道无疑具有很高的权威性。他从一个美国国际主义者的视角比较全面地透析了中国在和会上的诉求。他的分析和评论虽然带着明显偏向美国利益的色彩,但是仍不失深刻的预见性和洞察力。

二、董显光——中国专业报人的解释性报道

董显光作为在美国接受新闻学教育的学生,对中国在巴黎和会上的命运格外关切。和密勒、老鲍威尔等人相比,董显光向《密勒氏评论报》发回的"特别稿件"数量最多。其中署名的文章有8篇,列举如下:

- 《中国和国际和会》(1919年1月4日第7卷第5期,第164页)
- 《外国势力阻挠中国统一》(第7卷第9期,第306页)
- 《山东成为东方的"阿尔萨斯—洛林"》(第8卷第11期,第388页)
- 《中国严峻之政局》(第8卷第12期,第429页)
- 《为何对中国之危难不予仲裁》(第8卷第13期,第470页)
- 《中国之新民族运动》(第9卷第3期,第92页)
- 《中国拒签和约之意义》(第9卷第6期,第216页)

---

① "Mr. Millard's Appointment As Nationalist Adviser," *The China Weekly Review*, Vol. 48, No. 7, Apr. 13, 1929, p. 265.

- 《日本政策如何削弱其在华地位》(1919年8月9日第9卷第10期,第388页)①

可以说,董显光是《密勒氏评论报》对巴黎和会的第一解释者。他从北京发回的这些报道大多长达数千字。报道在跟踪国际国内有关和会的最新进展的同时,还提供大量的背景信息,并在此基础上进行分析和评论,从而帮助读者了解和会的进程及其对中国的重要性。在巴黎和会召开前半个月,董显光就撰文详细描述了中国与和会之间的关系。董显光认为,中国只能寄希望于列强在和会上履行维护中国领土完整的承诺,同时也对近邻日本在中国的扩张表示深深的担忧。②显然,董显光是从中国国内和国际两个视角来分析中国在巴黎和会上的诉求的。他认为,中国不应该在和会上提出大而无当的、不切实际的要求,而应该在亚太问题上"简洁地""毫无保留地"提出自己合理的要求。③董显光分析说,中国在和会上的诉求并不复杂:

> (中国)提交和会的问题很简单,尽管其解决方式看似有些复杂。说其简单,是因为中国的诉求只是保证其领土完整和免遭不友好国家对内政的干涉,比如近来日本对中国交战双方同时提供战争资金援助。我认为,"列强"(the Powers)在中国的诉求是开展贸易以及通过各自国民和中国人合作开发其自然资源。如果这一设想不假,那么"列强"将不得不自动地正式放弃对中国领土的野心。中国也不得不宣布开放其对外贸易和资源开发。带着这样的思维,也应该不难做到让双方的诉求都得到满意的答复。④

就在巴黎和会召开期间,中国南北两个中央政府也在上海进行国

---

① 原标题为英文,中文标题为笔者所译。
② Hollington K. Tong, "China and the International Peace Conference," *Millard's Review*, Vol. 7, No. 5, Jan. 4, 1919, pp. 164—170.
③ Ibid., p. 165.
④ Ibid.

内的"和谈"。① 一方面,董显光以冷静的、几乎不带偏向的口吻报道了中国国内南北双方和谈局面僵持不下的事实和原因。但是,董显光新闻报道的字里行间流露着对中国困局和前途的担忧。另一方面,董显光认为,这种南北对峙的局面掣肘了中国在巴黎和会上立场的统一。他大量引用了当时北京政府某高级官员的话说,南北和谈需要列强出面进行"仲裁式"的调停,并共同组成一个新的政府。同时,中国又不得不警惕国际干预。② 随着从巴黎和会传来中国利益被出卖的消息,董显光将山东比作"东方的阿尔萨斯—洛林",直斥美国总统威尔逊、英国首相劳合·乔治和法国总理克莱孟梭密谋牺牲了中国的利益,同时也降低了国联和美、英、法的国际信誉。③ 此后,在《中国之新民族运动》一文中,董显光详细报道了五四运动的来龙去脉和进程,并以一个职业新闻人的冷静口吻分析了五四运动的意义:

> (五四)运动在中国历史上占有重要的地位。分析并明确其意义是未来历史学家的任务。但是逐步呈现运动从开端到如今全面展开的进程,可以让读者正确理解,这一运动关乎亚洲大陆这一部分全民政府的未来走向,以及西方刚刚开始了解的一种潜在的可能性——了解,以致敬畏。④

巴黎和会结束后,董显光又不失时机地在《密勒氏评论报》上发文阐述中国拒绝在和约上签字的意义。在这篇名为《中国拒签和约之意

---

① 中国南北和谈是指从1919年2月20日到5月13日之间,北京政府与南方军政府之间的和平谈判。从1919年2月20日起,北京政府代表朱启钤、广州军政府代表唐绍仪在上海举行和谈。南方代表首先要求陕西停战,撤换陕西督军陈树藩,否则议和不能进行。北方未能立即答应,和谈停止。4月6日陕西停战。4月7日和谈恢复,南方代表又要求撤换湖南督军张敬尧和提出恢复旧国会。北方主张新旧国会合并共同修改《国会组织法》,再重新选举。4月上旬双方改为秘密谈判,直到五四运动发生,无果。5月6日朱启钤和唐绍仪联合通电要求中国外交代表拒绝在巴黎和会签字,请求北京政府释放被捕学生。5月10日南方代表提出裁废参战军、撤换不恰民情之督军、取消新国会、恢复旧国会等八条,遭北方拒绝。5月13日南方议和代表全体辞职,随后北方代表亦辞职。南北和谈终止。
② H. K. T,"Why Not Arbitrate the China Trouble?" *Millard's China National Review*,Vol. 8,No. 13,May. 24,1919,p. 470.
③ H. K. T,"Shantung the 'Alsace-Lorraine' of the Orient," *Millard's Review*,Vol. 8,No. 11,May. 10,1919,p. 388.
④ H. K. Tong,"The New Chinese National Movement," *Millard's China National Review*,Vol. 9,No. 3,Jun. 21,1919,p. 92.

义》的报道中,董显光一开始提出了几个中国读者更为关心的问题:中国不签署和约有什么益处?日本是否会以武力强制执行和约的相关条款?中国是否仍然和德国处于交战状态?如果是,是否有必要和德国单独媾和?中国拒签和约是否意味着失去了加入国际联盟的权力?中国眼下作何主张?如何采取后续行动?① 随后,董显光以很长的篇幅逐个回答了这些问题。该文可以说是一篇典型的解释性报道。一个月之后,董显光又以《日本政策如何削弱其在华地位》为题,详细分析了日本政府对中国采取的侵略和暴力征服等短视行为,文章认为,中国不同于朝鲜。中国之大是日本所无法掌控的。文章最后总结说:"中华民族有朝一日重振潜伏了几个世纪的尚武精神,会让世界震惊。那时候日本领导人想再重新考虑对华政策,恐怕已经太迟了。"②

三、老鲍威尔对解释性报道的统筹

与分别远在巴黎和北京的密勒与董显光不同,老鲍威尔不仅亲自撰写解释性报道,同时负责组织和统筹安排所有有关巴黎和会的"特别稿件",并配发评论。综观所有关于和会的解释性报道,山东问题和美国的外交政策成为刊物解释的两个中心话题。

（1）对山东问题的解释

山东问题是中国在和会上的中心利益。巴黎和会召开的前前后后,《密勒氏评论报》刊登了数篇长篇解释性报道。除了董显光的相关报道外,老鲍威尔本人早在1919年1月4日就撰文,以怀疑的口吻探讨了日本将青岛"归还"给中国的可能性。老鲍威尔的这篇"特别稿件"从全局和国际视角分析了青岛问题。老鲍威尔还为该文配发了一张青岛地图,并在地图上画出了日本所侵占的精华地带(见图6-1)。老鲍威尔对青岛问题的解释更多地从美国的利益出发。他认为,按照日本当时的所作所为,不出十年,中国将会成为下一个朝鲜,而《二十一条》实际上已经在实施之中。为此,美国必须重点考虑青岛问题,携

---

① H. K. Tong, "Significance of China's Refusal to Sign the Peace Treaty," *Millard's Review of the Far East*, Vol. 9, No. 6, Jul. 12, 1919, p.216.
② H. K. T, "How Japan's Policy Is Undermining Her Position in China," by *Millard's Review of the Far East*, Vol. 9, No. 10, Aug. 9, 1919, pp.388-390.

手

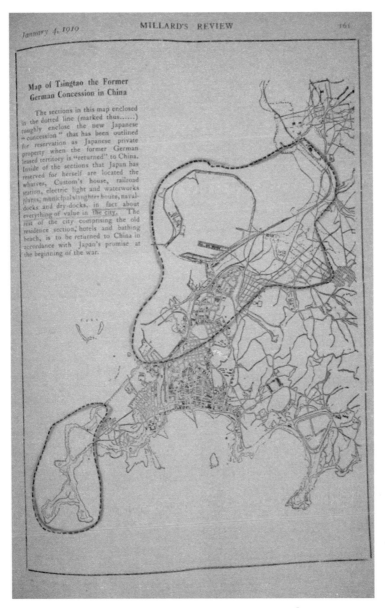

图 6-1 青岛德国租界及日本势力范围图[1]

---

[1] *Millard's Review*, Vol. 7, No. 5, Jan. 4, 1919, p.161.

英法等国一道对包括日租界在内的整个青岛实行真正的"国际化"（internationalization）。① 可见,老鲍威尔的观点和美国的"门户开放"政策是一致的。除此之外,刊物还有三篇未署名的、有关山东问题的解释性报道。其中一篇分析了和会忽视中国对胶州的诉求的危险性。另外两篇则在和会结束一个多月后继续跟踪报道了山东问题所造成的影响。②

（2）对美国外交政策的解释。

《密勒氏评论报》对巴黎和会的解释性报道的另一个重点就是美国的外交政策。一方面,刊物直接刊登并解释时任美国总统威尔逊推出旨在"建立世界和平纲领"的《十四点计划》；另一方面,刊物尤其注重向读者解释美国对中国政策的"利他主义"性质。通过下列"特别稿件"的标题,我们可见一斑：

- 《威尔逊总统论国联》（第 7 卷第 9 期,第 310 页）
- 《国联条约》（第 7 卷 12 期,第 424 页）
- 《国联之"条约"》（第 8 卷第 5 期,第 160 页）
- 《修订后的国联条约》（第 8 卷第 8 期,第 284 页）③

一直以来,《密勒氏评论报》极力将美国和其他列强区分开来,认为美国之所以能够充分理解中国之伤痛,是因为美国和中国一样,有着被殖民的历史。这也是美国和其他列强的一个显著区别。随着和会的推进,老鲍威尔不失时机地配发"短社评",点明美国对华的友好。为了证明美国对华政策的"利他主义"性质,刊物特别配发了大量"短社评"。当坏消息从巴黎传回中国的时候,刊物发表评论认为,不仅中国人自己对和会的结果不满,很多外国人,特别是在华美国人同样对

---

① J. B. P, "How Japan Plans to 'Returen' Tsingtao to China!," *Millard's Review*, Vol. 7, No. 5, Jan. 4, 1919, p. 163.

② 这三篇解释性报道分别是："To Ignore China's Claim to Kiaochow is Dangerous," *Millard's Review*, Vol. 8, No. 12, May. 17, 1919, p. 436; "The Shantung Question," *Millard's Review of the Far East*, Vol. 9, No. 10, Aug. 9, 1919, p. 392, and No. 11, August 16th, 1919, p. 438.

③ 上述标题原文为英文,中文标题为笔者所译。

此感到愤慨。① 刊物随后评论说，每一个明智的中国人都从内心里了解，威尔逊总统在"巴黎和会"上是站在中国一边的，美国已经为中国尽力了。

> 美国已经尽一切可能对中国倾囊相助。美国将数百万的"庚子赔款"归还给中国，以便中国将年轻人派往西方的大学和学院接受教育。过去十年间，美国人民向中国提供（contribute）了一千万G＄（作者注：货币单位），用于赈济洪灾和饥荒。为了让中国人民能够从无知的黑暗中解脱出来，美国人民每年还向她提供六百多万G＄，用于中国教育和传教工作。②

刊物还广泛辑录并翻译了中文报刊《时报》《中华新报》《民国日报》和《新闻报》的报道，并配以标题《中国仰仗美国的帮助》（"China Looks to America for Help"）。这些中文报刊的文章不仅表达了中国人民对美国政府和人民的感谢，同时认为中国在表示感谢的同时，应该自强自立。③ 另一方面，刊物认为在华美国人不应该对和会将德国在华利益转交给日本的决定保持沉默，而是应该提出抗议，以示对日本的反对，从而消除中国人对美国人的误解。④

（3）配发"短社评"，强化对"巴黎和会"的解释

《密勒氏评论报》在发表大量的"特别稿件"对巴黎和会进行解释性报道的同时，还为之配发了大量的"短社评"。这一时期的"短社评"基本上围绕着中国、美国、巴黎和会和国际联盟等话题展开。"特别稿件"和"短社评"一如既往地发挥着刊物的主要政治功能：（1）解释美国的外交政策，（2）观察中国局势，（3）反映国际舆论，特别是远东地区的国际舆论。1919年3月，在日本提出的无理要求悬而未决之际，《密勒氏评论报》评论说，即便日本在巴黎和会上得逞，它终有一

---

① "Editorial Paragraphs," *Millard's Review*, Vol. 8, No. 12, May. 17, 1919, p.426.
② Ibid.
③ "China Looks to America for Help," *Millard's Review of the Far East*, Vol. 9, No. 9, Aug. 2, 1919, pp.345-346.
④ "Editorial Paragraphs," *Millard's China National Review*, Vol. 8, No. 13, May. 24, 1919, p.465.

天会遭到报应。① 这篇评论还援引《华北明星报》说,日本人通过收买汉奸等不光彩的外交手腕在中国攫取的利益,都只能意味着在远东埋下祸根。

> 如果通过汉奸的暗中相助,日本即便在和会上取得了外交胜利,其付出的代价将是亿万中国人的憎恨。和其他更为重要的问题相比,山东问题(此时山东问题已提交至巴黎和会)只不过是个小问题。但是由这种伤害导致的仇日情绪将远远超过日本一时获得的蝇头小利——即通过不光彩手段继承德国在山东的租界。②

巴黎和会结束后,《密勒氏评论报》仍持续关注和会对中国所产生的重大而深远的影响。1920年1月24日,中国派往和会的代表之一王正廷自巴黎回到上海。回国次日,王正廷接受了《大陆报》的专访,回顾了他在和会上的经历。1月31日,《密勒氏评论报》发表评论赞扬了王正廷和施肇基、顾维钧三人在巴黎和会上并肩作战,共同站稳了中国的立场:

> 他们没有赢得斗争,但是他们为了尊严而顽强抗争。他们作了巧妙的让步,并为将来做好了最好的铺垫。如果这三个人能和全中国22个督军会面,向这22位一展他们的爱国精神、他们在巴黎所显示出的中国未来之希望,以及他们在和会上赢得的尊重,那将是对中国莫大之贡献。如果这三人能让那些在北京手握大权的人分得一些救国的欲望,了解一些国家危亡的状况,坚定一点前途有望和斗争的信念,这些人(在北京手握大权者)或许已经做了中国所必须做的准备。中国或许已经在巴黎翻身,并只用派军事官员去静观其变了。无论如何,他们或许已经吸取了一些教训,这片土地或将得到片刻安宁。③

---

① "Editorial Paragraphs," *Millard's Review*, Vol. 8, No. 5, Mar. 29, 1919, p. 155.
② Ibid.
③ "Editorial Paragraphs," *Millard's Review of the Far East*, Vol. 11, No. 9, Jan. 31, 1920, pp. 409-410.

这样振聋发聩的评论在《密勒氏评论报》并不少见。更为难得的是,这些评论发自一份在华的外文报刊。

如果说客观性报道是《密勒氏评论报》的基本报道手法,那么解释性报道可以说是刊物最广泛采用的,因而也是最重要的报道手法。政治和财经是刊物所报道的两个最主要领域。解释性报道尤其适用于这两个话题。《密勒氏评论报》在这一方面表现得非常出色。在巴黎和会之后,刊物先后又对华盛顿会议、五卅运动、北伐战争、九一八事变、治外法权,以及抗日战争和解放战争等重大事件进行了充分的解释性报道。

第三节 针对日本的调查性报道

调查性报道(investigative report)又称"揭丑报道",它是一种特殊的报道形式,专门用来揭露社会阴暗面、政府里的黑幕、大企业的罪恶勾当以及黑社会内幕。与解释性报道相比,它在写作上没有什么特别的地方,它的特点在于选材和采访。调查性报道的题材往往是国家和政府部门以及社会中存在的痼疾和缺陷,采访要求长时间搜集大量资料。在美国,调查性报道的传统从19世纪末的"揭丑运动"开始一直都没有中断过。[①] 因为重在揭露社会阴暗面,调查性报道必然触及一些人或群体的根本利益,其难度和危险性要远远大于一般的解释性报道。这就要求刊登调查报道的媒体为报道者提供强有力的机构支持(institutional support)。这种支持主要体现在三个方面:一是资金,二是人员,三是足够的时间。

一、老鲍威尔对九一八事变真相的调查

进入20世纪30年代,《密勒氏评论报》追寻事情真相的一个突出的例子就是老鲍威尔亲赴东北调查和报道"九一八事变"真相。20世纪30到40年代中期,除了日本间谍和特务在东北设置的重重障碍,西方记者在东北的另一个人为的巨大障碍就是猖獗的匪患。这些所谓

[①] 黄鹂:《美国新闻教育》,武汉:华中科技大学出版社2008年版,第59页。

《密勒氏评论报》：美国在华专业报人与报格(1917—1953)

的"土匪"经常劫持南满铁路上的火车,而他们并不区分日本人和美国人,只要是碰到外国人,一律将其财物劫掠一空。这给常在旅途奔波的外国记者带来很大的麻烦。伦敦《每日电讯报》30年代初驻东京记者彭灵顿(Mr. Penlington)在南满铁路距离哈尔滨40英里的地方遭劫,失去了所有的财物,只剩下内裤。他趁着夜色从匪徒手中逃脱,最终回到哈尔滨。《远东评论》(The Far Eastern Review)的主编乔治·布兰森·雷亚(George Branson Rea)1932年以年薪G. $15,000出任"伪满洲国"顾问。他在上任的路上也遭到了抢劫,最后只裹着废弃的装马铃薯的麻袋和几片帆布抵达哈尔滨。①

　　面临这样的重重危险,记者的采访和报道尤其离不开刊物提供强有力的机构支持。20世纪二三十年代,中国的杂志虽然飞速发展,种类和数量越来越多,但在编排手法和报道手法上鲜有能与《密勒氏评论报》相媲美的,更不要说在报道深度上的差距。虽然说语言不同,但在写作的通俗化上,美国的杂志远远走在了前面。而"耍笔杆子"在当时的中国仍是一件高深莫测的事情。林语堂曾经对当时中美杂志的差异进行了对比。他尤其强调了西方记者用"脚"跑出新闻的优点。

　　　　中国的作家不愿为一篇特写文章而东奔西跑搜集材料。他们从不用"脚"写作。美国报纸可以为一流作家或记者支付旅行费用,去采访报道中牵涉到的重要问题。他们有条件这样做,是因为稿费够高,可以支付外出旅行或逗留国外的费用。一位驻北平的美国记者,想做一篇关于汇丰银行的报道,可以到上海一趟,住进皇家酒店,然后坐头等车厢返回北京。对中国杂志来说,这样的举动可能就划不来了。接踵而来的问题就是,我们缺乏受过专门训练的特写报道者。我认为这是中国杂志业目前最大的缺陷。杂志社不能为作者提供充分的资金,以便作者去南京待上两三个星期,为一篇检讨五年来监察院或考试院工作的文章搜集素材。我在自己办的杂志里,曾多次公开征求这种特写文章,但至今无人应征。

---

① "Newsmen Continue the Game of 'Hide and Seek'," *The China Weekly Review*, Vol. 62, No. 5, Oct. 1, 1932, pp. 174-175.

美国杂志为每篇文章支付的稿费在100美元到2000美元之间,但中国杂志给作者的报酬是平均每千字3到4美元。写作是中国报酬最低的行业之一。依靠为杂志写稿生活的普通作家,收入还不如修车厂的一流技工。如此低的报酬,很难打动养尊处优的经理为杂志写稿,即便他们有冲动或勇气想就其行业说点话。故此,编辑不应当为此受到指责。杂志要维持着办下去,发行量起码要达到5000份。①

而正处于鼎盛时期的《密勒氏评论报》发行量超过了6000份。杂志本身经营有道。加之老鲍威尔本人依靠《芝加哥论坛报》解决了资金上的困难,在经营和发行《密勒氏评论报》的同时,他以《芝加哥论坛报》驻中国记者的身份在中国一些地方搞调查报道。而他的调查结果往往在这两份报刊上同时刊出。对九一八事变真相的调查就是一个明证。老鲍威尔在其回忆录《在中国的二十五年》里,将1931年爆发的九一八事变称作第二次世界大战"真正"的肇始。在事变现场,老鲍威尔目睹了日军如何以欺骗的手段挑起事端。② 随后,他又在沈阳继续寻找日本人煞费苦心掩盖其侵占中国领土的行为。

在沈阳,我又发现其他的证据,显示日本军人夺取沈阳的方法。在访寻日本人经营的照相馆时,我发现很多张照片,上面都是身穿平民服装的日本兵,背着步枪,戴着臂章。据欧美的生意人说,在九一八事变前好多天,沈阳街上忽然来了很多穿着平民服装的日本"游客"。事实是,日本军方已把数千名伪装的日本士兵,偷偷地运进沈阳:要他们在听到动手的信号时,立刻占据所有的战略地点。果然,在一九三一年九月十八日的晚上十点钟光景,他们全照计划实行了。一九三一年九月十八日这一天最好记在心里,因为它是第二次世界大战真正的开始!

我写了一篇有关日本以便衣军队侵占沈阳的内幕报道,附以

---

① 林语堂:《中国新闻舆论史》,刘小磊译,上海:上海人民出版社2008年版,第163—167页。
② 〔美〕约翰·本杰明·鲍惠尔:《〈在中国二十五年〉——上海〈密勒氏评论报〉主持人鲍惠尔回忆录》,尹雪曼等译,合肥:黄山书社2008年版,第173页。

《密勒氏评论报》：美国在华专业报人与报格(1917—1953)

我在沈阳照相馆中搜集来的有关照片。当这篇报道在上海《密勒氏评论报》上刊出来后几小时,日本军方便派员在沈阳街上大举搜索所有的照相馆,没收了所有日本便衣军队的照片。①

老鲍威尔在这段回忆录中提到的这篇报道应该是指1931年10月10日刊登的《日本是如何攫取奉天的？》(How the Japanese Troops Captured Mukden)一文。文章详细地叙述了日本军队密谋发动事变的细节和前因后果。此前的一期《密勒氏评论报》刊登了一篇题为《日本对满洲的占领》(The Japanese Occupation of Manchuria)的报道。作者是三个英文单词的首字母缩写:A. A. R.。笔者猜想它们很可能就是 An American reporter 的缩写。此后,刊物连续不断地刊登发自奉天(沈阳)的不署名的长篇报道,一直到1931年11月7日为止。这些报道应该都是出自老鲍威尔之手。刊物为这些报道配发了大量日军在东北活动的图片,甚至有作者手绘的日军在事变中行动的地图。地图还用中英两种文字标明了确切的位置(图6-2)。这些都足以显示出老鲍威尔对九一八事变调查的深入程度。老鲍威尔也正是从这次调查报道之后变成了侵华日军的眼中钉,被日本军界列为在华外国记者黑名单中的"头号敌人"(the first enemy)(参见第一章第二节)。

对九一八事变真相的报道使得老鲍威尔成了日本军界重点"照顾"的外国在华记者。他的采访报道也让日本人对在华西方记者提高了警惕。后来,在所谓的满洲国,《密勒氏评论报》的记者在采访中和日本间谍玩起了捉迷藏的游戏,以至于后来从东北传到上海的消息,特别是不利于日本的消息少之又少。

二、霍尔对日本在华毒品贸易的调查

甲午战争以后,日本人侵蚀中国领土的胃口越来越大。山东是其觊觎已久的一块土地。第一次世界大战结束后,日本利用其战胜国的身份,不仅在外交上加快了攫取山东的步伐,同时加快了日本在山东的商业扩张,并暗中买卖鸦片和吗啡,以毒害中国军民。巴黎和会期

---

① 〔美〕约翰·本杰明·鲍惠尔:《〈在中国二十五年〉——上海〈密勒氏评论报〉主持人鲍惠尔回忆录》,尹雪曼等译,合肥:黄山书社2008年版,第175页。

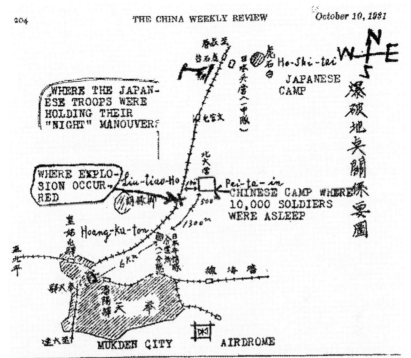

of rail with the upper flange blown off for a distance of about 18 inches. The other pieces of iron were damaged "fish-plates" or pieces of iron used to fasten the ends of the rails together. The actual damage to the S. M. R. tracks had, of course, been repaired immediately after the incident as there was no stoppage or even delay of trains. Further exhibits which the Japanese officer considered of much significance were a number of dark spots on the ground alongside the tracks which the officer claimed were blood spots from the running wounded men.

It naturally doesn't require a person possessed of military training to pick flaws in this explanation of the "Pai-ta-ying Incident." The first and most obvious question is, "Why were the Japanese conducting 'night' manouvers in the vicinity of the Chinese military barracks which allegedly housed 10,000 troops?" The Chinese military barracks, as is shown in the accompanying sketch which was prepared by a man on Gen. Honjo's staff, are located almost within a stone's throw of the railway tracks. Another question is, "If the Chinese soldiers had deliberately planned to blow up the tracks, why did they select a place almost in front of their own barracks where it was easy to fix the blame?" One would have thought that the Chinese soldiers would have selected some isolated point and then blown up a bridge as they have been accustomed to doing in the internal Chinese warfare. But instead, to follow the Japanese explanation, they tried to destroy the tracks near their own barracks and almost within gun-shot sound of the Japanese military barracks. The Chinese soldiers also were alleged to have committed this act at a spot that had just been passed by a squad of Japanese soldiers who were only 150 yards away.

It is no secret in Mukden that foreign military observers who have gone over the incident in detail and have tried to patch the various Japanese explanations together, have given up the task in disgust. The whole Japanese explanation is known to be weak in a hundred different places and every time some correspondent or military observer has called attention to a weak point, the Japanese have always come back with a new and more involved explanation. One naturally wonders why the Japanese ever tried in the first place to explain the incident. Why didn't they simply explain that Chinese soldiers had blown up the railway tracks and let it go at that. Even the Japanese explanation about the actual blowing up of the S. M. R. tracks is not convincing. In the first place no one saw the explosion and resulting damage except Lieut. Karumata and his squad of soldiers who were holding "night" manouvers within 150 yards of the spot where the Chinese soldiers were alleged to have committed the act. The Chinese soldiers,

图 6-2　约翰·B. 鲍威尔手绘"九一八事变"爆发位置图①

———————

① The China Weekly Review. Vol. 58，No. 6，Oct. 10，1931.

间,英国人乔治·伍德海德(George Woodhead)任主编的《京津泰晤士报》(Peking & Tientsin Times)刊登了一份黑名单。他在名单上列举了一些暗中勾结,在山东等中国北方省份开设吗啡商店的日本人和中国人的姓名。伍德海德还利用他的报刊,发起了一场反对毒品的运动。此举得到了时任北洋政府总统徐世昌的支持,并成功地限制了猖獗一时的毒品贸易。这场运动迫使日本和某些中国军阀走私毒品的活动进一步转入地下。①《密勒氏评论报》高度评价伍德海德反对毒品买卖的言行,还支持自己的记者继续追踪日本人暗中进行毒品买卖的勾当。

约瑟夫·华盛顿·霍尔(Joseph Washington Hall)是《密勒氏评论报》驻天津的记者,兼任《大陆报》驻北京地区通讯记者。为了探知真相,霍尔亲赴山东,通过自己的直接观察和采访,获取了日本人在山东等地活动的信息。霍尔对山东问题的报道为《密勒氏评论报》增加了更多的现场感,更吸引人,也更具说服力。

霍尔追踪报道了20年代初华北各路军阀的无数次混战,两次遭人误传死讯。在他的努力之下,《密勒氏评论报》第一个揭露了日本在山东和福建的侵略图谋,②并且刊登了针对日本在中国暗中买卖鸦片和吗啡的调查报道。③ 前文已经提到霍尔对山东问题的解释性报道。其实,这种解释性报道也可以看做针对日本在华图谋的调查性报道的一部分。

霍尔在调查中发现,日本政府早在1915年就在中国东北租借了一块自称"关东"(Kwantung)的土地。在全球反对毒品贸易呼声日高的情形下,关东的日本统治者一面谎称已经销毁了自己所有的鸦片,一面暗中将这些鸦片转交给日本商人继续售卖,并获取巨额利润。关东当局特设了一个"鸦片局",负责鸦片的秘密交易。霍尔还将关东日本当局处理的鸦片分为三类:一类叫"波斯鸦片"(Persian Opium),由

---

① "Editorial Paragraphs," *Millard's Review*, Vol. 8, No. 3, Mar. 15, 1919, p. 79.
② Upton Close, "The Nipponian Slant," *The China Weekly Review*, Vol. 8, No. 10, May. 3, 1919, p. 356.
③ "Editorial Paragraphs," *Millard's Review of the Far East*, Vol. 13, No. 1, Jun. 5, 1920, p. 8.

一家名为 Mitsui and Company 的日本公司进口到中国,而后转卖给50家有执照的零售商,由它们一天两次向烟民销售。第二类是走私鸦片(the smuggled opium),虽未经日本"关东"官方授权,但得到其默许和鼓励。而日本当局从中每年获取约120万美元。第三类是官方没收后再转卖的鸦片。就这样,鸦片在日本关东当局的暗中保护之下,被转卖到中国内地。几乎所有的日本关东的官员都因此发了大财。[1]

刊物在巴黎和会召开的前一天刊登了霍尔的题为《日本对济南的占领》的报道。报道讲述了日本是如何通过收买山东的两个军政官员,一步步将势力"和平渗透"入山东。[2] 在霍尔列举的日本在山东日租界中开设的194个商业和店铺名单中,药铺(Drug Shops)(63家)、杂货店(38家)和妓院(22家)的数量名列前三。在英语中,"drug"一词既是药品的意思,也是毒品的意思。而日本人在山东所开设的所谓"药铺"经营的基本上都是鸦片和吗啡。霍尔分析了日本人开设这些销售毒品的商铺有三大原因:(1)赢取巨额利润,为所谓的"和平渗透"提供经济支持;(2)从政府官员开始,自上而下毒害并削弱中国国民素质,从而使其更容易成为自己的掠食对象;(3)通过毒品麻醉官员,使得他们屈从于日本人的摆布,并随时向日本泄露中国的秘密。[3]

霍尔的调查深入而细致,结果令人信服。他的文章也进一步激起了国际社会对日本政府默许在中国进行鸦片贸易的谴责。甚至日本国内媒体也对此予以挞伐。出于安全考虑,《密勒氏评论报》并没有以霍尔的真实姓名刊登他的文章,而是使用了他的笔名"Upton Close"。这个笔名源自霍尔常在给《密勒氏评论报》的电报上签署"up close"的假名(该英语词组有"内详"或"近距离观察"的意思),以躲避日本人的新闻审查,并暗示老鲍威尔他离前线很近,或者就在热点地区。

---

[1] "Editorial Paragraphs," *Millard's Review of the Far East*, Vol. 16, No. 2, Mar. 12, 1921, pp. 61-62.

[2] Upton Close, "The Japanese Occupation of Tsinan," *Millard's Review*, Vol. 7, No. 7, Jan. 18, 1919, p. 236.

[3] Ibid., pp. 237-239.

除了针对日本的调查之外，《密勒氏评论报》里还有其他一些颇为深入的调查性报道。特别值得一提的是对1923年5月发生的"临城劫车案"的调查。在临城劫车案中，老鲍威尔也被劫持为人质。其间，他一边向《芝加哥论坛报》和《密勒氏评论报》发出有关这一案件的报道，一边还在劫匪和中国政府之间的谈判中承担起调停人的角色。可以说，老鲍威尔在临城劫车案中扮演了人质、记者和调停人的三重角色。事发之后，《密勒氏评论报》持续关注中国的"匪患"问题，并由此触及了中国社会更深层次的问题。

另一次历时较长的采访和报道就是老鲍威尔对世界上第一个社会主义国家苏联的报道。出于专业报人的使命感，老鲍威尔想目睹新生的苏联究竟是什么样的。于是，他费尽周折取得了去苏联采访的签证。随后，他经由海路，绕过日本，从海参崴向西横穿西伯利亚，以一个职业记者的视角，报道了自己在苏联的所见所闻。

第四节　对"治外法权"的综合报道

治外法权（英文称作 extraterritoriality，或简称 extrality）是一个十分复杂的话题。随着西方殖民者在世界各地的拓殖，他们在很多国家都攫取了或多或少的治外法权。殖民者所享有的治外法权是不同于外交官所享有的治外法权的。相比之下，外国人在华治外法权的历史和形式要更为复杂。顾维钧曾以治外法权为研究对象，撰写了其在美国哥伦比亚大学的博士论文。文中将外人在华的治外法权分为两类："一即外人一部或全部不受领土法律之制裁；二即其本国代表在中国境内亦得施行其本国法律一部或全部于外人也。"① 相较于其他殖民者，英国人可以说是拓展外人在华治外法权的先锋。顾维钧如此概括了英国人在在华治外法权形成中的作用：

> 其间为治外法权之成立，英人与中国当局历经奋斗。复经过数重试验阶级，虽有中国地方官往复摧残，然已固不可动摇矣。

---

① 顾维钧：《外人在华之地位》，长春：吉林出版集团有限责任公司2010年版，第33页。

其在一八四二年鸦片战争告终时,凡关于在华英人之法权问题,英国所强取诸中国者,不过将来经正式允许而事实上已成立于中国者加以正式承认耳。①

后来的发展的确如此。外国人在华所攫取的特权通过一系列的不平等条约逐一得到正式的承认。而美国则借口"门户开放"和"利益均沾"等原则,轻易地获得了与其他列强在华同等的特权。显然,"治外法权"是对中国主权的严重侵犯。顾维钧的博士论文写成于1912年的春天。当时,中国的主权进一步受到治外法权的侵蚀。日本的介入及其对中国主权的践踏更是到了无以复加的地步。与此同时,治外法权引起了越来越多有识之士的关注。逐步乃至彻底取消外国人在华治外法权成为中国日益明确的目标。作为一份以反英和反日为初衷的政治和财经杂志,《密勒氏评论报》以多样的手法跟踪报道了外人在华治外法权最后三十多年的发展历程。刊物不仅长时间地跟踪报道了这一话题,并且在这个复杂的问题上有着明确的立场。它可以说是一以贯之地主张取消外国人在华享有的治外法权,这一历史可以追溯到刊物早期老鲍威尔和《字林西报》主编之间围绕治外法权存废而展开的争论。

一、美英报刊主编关于"治外法权"的争论

20世纪20年代的中国,殖民者其实一直在担心着这样一件事,以前对西方国家"礼遇有加"的清朝垮台了,中国究竟将会出现一个什么样的政府来接替它呢?为西方人所钟情的租界乐土是不是会出现什么变故?更重要的是,过去与清政府所订立的那些不平等条约以及由之产生的种种特权,还能继续庇护他们的在华利益吗?这一连串的担忧搅扰着殖民者,逼迫他们不得不对华人采取一些"让步政策"了。②

五卅运动爆发之后,《密勒氏评论报》评论说,中国的旧秩序开始

---

① 顾维钧:《外人在华之地位》,长春:吉林出版集团有限责任公司2010年版,第33—34页。
② 陆其国:《畸形的繁荣——租界时期的上海》,上海:东方出版中心2009年版,第171页。

《密勒氏评论报》：美国在华专业报人与报格(1917——1953)

发生改变,并且预言中国将恢复关税自主,开始废除有关"治外法权"的不平等条约。刚开始的时候,刊物因此受到了自己所服务的对象,也就是美英在华商业界的反对。但是《密勒氏评论报》坚持认为,外国在华地位的改变是不可避免的。那些能正视这个现实的商人将能获取最大的利益。① 相比之下,被称为英国政府喉舌的《字林西报》针锋相对地认为:中国并没有准备好迎接任何改变,而维护目前的状况是最符合中国和各国在华利益的。那时候,《字林西报》的主编格林(O. M. Green)和老鲍威尔之间也进行了旷日持久的社论大战。事实上,20世纪20年代初期,美英的对华政策基本上是同步的。两国驻北京政府的代表行动基本协调一致。作为美国报刊的编辑,鲍威尔所持的对华同情的态度和英国人所表现出的顽固守旧态度形成了鲜明的对比。这种对华观念上的差别所产生的影响是很深远的。两相比较让很多中国的有识之士相信英国对中国持敌对的态度,而美国更为友好。

《字林西报》长年以来一直将自己的火力集中在中国关税自主的话题上。当英国驻华代表同意中国关税自主之后,该报发表了一篇题目为《巨大的背叛》("The Great Betrayal")的文章,强烈地谴责英国驻华代表不顾颜面,向中国人屈服。其批评口吻近乎歇斯底里。后来,《字林西报》在废除治外法权的问题上也是持极力反对的立场。② 出于对中国争取主权的同情,老鲍威尔1925年2月15日在《大陆报》上发表了一篇社论,谴责一些外国人利用治外法权,玩弄小伎俩,继续在中国销售鸦片。来自英国的、以鸦片买卖起家的埃兹拉家族对此无法容忍,随即以诽谤罪将老鲍威尔告上法庭,要求他赔偿五万两银子。

事情的起因是这样的。1924年,一艘日本货船装载着180箱价值1296000美元的鸦片,从康斯坦丁堡出发,驶往目的地西伯利亚港口符拉迪沃斯托克。在上海停留的时候,这些鸦片就被人从船上转运到租界内的广东路一家商店里。埃兹拉家族的 N. E. B. ·埃兹拉和一位名

---

① "The British vs. the American Editors," *The China Weekly Review*, Vol. 36, No. 11, May. 15, 1926, p. 285.

② Ibid.

叫D.达杜纳什维利(D. Dadunashvili)的俄罗斯人通过某种渠道探听到这批价值不菲的鸦片正在上海秘密销售。于是,两人向会审公廨告发了那家商店的店主。随后,上海市警察局突袭了那家商店,当场缴获价值五万美元的鸦片,并将这些鸦片送到会审公廨。警方同时还查获大量外文小册子。通过翻译,一个跨越近东、中国、日本,甚至瑞士的国际毒品走私圈子浮出了水面。而且这一毒品走私圈子得到了中国军界和政界的默许。①

同时,N. E. B.·埃兹拉和那个俄罗斯人还提出民事索赔,公然声称这些毒品是他们的,以为可以凭借治外法权的规定,获得相应的赔偿。为此,埃兹拉甚至在法庭上声称自己是西班牙公民,要求由西班牙法官审理此案,因为西班牙还没有和中国签订禁止鸦片贸易的协议。然而负责审理此案的恰巧是个英国法官。他一眼就认出了埃兹拉。他要求埃兹拉去征得西班牙法官的同意方可更改国籍。结果埃兹拉被会审公廨扣留。那个俄国人见势不妙,偷偷溜回了俄罗斯。②

巧合的是,当时国际禁止鸦片和毒品大会正在日内瓦召开。出席大会的中国代表、时任中国驻美国公使的施肇基博士谴责外国人利用治外法权,玩弄伎俩,在中国走私鸦片,严重阻碍了中国禁止鸦片和毒品的努力。这也使得这一案件在远东,特别是上海新闻界广泛流传。老鲍威尔在《密勒氏评论报》上发表社论说:

> 在日内瓦禁止鸦片会议期间,中国与会代表,中国驻美国公使施肇基博士在大会上声明,外国人利用治外法权,玩弄伎俩,阻碍了中国政府禁止鸦片走私的努力。这一声明传到远东后,一部分外国媒体聒噪说,中国驻美公使在目前的情形下混淆视听,意图就此提出取消治外法权的请求。姑且不论施博士的真实意图,我们眼下在上海看到的一个案子就说明中国代表是正确的。在这个案件中,一个曾经和鸦片案子有染的人在会审公廨里宣称自己已经将其国籍更改为西班牙籍,并且在其会见西班牙领事之

---

① "Opium and the Extraterritoriality Problem," *The China Weekly Review*, Vol. 32, No. 4, Mar. 28, 1925, pp. 93-94.

② Ibid., p. 94.

前,拒绝讨论他的国籍。在这件事上,我们不知道西班牙法律是否比英国法律更为宽松,但至少让一个局外人奇怪的是,一个外国人难道可以在世界地图上随意变换自己的国籍。可以说它是一夜之间就这样改变了。①

美国在华法庭的米尔顿·D. 普尔迪(Milton D. Purdy)法官也参与审理了此案。法官最终裁决老鲍威尔的社论并没有诽谤别人。② 官司虽然打赢了,老鲍威尔和其他三位美国编辑却被迫离开了《大陆报》。但是,《密勒氏评论报》自此后仍然旗帜鲜明地主张逐步取消由治外法权带给在华外国人的种种特权。

二、对"治外法权"的跟踪报道

治外法权或许是《密勒氏评论报》关注最久的专题了。从创刊开始,刊物总共发表了至少78篇有关治外法权的"短社评"和20多篇"特别稿件"。图6-3表明了刊物在三十多年里发表的有关"治外法权"的"短社评"和"特别稿件"在数量上的变化。在刊物创办的第一个阶段,仅有一篇直接评论治外法权的短社评。在老鲍威尔成为主编后,刊物对治外法权给予了更多的关注。从1922年到1926年五年间,相关的短社评数量达到了13篇。随着国民党政权的建立,短社评数量在1927年到1931年间达到了53篇的峰值。同一时期,"特别稿件"也开始以较长的篇幅对治外法权予以深度报道,其篇数也同时达到了18篇之多。随着国民党政权统治的逐步稳定和日本人在中国的步步紧逼,取消治外法权的呼声逐渐回落,《密勒氏评论报》对它的关注也急剧减少。从1932年到1941年12月被迫停刊的近10年间,刊物就此话题仅仅发表了10篇"短社评"和6篇"特别稿件"。遗憾的是,英美两国与重庆国民政府于1943年正式签订取消治外法权条约之际,刊物已经停刊约一年半的时间。1945年10月,小鲍威尔恢复刊物出版发行的时候,这一旷日持久的话题基本上已经尘埃落定。但是包括香

---

① "Judge Purdy's Decision in the Ezra Libel Action," *The China Weekly Review*, Vol. 36, No. 9, May. 1, 1926, p. 217.

② Ibid.

港、澳门和其他港口城市的租界在内的地区仍然象征着治外法权在中国的残余。刊物也在 1946 年发表了最后一篇评论治外法权的文章。而那一年法国成为最后一个在中国放弃所享有的特权的国家。

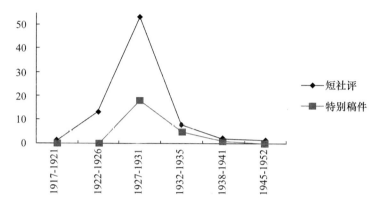

图 6-3 《密勒氏评论报》治外法权报道量示意图

说明:(1)本图统计的是标题中含关键词"治外法权"(Extraterritoriality 或 Extrality)的所有"短社评"和"特别稿件"。其他正文中有此关键词的报道或评论未计入。(2)本图以 5 年为一个间隔,展示每 5 年中有关治外法权的短社评和特别稿件的数量。因刊物 1941 年 12 月被迫停刊,1938 年至 1941 年年底的时间跨度为近 4 年。1945 年复刊后,刊物对"治外法权"的报道的总篇数屈指可数,因而将其作为一个完整的时间段计入。

从图 6-3 中,我们可以看出,《密勒氏评论报》对"治外法权"进行了长时间的跟踪报道和评论。这些"短社评"和"特别稿件"的时间跨度贯穿了《密勒氏评论报》整个办刊过程。如果将这些报道和评论编纂起来,就是一本外人在华治外法权的终结史。早在取消外人在华治外法权尚未形成运动之前,刊物就已经开始关注中国人这一吁求。第一篇专门评论治外法权的短社评发表于 1921 年 8 月 20 日。文章评论了中国一些有识之士欲借华盛顿会议之机取消外人在华治外法权的呼声。

种种迹象表明,有一部分擅长代言公共舆论的中国人确信,即将召开的"太平洋会议"①是提出取消治外法权的正确的时间和

---

① 太平洋会议即华盛顿会议。

> 地点。他们将会议看作一剂灵丹妙药,可藉此缓解中国所有的毛病。他们同时认为可借此机会,收回因国家积弱和政府无能而出让给列强及其国民的特权。他们进而期望取消治外法权,将所有租界归还给中国,确保中国关税自主,并作出其他旨在完全恢复中国主权的改制。自筹备华盛顿会议至今,这一运动一直没有成形。但是过去三年来,其发展趋势日益明显。它所采取的第一个行动就是收回俄国在中国各地的租界,并且取消该国国民在中国享有的治外法权……①

刊物对中国人期望取消治外法权表示理解,但同时认为解决这一问题并非一蹴而就的事,需要有一个循序渐进的过程。国民党政府成立后,随着取消外国人在华特权进程的加快,刊物对治外法权的关注达到了巅峰。1943年,中国和美英两国分别签订条约,正式取消了美、英两国在中国的关税、司法、领海和内河航运等领域享有的"治外法权"。1946年,治外法权终于在中国被彻底废止。《密勒氏评论报》也于当年发表了最后一篇评论治外法权的"短社评",将矛头直指英国和葡萄牙,认为它们靠武力攫取的香港和澳门也应该完全归还给中国。② 文章同时认为外国人在华租界也将时日无多。

> 无论一切主张保留租界的观点怎样说,比如一个无可辩驳的事实是,它们(租界)为经常受到残暴政权压制的人提供了避难所,中国成为其所有领土真正主人的时代已经来临。或许过去的特权在眼下的内战和恶政当道的中国一时得以保存,但租界的日子已经屈指可数。③

三、其他对"治外法权"的深度报道

在报道治外法权这样复杂的话题时,《密勒氏评论报》发挥了杂志

---

① "Editorial Paragraphs," *The Weekly Review of the Far East*, Vol. 17, No. 12, Aug. 20, 1921, p. 595.

② "Macao And Extrality," *The China Weekly Review*, Vol. 103, No. 13, Nov. 30, 1946, p. 385.

③ Ibid.

在深度报道上的优势。这一优势主要体现在以下三个方面。

(1) 提供有关治外法权的背景知识

和在世界其他地方的殖民地不同,外国人在中国的半殖民地中享有的特权是建立在一系列的不平等条约之上的。因此,刊物将在华列强称为"Treaty Powers",将列强势力集中的各通商口岸称为"treaty ports"。为了让读者了解这一复杂的话题,《密勒氏评论报》前后刊登了数篇特别稿件,向读者解释治外法权的历史背景。1937 年 4 月 24 日,《密勒氏评论报》刊登了一篇详细介绍治外法权在中国发展的特别稿件。文章介绍说,治外法权制度源自中世纪的欧洲,后逐渐被欧洲殖民势力经由土耳其推而广之到世界各地。首先踏足中国澳门的葡萄牙人开启了治外法权在中国的历史。荷兰和英国商人一个世纪之后跟随而来。1770 年,英国商人在广州选出了一个"约翰公司人员遴选委员会"(Select Committee of John Company's Men),并开始以英国法律实施管理。1787 年,该委员会被英国赋予了管理英国在华商务的法定管理机构的地位。尽管中国拒绝承认该委员会及其享有的权力,但是这一事件标志着治外法权在中国真正的开端。① 随后,文章回顾了列强如何通过一个个不平等条约逐步扩大外国法律条款在中国的适用范围。进入 20 世纪,随着中国要求取消治外法权呼声的提高,列强和中国签订的大部分贸易协定中都增加了废除治外法权的条款(relinquishment of extraterritorial rights)。其中英国率先在 1902 年的《续议通商行船条约》或《马凯协定》(Anglo-Chinese Commercial Treaty, or Mackay Treaty)中承诺:一旦中国恢复国内秩序,英国将让渡出治外法权等特权。② 此后,中国争取取消治外法权的努力数次因国内外的战争而受阻。直至 1921 年华盛顿会议之后,德国成为第一个完全放弃在华特权的国家。俄国也在十月革命以后逐步放弃了在华享有的治外法权。文章最后呼吁欧美列强集体放弃在华治外法权。③ 但是,取消在华外国人特权的努力再一次因为战争而被迫

---

① W. K. Loo,"History of Extraterritorial Rights in China,"*The China Weekly Review*,V80,No. 8,Apr. 24,1937,p.284.
② Ibid.,p.285.
③ Ibid.,p.286.

中断。

(2) 展示多国立场

除了反映中国要求取消治外法权的呼声之外,《密勒氏评论报》还表达了列强对此所采取的不同观点。刊物尤其集中反映了美英两国对此问题的立场。从附录中"短社评"和"特别稿件"的标题,读者不难看出刊物在报道治外法权时的国际视角(见附录3:《密勒氏评论报》所载关于治外法权的"特别稿件"标题清单)。

进入20世纪,中国要求取消"治外法权"的呼声越来越高。但是,由于国内局势动荡,直到20年代才逐渐形成一种共识和潮流。然而,在华列强不愿意轻易放弃其长久以来享有的特权。围绕着治外法权的存废之争一开始就僵持不下,并一再因为战争而受阻。日本在中国势力的坐大更严重阻碍了取消治外法权的进程。在和欧美列强的竞争当中,谁都不愿意轻易放弃在华特权,但是又都做出要取消治外法权的姿态,给竞争对手施压,同时向中国示好。1926年4月,《密勒氏评论报》转述并评论了英国人普特南·威尔(Putnam Weale)的新作——《为什么中国看中了赤色》(Why China Sees Red)。其中有这么一段分析了在华列强对治外法权的态度。

> 这位在北京的作家发表了一个令人吃惊的看法:为了强化和中国的关系和在华利益,同时达到阻碍欧美的目的,"日本准备做出让步,以便最大限度地减少自身的麻烦,同时给别人造成最大的不便"。在威尔先生看来,这个巨大的让步就是:如有必要,日本准备让渡出在华治外法权。①

在威尔先生看来,日本深知取消治外法权将对英国在华利益造成巨大的损害,因为英国费尽周折在通商口岸建立起来的司法体系不仅保护着在华英国人的利益,同时保护着很多在英国领馆登记的中外公司及商人的生命和财产的安全。② 而日本在华的情势则不同。

---

① "Japan and Extraterritoriality Question," *The China Weekly Review*, Vol. 36, No. 6, Apr. 10, 1926, pp. 134-135.
② Ibid., p. 135.

在他(威尔)看来,日本在华投资却不会因为废除治外法权而受损,因为日本在华最大的投资——南满铁路公司及其辖内沿途各站——都受到投降派和部队的保护。鉴于日本所处的特殊的有利位置,威尔先生提出一个冒险的观点,他认为日本或许会不顾华盛顿会议发起的、由"国际法学家委员会"(International Commission of Jurists)目前正在开展的对治外法权的调查行动,独自采取行动。这样,不论别国会怎么做,"中国人或许会深受鼓舞,从而相信日本的兄弟之爱"①。

早在1926年年底,随着北伐军的迅速推进,蒋介石在接受汉口的《自由西报》(Hankow Herald)记者采访时说,革命成功后需要解决的问题就是立即废除治外法权,而且没有任何过渡时期。同时,蒋介石表示欢迎那些愿意遵守中国法律的人留在中国。②《密勒氏评论报》部分转载了《自由西报》对蒋介石的专访。随着国民党军队的节节推进,列强对此问题渐趋一种观望的态度。《密勒氏评论报》分析了取消治外法权三种模式:一种模式是立即彻底地取消"治外法权";另外两种模式则是渐进的,或不完全取消的模式。它们分别是"土耳其计划"(Turkish Plan)和"暹罗计划"(Siam Plan)。③ 中国政府当然想立即取消治外法权,而列强则普遍希望参照后两种模式解决这一问题。

1929年4月27日,南京国民政府向列强递交要求取消在华"治外法权"的照会。有趣的是,各国收到的照会内容不尽相同,而发给美、英、法三国的照会内容是相同的。④ 面对中国政府这一要求,美国政府率先予以回应。美联社和合众社分别在1929年6月3日、4日报道了美国的立场。《密勒氏评论报》原文转载了这两份报道。报道的主要

---

① "Japan and Extraterritoriality Question," *The China Weekly Review*, Vol. 36, No. 6, Apr. 10, 1926, p.135.

② "GEN. CHIANG KAI-SHEK AND EXTRATERRITORIALITY," *The China Weekly Review*, Vol. 39, No. 1, Dec. 4, 1926, p.3.

③ "Extraterritoriality Next on the Schedule!", *The China Weekly Review*, Vol. 46, No. 9, Oct. 27, 1928, p.275.

④ "CHINA'S DEMAND FOR ENDING OF EXTRATERRITORIALITY," *The China Weekly Review*, Vol. 48, No. 11, May. 11, 1929, p.444.

《密勒氏评论报》：美国在华专业报人与报格（1917—1953）

内容是，美国政府对南京国民政府的要求表示理解，但是要视南京政府能否建立和施行适当的司法体系，确保美国在华的人员及其财产的安全而定。美国愿意和中国政府签订取消治外法权的协定，甚至表示要自动放弃这些特权，但前提是其他列强也采取了相同的行动。① 由此可见，美国政府虽然第一个回应了国民政府的请求，但是要坚持和列强同时放弃在华特权，甚至是最后一个放弃在华治外法权的国家。1929 年 8 月 31 日，《密勒氏评论报》全文刊登了时任美国国务卿麦克穆雷（J. V. A. MacMurray）写给国民政府外交部长王正廷的信。此信是对中国政府要求取消"治外法权"的正式回应。②

在刊登美国答复南京政府的照会后一周，《密勒氏评论报》又全文转载了路透社刊发的英国政府的照会。该照会是由英国驻华公使迈尔斯·W. 兰普森（Miles. W. Lampson）写给王正廷的。早在 1902 年，英国就在中英签署的《续议通商行船条约》（或称《马凯协定》）的第十二条中承诺，待时机成熟时，英国将废除在华的治外法权。但是在收到南京国民政府的照会后，兰普森却在回信中倾诉英国为在中国争取到种种特权时付出的艰辛，并以极为拗口的外交辞令和威胁的口吻拒绝了中国政府的请求。

> 英国政府（His Majesty's Government）倾向于认为，西方法制原则在中国的普及仅仅代表她完成的一小部分任务，尚不足以使英国就此安心地完全取消其对管理在华外国居民方面所作出的特别安排。为了使得那些变革成为现实，英国政府似乎觉得，西方的法制原则应该最大限度地为中国人民所接受，而不只是为其统治者所接受；而且其法院在执行这些法律的时候，应免遭军界要员的干涉或指令，也不应该让一些团体和机构自我设置仲裁或非法裁决，或试图利用法院推进其政治目的，而非为了在中国人内部以及中国人和外国人之间推行公平的管理。只有比如今

---

① "WASHINGTON'S REPLY ON EXTRALITY QUESTION," The China Weekly Review, Vol. 49, No. 2, Jun. 8, 1929, pp. 51, 53.

② "Full Text of America's Reply to China's Note Requesting the Abolition of Extraterritoriality," The China Weekly Review, Vol. 49, No. 14, Aug. 31, 1929, pp. 7-8.

的情形更大限度地满足了这些条件,英国商人才能切实地在中国领土上居住、经商并拥有财产,一如中国商人在英国那样享有同等的自由和安全等基本权利。任何旨在褫夺英国商人这种特权的协议将在一定时期内成为一纸空文,不可能付诸实施。任何过早剥夺这种特权的企图不仅无益于英国商人,也将使中国政府和人民陷入政治和经济的困境。

只要这种状况继续维持,似乎就没有别的切实可行的选择,以替代通商口岸的体制。尽管其形式或许已发生了改变,但是它在中国领域内服务于中英之间的事务已经长达近一个世纪了……①

显然,在取消外国人在华治外法权的问题上,英美两国政府一开始都采取了一种虚与委蛇的态度,不肯轻易地放弃在华既得利益。

(3)分析与评论

除了在"特别稿件"栏目里跟踪报道了中国取消治外法权的进程,《密勒氏评论报》更多的是在"短社评"栏目中对这一话题予以评论。和"特别稿件"栏目一样,为刊物撰写评论的不仅有刊物本身的编辑和记者,还包括社会各界关心这一话题的人士,其中多为精英人士。难能可贵的是,在多角度地呈现各方对治外法权的看法的同时,刊物对此秉承了一种相对进步的立场。作为一份西方在华英文报刊,《密勒氏评论报》的发行人本身是外国人在华特权的享有者。然而,对在华治外法权的存废问题上,刊物就如同一个观察者,以比较中肯和公允的口吻加以分析和评论。在国民党政府向列强递交照会,要求取消治外法权的时候,许多国家和中国签订的不平等条约实际上已经到期,或即将到期。但是列强并不认为条约到期就意味着特权的终结。对此,《密勒氏评论报》以讽刺的口吻发表评论说:

一般而言,从事合法买卖或职业活动的外国人对取消治外法权没什么可怕的。而鸦片商、军火走私贩和从事非法活动的人则

---

① "British Replay to China's Note On Extraterritoriality," *The China Weekly Review*, Vol. 50, No. 1, Sept. 7, 1929, p.47.

什么都会害怕,因为当他们受中国法律约束时,会像在其他任何主权国家一样遇到同样多的麻烦。顽固的(die-hard)外国人总是认为,在中国不能(向外国人)提供和中国人在别国所受到的同等的保护之前,治外法权就不应该被取消。上海英国商会主席在最近的一次讲话中就此发表了这样的观点。站在顽固分子的立场上,这将是一个理想的局面。但是他在提出如此要求的时候,忘记了所有尚存的关乎治外法权之条约都将在1934年前到期,且没有哪个国家愿意流于一种无约的状态(non-treaty status)。美国的治外法权条约将于1932年到期,仅三年之遥。①

另一方面,《密勒氏评论报》还将这一严肃的话题和一些案例以及趣闻轶事结合起来,让读者更加具象地了解在华治外法权的历史与现实。刊物尤其对外国人在华滥用治外法权进行了严厉的抨击。除了前文提到的买卖鸦片之外,另一个得到治外法权保护的非法活动就是赌博。可以说,贩卖鸦片和赌博是外国人在华滥用治外法权的两个典型例证。从下面所列的"短社评"标题,读者可以看出刊物对这两种非法活动和滥用治外法权的关注。

- 《鸦片和治外法权问题》(第32卷第4期,第93页)
- 《赌博和治外法权问题》(第49卷第5期,第186页)
- 《赛犬博彩、治外法权问题及外国租界之状况》(第54卷第11期,第384页)
- 《治外法权与日本在满洲的毒品贸易》(第56卷第7期,第224页)
- 《南美革命,治外法权与上海之赌徒》(第64卷第1期,第3页)②

20世纪上半叶,赌博在大多数国家都是非法的,但是它在上海大行其道,主要原因就是因为治外法权为在华外国人从事各种非法活动

---

① "What's Likely to Happen on Extrality," *The China Weekly Review*, Vol. 49, No. 3, Jun. 15, 1929, p. 97.
② 原标题为英文,中文标题为笔者所译。

提供了保护伞。轮盘赌是其中一种非常流行的赌博方式。20年代末至30年代中期,随着列强与中国签订的不平等条约先后到期,租界的司法状况更加混乱。一个很典型的例子就是赌博在租界里屡禁不止。在上海租界的一次打击赌博活动中,约300名从事赌博业的不同国籍人士被抓。但是由于各国在租界所施行的法律五花八门,这些赌徒的结局也各不相同。中国人受到了本国法律的严惩,或被罚款,或坐监。西班牙人被警告后释放。英国人则按照亨利八世时期的法律,被禁止再次涉足轮盘赌赌场。墨西哥人则被保释,而墨西哥领事法庭的法官正在为其在华地位纠结不已。最惨的要数两名俄罗斯人。他们因为已经失去了治外法权的保护,而被中国临时法庭判决入狱50天,外加200美元罚款。最让人觉得不公的是,尽管开设赌场在中英两国都是非法的,涉事赌场却照开不误,因为其主人得到当时在上海独占鳌头的英国统治者的庇护。有鉴于此,《密勒氏评论报》认为,若中国向列强提出废除赋予外国人治外法权的条约,没有哪个国家会有什么异议。[①] 虽然这一观点过于乐观,但是从一个侧面反映了刊物在看待"治外法权"问题上所扮演的"观察者"的角色,以及其进步的立场和观点。也正因为如此,刊物的相关分析和评论也更容易为读者所接受。

本 章 小 结

本章阐述了《密勒氏评论报》实践美国新闻专业主义的又一重要环节:对多种专业新闻报道手法的综合运用。在刊物的创办和发行期间,美国主要的新闻报道手法都已诞生并日臻成熟,其中由美联社首创的"客观性报道"(Objective Report)是新闻报道的基本手法。它讲求的是探寻新闻事件基本事实的准确性,并且注重新闻报道和评论之间的区分。客观性报道还讲求从多角度呈现新闻事实,以保证报道的平衡性和公正性。在客观性报道的基础上,美国新闻界又发展了解释性报道(Interpretive Report)和调查性报道(Investigative Report)两种

---

① "Gambling and the Extraterritorial Question," *The China Weekly Review*, Vol. 49, No. 5, Jun. 29, 1929.

深度报道方式。前者注重提供背景知识，帮助读者理解复杂的新闻事件或话题。后者则更加要求记者深入新闻一线，去揭露社会中系统的、制度性的弊端和问题。《密勒氏评论报》大量运用了这些专业的报道手法。本章选取了西安事变、巴黎和会、九一八事变、日本对华毒品贸易和"治外法权"等案例，深入分析了《密勒氏评论报》在报道这些新闻事件时如何综合运用上述的新闻报道手法。在报道西安事变时，刊物更多地体现了客观报道的风格。它不仅报道了涉事各方，坚持从多个角度呈现了事变的过程，而且将报道和评论区分开来。在报道巴黎和会期间，刊物则集中笔墨为读者提供大量的背景知识，为读者进行了详细的解释性报道。在揭露九一八事变真相上，老鲍威尔不仅亲眼目睹了事变现场，还深入到沈阳的大街小巷，搜集了大量的日本制造事端的证据。他最终以图文结合的方式刊登了自己的调查报道。这些报道给人以强烈的现场感。老鲍威尔自此也成为日本军界列出的在华外国记者黑名单的头号敌人。另外，刊物的记者约瑟夫·霍尔（Joseph Hall）在中国北方对日本人暗中从事鸦片和吗啡买卖进行了深入的调查。他亲赴险境，明察暗访，并以"Upton Close"为笔名陆续在《密勒氏评论报》上详细而系统地揭露了日本人贩卖毒品的罪恶勾当。在报道"治外法权"问题上，刊物不仅在近30年时间里跟踪报道了这一话题，而且综合运用了上述的多种报道手法。这些报道颇具深度，为相关的"短社评"奠定了坚实的基础。实际上，《密勒氏评论报》在处理几乎所有重大新闻事件和话题时都综合运用了上述新闻专业报道手法。这些报道不仅在文风上比同时期中国人自办的刊物更加通俗，而且一如其母国美国的刊物那样，充分发挥了杂志在内容的深度与广度上的优势。

无论《密勒氏评论报》所宣称的"公共服务"功能在中国产生了怎样的变异，也不论它是否真正实现了新闻的"客观性、平衡性和公平性"，这些专业新闻报道手法至少在形式上呈现了新闻的客观性、公平性和公正性，从而让中国读者认为，美国比其他列强更具有"利他主义"精神。

第七章　蜕变阶段——小鲍威尔的坚守与离去

1945年10月20日，老鲍威尔之子，同样毕业于密苏里新闻学院的约翰·W.鲍威尔(John W. Powell，后称小鲍威尔)在上海恢复出版了《密勒氏评论报》。

小鲍威尔1919年7月3日出生在上海，次年就被送回美国密苏里的外祖父家抚养。青少年阶段，小鲍威尔除了1927年在上海和父母生活了一年外，大部分时间都在美国接受教育。他从中学到大学都是在密苏里度过。1938年，小鲍威尔进入密苏里大学新闻学院。在学习新闻学的同时，他还花更多的时间自学历史。1940年，小鲍威尔休学一年。他没有提前告诉父亲一声，就突然跑到上海。这让老鲍威尔颇为气恼。无奈之下，老鲍威尔将儿子安排到吴佳棠任主笔的《大陆报》工作。从1940年10月到次年的7月，小鲍威尔就在《大陆报》从事一般的报道工作，有时改写一些中国记者和编辑的稿件，做些改错的编辑工作。晚上，小鲍威尔就为《密勒氏评论报》编辑故事和简明新闻。

珍珠港事件爆发前，小鲍威尔离开上海，回到美国继续他最后一年的学业。老鲍威尔决定留在中国，继续报道日本占领上海，并保护他的中国员工。这给小鲍威尔留下了深刻的印象。[①] 在最后一年的大

---

① Neil L. O'Brien, *An American Editor in Early Revolutionary China*, New York: Routledge, 2003, p. 3.

学生活里,小鲍威尔还担任过密苏里新闻学院院长的学生助理,帮助修改试卷。

毕业后,因为日本在战场上的节节胜利,小鲍威尔选择了为美国政府的新闻部门工作。1942年4月,他开始在联邦通信委员会的外国广播监听部门工作。七个月后,小鲍威尔又申请去了"美国战争新闻办公室"(Office of War Information),希望借此获得去中国工作的机会。在申请得到批准后,小鲍威尔在纽约经过短暂的学习,学会了从众多美国报纸和通讯社的新闻稿中挑选出发往中国的新闻。很快,他就作为战争新闻办公室海外运营的地区代表,被派往重庆、桂林和昆明等地,负责向中国报刊分发从纽约接收到的新闻稿。在重庆,小鲍威尔和同事一起学习中文。他亲历了日本的狂轰滥炸,也目睹了国民党统治下的中国因为通货膨胀、官员腐败和违法乱纪等原因而每况愈下。

第一节 复刊前后

一、子承父业的艰难

1945年8月日本投降,美国政府在华战时宣传工作也随之结束。小鲍威尔随后乘飞机从昆明飞到上海,来到了父亲曾经工作了20多年的《密勒氏评论报》办公室。自1941年12月开始,它处于废置的状态已近4年时间。图书馆早已被洗劫一空,一片破败不堪的景象。小鲍威尔征召起一批新老员工,于1945年10月20日出了复刊后第一期《密勒氏评论报》。刊物表明支持美国调整对中国政策,致力于提倡国共组成联合政府,支持民盟移植西方民主制度的主张。联合政府的希望破灭后,小鲍威尔和《密勒氏评论报》开始支持学生抗议示威,力图促进国共双方重回谈判桌。最终,小鲍威尔意识到,所谓的宪法草案和政府重组只不过是国民党一党统治的幌子。[①]

---

① Neil L. O'Brien, An American Editor in Early Revolutionary China, New York: Routledge, 2003, p.18.

台湾学者尹雪曼先生曾经指责小鲍威尔未经父亲同意就私自跑到上海,打着父亲的旗号恢复了《密勒氏评论报》的出版与发行。尹先生称小鲍威尔是个"左倾幼稚病患者",嘲笑他在言论上迎合共产党,却终究逃脱不了关门的结局。① 事实上,从老鲍威尔1945年9月28日写给女儿邦妮的那封信,我们可以看出他是知道小鲍威尔复刊之事的。老鲍威尔在信中提到:"或许比尔已经把他们换掉了"(参见第一章第二节)。老鲍威尔在信中所指的"他们"就是那些《密勒氏评论报》1941年停刊前的老员工。而复刊之后,老鲍威尔也曾经在刊物上三次发表文章,足以证明老鲍威尔对复刊是知情或支持的。② 小鲍威尔在复刊词中开宗明义地写道:

> 在停刊近4年之后恢复出版《密勒氏评论报》之际,我们重申将依旧遵循同等高度的新闻专业主义标准,遵从本报创办者托马斯·F.密勒和约翰·B.鲍威尔于1917年确立的真实和准确的基本原则。
>
> ……
>
> 我们的"租户",日本使馆新闻处的人大行掠夺之能事。他们查抄了我们的图书室和所有文件——大约4500卷"危险的反动"材料。然而,拜一个不知名的日本强盗所赐,在受命清除这些文件时,他在楼下滞留有时,并以CRB$60000③的价钱,将这个差事转给了一个苦力。近半的文件因此得以留存,给了我们赎回的机会。虽然在潮湿的柜子里存放三年,已经发霉,但是这些用十美金赎回的文件于我们却价值不菲。④

就在这样的条件下,小鲍威尔在上海恢复了《密勒氏评论报》的创办和发行。然而,刊物在复刊以后面临的环境早已是今非昔比。首

---

① 〔美〕约翰·B.鲍威尔:《〈在中国二十五年〉——上海〈密勒氏评论报〉主持人鲍惠尔回忆录》,尹雪曼等译,合肥:黄山书社2008年版,译者序言。
② 这三篇文章分别发表在《密勒氏评论报》第100卷第12期和第103卷第1、11两期。
③ 原文中使用的货币单位是CRB$。因为一时无法查到确切的中文对应货币单位,这里暂且保留英文字母。
④ "Our Policy Stands," *The China Weekly Review*, Vol. 99, No. 2, Oct. 20, 1945, p. 1.

先,中国的国民政府和列强之间已经签订了废除治外法权的条约,上海租界内的报刊理论上已不再享有原先享受的种种特权,因而刊物不得不直面国民政府直接施加的"新闻检查"。其次,日本战败,英国势力也因为战争而元气大伤,无暇东顾。刊物原有的反英和反日两大特点也就不复存在。再次,中国国内形成了国共对峙的局面,内战一触即发。美国政府口头上表示中立,实质上采取的是"扶蒋反共"的政策。总之,复刊之后的《密勒氏评论报》依旧面临着动荡的局面。刊物存在的根基甚至越来越薄弱。

二、复刊后的栏目设置

复刊之初,《密勒氏评论报》下设三个主栏目:"短社评"(Editorial Paragraphs)、"特别稿件"(Special Articles)和"分部新闻"(Departments)。《分部新闻》下设不同的子栏目。最初包括"人民来论"(What People Are Saying)、"简明新闻事件"(Events in Brief)、"人物动态"(People in the News)、"一周新闻综述"(News of the Week)和"新书介绍"(New Books of Interest)。这样的栏目设置一直持续到1950年2月18日(第116卷第12—13期),"分部新闻"被更改为"专稿"(Features)栏目。

为了增强经济报道,刊物又在复刊一个月后增加了"商贸信息"(Business Foot Note)栏目。"中国名人录"栏目也很快得以恢复。随着国共内战的爆发,《密勒氏评论报》从1946年9月7日(第103卷第1期)开始增设了"中国内战日志"(Day To Day in China's Civil War)。该栏目持续至1947年2月22日(第104卷第12期)。

复刊一年后,刊物增设了两个引用其他报刊评论的栏目,分别是"美报言论"(What US Papers Say)和"华报言论"(What Chinese Papers Say)。这两个栏目1946年11月16日(第103卷第11期)开设,旨在摘录中美两国报纸的言论。后来,刊物又在此基础上增设了综述中美两国主流杂志观点的栏目,分别叫做"中国杂志评论"(Comment in Chinese Magazines)和"美国杂志评论"(Comment in US Magazines)。上海解放后不久,"美报言论"和"美国杂志评论"栏目都被取消。

另外,解放后,刊物经常刊登新中国政府的文件、法令和中共中央领导的重要讲话内容。这些文件和讲话被放置在"文件"(Document)栏目之中。该栏目并非常设栏目。

1950年9月,《密勒氏评论报》改为月刊。起初其排版和栏目划分没有发生大的改变。从1952年1月开始,刊物从原先的16开杂志变为32开书本式的月刊。封面以彩色印刷。当年2月起,原先的各栏目名称都被取消。所有的文章标题排列在一个不分类的大目录之下。自此,刊物的风格大变(见图7-1)。

图7-1 《密勒氏评论报》改为月刊后的首期封面①

第二节 复刊后政治立场的演变

一、对美国和国民党政府的支持、怀疑和反对

1945年年底,为了防止中国再次发生内战,美国对华政策有了微

---

① 图片为作者所拍。

《密勒氏评论报》：美国在华专业报人与报格(1917—1953)

调——开始致力于推动国共两党组成联合政府。得益于刊物早年聚集的人脉，《密勒氏评论报》在一些外国顾问的建议下，支持美国政府的调停努力。刊物为在外国受过教育的中国民主人士提供了发表观点的空间。它还明确支持民盟将西方民主制度移植到中国的主张。①创刊之初，国共两党的军队虽然龃龉不断，但是《密勒氏评论报》仍希望国共两党能够重回谈判桌。而国民党战时严苛的新闻检查制度将在华西方记者推到了自己的对立面。1945年年底，国民政府驻美国大使馆禁止8名美国记者前往中国。这八名记者包括埃德加·斯诺、布鲁克斯·阿特金森、勒兰德·斯托维、文森特·希安、理查德·瓦茨和·马克·盖恩等人。《密勒氏评论报》就此发表社论说：

> 允许言论和新闻自由，国民党将获得一切；若继续实行哪怕最温和的新闻检查，它将失去很多很多。②

与此同时，《密勒氏评论报》越来越不满于美国对华政策之短视，对"美国式的中立"提出了批评。刊物认为，美国总统只不过是一个囿于白宫的能力受限之辈。他的周围是一些平庸的"唯唯诺诺之人"（yes men）。这些人无视中国的现实，致使美国在对华政策上犯下了一个又一个错误。③

刊物对亨利·卢斯（Henry Luce）利用其创办的《时代》和《生活》等杂志美化蒋介石和国民党政府的做法极其不满。他认为《时代》杂志有的是卢斯个人的观点，而没有恒定的宗旨。1946年6月10日，《时代》杂志破天荒地刊登了威廉·格雷（William Gray）的一篇批评国民党中央政府的专稿。《密勒氏评论报》对此发表题为《社论宗旨》（"Editorial Policy"）的评论，称赞《时代》这一重要变化，因为它不仅意味着该刊开始直面中国现在面临的真实的问题，更意味着它可能改变亨利·卢斯过去几年里带给美国公众有关中国的不诚实的报道。

---

① Neil L. O'Brien, An American Editor in Early Revolutionary China, New York: Routledge, 2003, p. 17.

② "The Year 1946 In The Review (January-June) Compiled from the Files of the China Weekly Review," The China Weekly Review, Vol. 104, No. 5, Jan. 4, 1947, p. 135.

③ "Neutrality, American Style," The China Weekly Review, Vol. 104, No. 3, Dec. 21, 1946, p. 68.

带着《时代》杂志典型的、讽刺的笔触,格雷的文章无疑向成千上万美国读者传递了中国真实的画面。这是前所未有的。

除了亨利·卢斯这个在中国出生的美国传教士之子外,没有人知道《时代》杂志为什么改变了其对华新闻的方向。很多读者,特别是在中国的读者正在观望《时代》是否真的改弦更张了,还是仅仅给中国官员们一次刺痛而已。

曾记得《时代》记者泰迪·怀特呕心沥血地写作,却一周接着一周看到自己的稿子被弃置于废纸篓中,因为他写的和老板(亨利·卢斯)所想的不一致。只是偶有一两篇"批评性的"文章被淹没在粉饰国民党和痛骂共产党的文章之中。除非读到更多此类(真实的批判性)的文章,我们才能做出判断。①

国共和解的希望破灭后,刊物明确将爆发内战的原因归咎于国民党,并随之用大量篇幅报道学生运动和各地的"反饥饿、反内战"运动。1947年年初,小鲍威尔私自冒险前往台湾,对国民党残酷镇压台湾全岛民众起义进行了报道,并分析说这次起义是因为国民党在台湾一年半的弊政和压迫所致。② 这些报道引起了《华盛顿邮报》和《纽约时报》等国际主流报刊对台湾局势的关注。回到上海后,小鲍威尔继续抨击国民党的腐败和无能,并对学生运动和"反饥饿、反内战"运动给以高度的关注。与此同时,刊物对共产党解放区的正面报道占据了越来越多的篇幅。小鲍威尔还在刊物上列举并谴责美国政府在中国前后一系列自相矛盾的做法。其中就有这么两条:

日本投降后,杜鲁门总统1945年8月21日宣布《租界法案》终止。但是他不守承诺,于11月15日宣布延长对国民党的《租借法案》。

1945年10月10日,魏德迈将军在重庆的一次新闻发布会上宣布,美国不会运送国民党军队去满洲。然而,当年11月22日,

---

① "Editorial Policy," *The China Weekly Review*, Vol. 102, No. 4, Jun. 22, 1946, p. 73.
② 《密勒氏评论报》第105卷第5、6两期连续刊登有关国民党军队镇压台湾人民起义的报道。

《密勒氏评论报》：美国在华专业报人与报格(1917—1953)

美国第七舰队将杜聿明将军的军队运送到了葫芦岛……①

中华人民共和国成立以前，《密勒氏评论报》仍然比较倚重受过西方教育的自由主义者。它大部分的稿件由这些人撰写。这些人主要包括美国记者、技术人员、公务员和大学教授等。刊物中从中文报刊翻译过来的稿件几乎全是他们的手笔，一半以上的专稿以及相当一部分评论也是由他们撰写的。这些人很多是民盟的成员。他们对在华西方记者有很大的影响。这些民盟的成员和共产党有着更为紧密的联系。小鲍威尔1982年在美国的一次记者集会上说：

> 我们大多发现，从国民党那里得到的信息都不好，所以就开始寻找别的消息来源。我认为主要的消息来源就是中国那些对现实不满的知识分子。我从没有见过周恩来，也没有参加过他的新闻发布会。那不是我们的消息来源。我们的消息来源是我们在战争期间就结交的一个很大的群体，包括在上海认识的西方和中国报人，以及大学教授等。有一点不该忘掉的就是这些知识分子根本不买国民党的账。这正是我们所倚重的。②

1947年年初，《密勒氏评论报》连续两期刊登文章回顾刊物过去一年(1946年)的言论走向。其中所列举的上半年案例主要有：(1) 批评国民政府的新闻检查制度；(2) 民盟成员黄炎培的重庆住所被抄，导致民盟退出政协会议；(3) 蒋介石像曾经的戴高乐总统一样，面临着是否在政府中容纳共产党的问题；(4) 呼吁增强普通老百姓的购买力；(5) 大米和金条价格飞涨；(6) 批评国民政府开始垄断所有经济领域；(7) 对美国的中立政策提出质疑；(8) 内战绵延，物价飞涨；(9) 李公朴和闻一多被暗杀置国民党于尴尬境地；(10) 国民党抓壮丁，有钱的可以买人顶替。在总结1946年上半年的文章末尾，作者提出了一个意味深长的问题：

---

① "Neutrality, American Style," *The China Weekly Review*, Vol. 104, No. 3, Dec. 21, 1946, p. 68.
② Steven R. MacKinnon and Oris Friesen, *China Reporting: An Oral History of American Journalism in the 1930s & 1940s*, Berkeley, Los Angeles: University of California, 1992. p. 92-93.

在结束这半年的回顾时,我们有一个问题尚不明了:"因为我们仍然试图弄清楚,马歇尔将军来中国是要扮演调停者的角色,还是要充当美国和国民党进攻延安的联合部队的指挥官?"①

与此相对照的是,《密勒氏评论报》对中国共产党的报道和评论越来越转向以正面为主。

二、加入新中国的对外宣传

1949年5月28日,《密勒氏评论报》为上海的解放而第一次将一篇"短社评"放在封面上,题目就是《上海解放了》("Shanghai Liberated")。全文如下:

> 随着本期《密勒氏评论报》付印,上海加入了中国解放区的行列。本刊对国民党政府在抗日战争后表现出的腐败、剥削和无能一直予以批判。我们因此欢迎已经到来的变化,并希望人民解放军的到来标志着一个新时代的降临——一个让中国人民享有好政府的开端。新政府面对着国家重建和社会结构重组的艰巨任务。我们祝福它,并将致力于诚实而公正地反映新中国的发展。②

上海解放后,《字林西报》《上海晚邮报》和《密勒氏评论报》等三家美英在沪英文媒体继续坚持出版发行。中共中央一开始没有干涉在沪的几家西方英文报刊的出版和发行。这一时期,《密勒氏评论报》可以说是比其他在华西方媒体要谨慎许多。1949年6月,上海《解放日报》发表评论,抨击《字林西报》等西方在沪媒体捏造国民党在长江口布卜水雷、封锁长江口的假新闻。这些西方媒体还暗示,只有借助美英的技术,才可以解决扫雷的难题。《密勒氏评论报》就此发表题为《上海的外报》("Shanghai's Foreign Press")的评论:

> 不可否认,所有的(在华)外国人都有着适应新形势的困难。大约一百年来,在华外国人享受至高的尊崇,并且靠不平等条约

---

① "The Year 1946 in the Review (January-June) Compiled from the Files of the China Weekly Review," *The China Weekly Review*, Vol. 104, No. 5, Jan. 4, 1947, p.135.
② 《密勒氏评论报》第113卷,第13期(1949年5月28日),封面。

所赐,实际上享有了比中国人还要优越的待遇。作为外国人,我们必须立即作出调整,必须意识到我们是作为客人在享有中国人的惠顾。尽管我们能在很多方面为中国的进步做出些许贡献,但是如果外国人制造"小麻烦"(to present a "minority" problem),那么新政权未必认可这些贡献。

因此,在华外文报刊的编辑应该极为谨慎。我们最后建议《字林西报》《大美晚报》和《密勒氏评论报》在这个问题上应该采取迎合新政权的立场,同时避免任何可能被看做"冒犯"新政权的言行。

我们相信,我们应该继续坚持自由而负责任的报刊这一传统观念,应该继续和任何邪恶与不公正斗争。但是,我们应该记住,一份报刊应该为整个社会的利益而存在,而不是代表任何小的特殊利益团体。这在当下尤其艰难。作为外国人,我们自然而然地过度关注影响外国人的事情……①

在对外国在沪外文报刊提出忠告的同时,文章随后还呼吁新政府尽快设立管理在华外国报刊和记者的专门机构,避免类似的谣言再起。文章最后一段提到:

外国人的问题优先回答、需求优先满足的日子一去不复返了。但是,我们相信,外国报刊仍能在未来一定时期内发挥有益的功能。为此,这些报刊本身必须严格检查自身的政策和宗旨。同时,政府部门的任何协助都将为主编们提供莫大的帮助。②

中华人民共和国成立后,《密勒氏评论报》完全投入到对新中国建设和发展的报道。由于冷战和中国国内政治体制转型等原因,刊物的消息来源越来越单一。又因为基本上只反映了新政权的呼声,刊物"一边倒的"(One-sided)报道引起了一些国际读者的不满。有一位读者来信说:

……解放后,我听闻很多读者对贵刊提出大量的批评。我们

---

① "Shanghai's Foreign Press," *The China Weekly Review*, Vol. 114, No. 4, Jun. 25, 1949, pp. 71-72.

② Ibid., p. 73.

第七章 蜕变阶段——小鲍威尔的坚守与离去

有些人觉得在国民党统治时期,贵刊勇于对当时发生的一些事发表客观而尖锐的观点。但是,解放后我们只看到刊物对新政府的溢美之词。我们觉得贵刊不再是客观和没有偏颇的了。

我们还认为你们过于猛烈地抨击美国政策。在我的记忆里,还没有看到你们对俄罗斯的所作所为有所批评。①

对此,小鲍威尔在刊物的社论中回应说,他相信《密勒氏评论报》"一如既往地,不折不扣地客观反映了中国真实的图景"。他认为新生的中国政府是"这个国家迄今最好的执政者——政府高效,官员诚实。当然了,它也有缺点和不足。但是到目前为止,这些还是微不足道的。有证据显示,它(新政府)非常灵活,随时更改错误的或是不适宜的政策和措施。对这样的政府夫复何求?"②

1950年2月中共中央成立了新闻总署,外国在华报刊才开始被逐步纳入新中国的新闻管理体系之内。③ 和中国报刊一样,《密勒氏评论报》不久也加入到新中国成立初期开展的"学习"和"整风"运动中,进行"批评和自我批评"。新闻总署下设有负责对外宣传的国际新闻局,乔冠华任局长,刘尊棋任副局长。④ 小鲍威尔1945年在重庆期间就结识了刘尊棋,并与其成为好朋友。当时两人都供职于"美国战争新闻办公室"(Office of War Information)。刘尊棋任职该机构的中文部主任。⑤

1950年3月29日到4月16日,新闻总署召开全国新闻工作大

---

① "Are We Objective," *The China Weekly Review*, Vol. 115, No. 9, Oct. 29, 1949, pp. 129-130.
② Ibid.
③ Neil L. O'Brien, An American Editor in Early Revolutionary China, New York: Routledge, 2003, p. 130.
④ 刘尊棋(1911—1993),湖北鄂城人,1928年入北平燕京大学政治系学习,1930年任中国左翼作家联盟北平分会理事,翌年1月加入中国共产党,同年7月遭国民党当局逮捕,1933年出狱。他被捕前后,曾两度任苏联塔斯社记者。1934年起,他历任《晨报》记者,中央通讯社记者,国际新闻社社长,新加坡《南洋商报》编辑,重庆、上海两地美国新闻处中文部主任,上海《联合日报》《联合日报·晚报》社长,香港《远东报》主编。1949年9月—1957年,历任新闻总署国际新闻局副局长、英文《人民中国》主编。1978—1981年,担任中国大百科全书出版社领导小组成员,《简明不列颠百科全书》中美联合编审委员会中方主席。1981年起先后任英文《中国日报》总编辑、中华全国新闻工作者协会副主席。
⑤ Neil L. O'Brien, An American Editor in Early Revolutionary China, New York: Routledge, 2003, p. 183.

会,并在会上向记者传达了中央人民政府的四项指示。第一项指示是:报刊要更多地关注工人和农民的劳动成果。工人们创造新纪录、新桥梁的建设,或农民消灭虫害等故事可以将报刊和广大人民群众更紧密地联系起来。报刊还可以给人民以有意义的指导,并且将此融入报刊自身的工作。第二项指示是,报刊指导和管理工作由主编负责(主编负责制)。第三项指示则鼓励报刊建立"记者网络"和"读报小组",旨在加强与广大人民群众的联系。这也是报刊和记者进行自我批评、思想改造和学习运动的方式。第四项指示就是报刊应该担负起批评政府、官员、经济组织和干部的责任。①

经过政治学习,《密勒氏评论报》的内容发生了很大的变化。刊物的报道和评论几乎全部是有关大坝建设、水电工程和农业生产进步的内容。对此,小鲍威尔在致美国读者的信中说:

> 有读者说,《密勒氏评论报》给他们留下这样的印象:中国人民忙于修建大坝,填平山川。总之,他们忙于重建自己的国家,无暇放松和娱乐。②

除此之外,刊物还设置《文件》(Documents)专栏,原文刊登中共中央制定的新政策和领导人的重要讲话。在负责对外宣传的国际新闻局的统一管理之下,《密勒氏评论报》俨然成为新中国对外宣传的一部分。随着《字林西报》和《大美晚报》的先后停刊,《密勒氏评论报》成了在中国大陆的最后一份美国私人拥有的西方英文报刊。

三、谴责美国在朝鲜战争中的角色

除了解释新中国的政策、报道新中国建设成就外,刊物在解放后最令人印象深刻的就是朝鲜战争中"细菌战"这个话题了。尽管《密勒氏评论报》转化成了新中国对外宣传的一分子,它留给美国读者最深刻的记忆仍然是它对朝鲜战争的报道,特别是对美国战俘和细菌战的报道。

---

① Neil L. O'Brien, An American Editor in Early Revolutionary China, New York: Routledge, 2003, p. 183.

② John W. Powell, ed., "Report to Readers," *The China Monthly Review*, July 1953, pp. 128-129.

第七章 蜕变阶段——小鲍威尔的坚守与离去

《密勒氏评论报》对朝鲜战争的报道主要有4个重心：(1) 言论上支持中国，将战争的原因归咎于美国，彰显美国的非正义立场。(2) 持续报道中国政府指责美军在朝鲜战场和中国部分地区使用了"细菌武器"（bacteriological weapon）。除了中国政府这个消息源外，刊物还引用美国国内一些报刊发表的有关美国研制细菌武器的报道。《密勒氏评论报》还通过采访美军战俘，证实美军使用了细菌武器。(3) 呈现战争的残酷性，集中报道战争所造成的巨大伤亡，特别是给平民造成的伤害。(4) 关注美军战俘，重点呈现美军战俘在中国和朝鲜所受到的优待。与此同时，作为当时唯一在中国发行的外国人在华英文报刊，《密勒氏评论报》被中国政府用作对美军战俘进行"思想改造"的材料。

美国是否真的在朝鲜战场动用了细菌武器一时无法求证，但是《密勒氏评论报》对此事的关注也并非完全捕风捉影。这主要出于两个原因：一方面，美国在第二次世界大战后对日本731部队的Lt. General Ishii Shiro等战犯采取包庇纵容的态度，目的是换取他们的试验结果。显然，出于人道主义的原因，这些结果是美国的国内细菌武器研究项目所无法取得的。同时，苏联也对其俘获的731部队成员进行了审讯。中苏两国要求成立特别国际军事法庭，以发动细菌战的罪行审判日本天皇、731部队以及日本关东军的将领。《密勒氏评论报》为此出专刊予以报道。另一方面，二战后美国的细菌战研究项目也早已引人关注。1946年，美国《生活》杂志列举了美国在马里兰州、印第安纳州、密西西比州和犹他州的细菌战研究项目。同一年，《纽约时报》也对此予以报道，并声称细菌武器可以"轻而易举地毁灭一座城市"。而《时代》杂志认为，美国细菌武器的研究甚至比原子弹更有前景，因为这种武器丝毫不会毁坏建筑和其他财产。其他主流媒体也同时关注了此事。甚至有美国官员曾经明确表示，朝鲜战争进行到紧要的关头，将不惜动用细菌武器。[①]

1951年6月，《密勒氏评论报》首次转发新华社谴责美国暗中利用中国战俘，进行细菌试验的报道，报道题目是《抗议美国细菌战》

---

① Neil L. O'Brien, *An American Editor in Early Revolutionary China*, New York: Routledge, 2003, pp. 216-217.

("Protest US Germ War")。此后沉寂了大约8个月,有关细菌战的文章又大量出现在刊物上。从1952年4月开始至当年年底,《密勒氏评论报》每期都刊登文章报道美国在朝鲜战场使用细菌武器一事,并配发评论。从这些文章的标题,读者就可以看出刊物所持的立场。

- 《美国扩大细菌战范围》("US Extends Germ Warfare")
- 《细菌战:歇斯底里的象征》("Germ Warfare:A Sign of Desperation")
- 《美国细菌战铁证如山》("US Germ War Fully Proved")
- 《美国的细菌战》作者:梅汝璈("American Germ Warfare,by Mei Ju-ao")
- 《被俘美国空军承认细菌战》("Captured US Airmen Admit Germ Warfare")
- 《追寻真相》("Hunting the Truth")[1]
- 《对细菌战的调查》("Investigate Germ Warfare")
- 《恐怖的武器》("The Horror Weapon")[2]
- 《美国的细菌战》("U.S. Germ Warfare")
- 《为什么美国战俘承认发动了细菌战》("Why U. S. POW's Admit Using Germ Warfare")[3]

1952年6月,《密勒氏评论报》刊登了梅汝璈当年4月5日写的一封有关美国发动细菌战的信,并为之配发了标题《美国的细菌战》。梅汝璈曾代表中国出任"远东军事法庭"法官。梅汝璈此信是写给曾经和他在"远东军事法庭"共事的10位法官,以对美国在远东发起细菌战表示抗议。[4] 此外,《密勒氏评论报》还引用了被俘美国士兵的话证明细菌战属实,刊物还给细菌战的报道配发了大量的照片。这在美国

---

[1] 该文所指称的事实是:美国发动朝鲜战争、在战场上发动细菌战,以及纠集联合国军的实际状况。
[2] "Investigate Germ Warfare," *The China Monthly Review*, Vol. 123, Oct. 1952, pp. 307-311.
[3] 所列为1952年4月至当年年底《密勒氏评论报》刊登的有关美国在朝鲜战场发动细菌战的文章标题。中文为笔者所译。
[4] "America's Germ Warfare," *The China Monthly Review*, Vol. 122, No. 6, p. 556.

国内激起了较大的反响,特别是导致美国政府的恐慌。这一时期的《密勒氏评论报》在美国除了一些私人的订户外,还被一些大学和公共图书馆订阅和收藏。比起同时期的中国共产党对外宣传刊物,《密勒氏评论报》在美国更有声望,因而也更具影响力。刊物的这些报道和评论甚至影响到了小鲍威尔的后半生。

第三节 从周刊,到月刊,再到停刊

解放战争给上海的外国人报刊带来了经济上的重创。越来越多的读者给《密勒氏评论报》写信抱怨刊物的价格越来越高,以至于他们支付不起订阅费。而从刊物的角度来说,他们已经尽力将价格维持在最低限度,以确保尽可能多的读者能支付得起订阅费。然而,广告的逐步流失已经是大势所趋。而广告收入长久以来一直是支撑刊物以较低价格发行的唯一途径。刊物因此解释说:我们已经尽力考虑到读者的支付能力,同时保持刊物的延续。我们可以在一段时间里牺牲赢利,却无法在长期亏损的状态下运作。① 有些读者甚至请求报社为他们提供别人已经读过的《密勒氏评论报》。应这些读者的请求,报社决定回收读者已经阅读过的杂志,然后以适当的价格转卖给有需要的读者,从而保证《密勒氏评论报》的二次流通。② 虽然发行量急剧萎缩,但是它的评论和报道每日仍被中国报刊广泛引用。直至20世纪80年代,小鲍威尔一直保存着厚厚一本《密勒氏评论报》被其他报刊转载的文章的剪报。他坚持认为,发行量下滑并不代表它的影响力变小了。另一方面,小鲍威尔依然抱着局势会恢复如前的期望。他在80年代的一次和当年驻华记者的聚会上回忆说:

> 国民党不时地会给我们带来一些麻烦,但是我们总能成功地规避。直到上海陷落前不久,国民党一直保持对所有报刊的审查。后来,我们又面临着另一种问题。我们在1949年后继续出

---

① "Needy Readers," *The China Weekly Review*, Vol. 112, No. 2, Dec. 11, 1948, pp. 31-32.

② Ibid.

版。我想形势会安定下来,美国会承认中共,贸易会恢复,上海也将延续其重要港口的地位,包括商人和各色人等在内的外国社区将得以保留。这是对政治形势的非常拙劣的判断。如果没有新闻审查,就会有(缺乏)广告商的问题。我们还提供一些商业和翻译服务,所以能够撑到朝鲜战争结束。①

尽管《密勒氏评论报》在新中国成立初期得以继续出版发行,但是刊物的经营却每况愈下。首先,随着英美商人大批离去,刊物的广告客户迅速减少,直至完全消失。这对一份私人拥有的报刊是最致命的打击。其次,刊物订户的流失也是显而易见的。这样一来,刊物的两大经济支柱就已经崩塌了。1949年8月6日,报社将第114卷第9、10两期合刊出版,直接原因是台风造成了电力临时中断,雨水毁坏了印刷设备。同时,刊物承认自己遇到了更大的难题。

> 几个月以来,《密勒氏评论报》的两大收入来源——订阅费和广告利润稳步下滑。随着人民解放军的推进,刊物发行的范围被不断地压缩。但是,在上海成为迅速扩展的解放区的一部分之时,这种情形又有所改变。刊物的发行量再次上升。然而,战争造成的混乱使得这一增长微不足道。《密勒氏评论报》的发行量距其最高峰时的约10000份相差甚远。②

上海解放后不久,《密勒氏评论报》就处于亏损状态,出版发行已经难以为继了。但是,小鲍威尔的一些朋友建议说,刊物在沟通中西方面仍然能够有所作为,因此应该坚持出版发行。于是,尽管在经济上捉襟见肘,小鲍威尔仍继续坚持办刊。直到1950年7月15日,他被迫正式宣布《密勒氏评论报》将于3周以后,也就是8月5日停刊。

> 经济上的窘迫日甚一日。解放后又出现了新的问题。国民党的封锁和邮政系统的瘫痪使得我们的海外发行严重受阻。我

---

① Steven R. MacKinnon, *China Reporting: An Oral History of American Journalism in the 1930s & 1940s*, University of California Press, 1992, pp. 113-114.
② "To Our Readers," *The China Weekly Review*, Vol. 114, No. 9, 10, August 6, 1949, p. 182.

们在很多亚洲国家受到限制,加之来自很多国家的汇款被阻断,使得我们的海外发行急剧下滑。因此,总体来说,经济问题的恶化和无力送达更多读者的现状,使得我们被迫停刊,别无选择。①

停刊的公告发出后,小鲍威尔收到了大量的读者来信,请求他不要停刊,并鼓励他设法继续出版。其中一封信建议他将刊物变成月刊,提高价格,继续发行。这和小鲍威尔的想法不谋而合。后来他在解释刊物以月刊的形式继续出版的决定时,给出了三个原因:(1)大量读者来信表达对刊物继续出版的渴望,并且给出了继续出版的建议;(2)战争与和平的力量之间的尖锐冲突;(3)西方国家鲜有机会获得有关中国发展的不带偏见的报道。② 于是,从1950年9月起,《密勒氏评论报》以月刊的形式继续出版。起初,刊物的排版和格式保持不变。

图7-2 左为《密勒氏评论报》最后一期周刊,右为第一期月刊

---

① "Review To Close," *The China Weekly Review*,Vol. 118,No. 7,Jul. 15,1950,p. 110.
② "Review To Continue," *The China Weekly Review*,Vol. 118,No. 10,Aug. 5,1950,p. 164.

《密勒氏评论报》：美国在华专业报人与报格(1917—1953)

从 1952 年 1 月开始，刊物由 16 开普通杂志式样缩小为 32 开书本式样。与此同时，刊物经济类栏目的小时和广告流失，使得其财经特色逐渐褪去。以月刊的形式出版只是暂时缓解了刊物的经济困境。尽管如此，《密勒氏评论报》仍然坚持出版至 1953 年 7 月，并且在最后一期印上了大大的"停刊号"(Farewell Issue)的字样。

在 1953 年第 6 期刊物上，《密勒氏评论报》就停刊提前发布了编辑部致读者的文章。文章总结了复刊 8 年来刊物因经济困顿而终至停刊的历程。抗战结束后，国民党统治下经济通胀，民生凋敝。1949 年后，中国国内局势虽然趋稳，经济发展也有了起色，但是依然面临着严峻的国际局势——国民党军队败退台湾初期仍然封锁着大陆的海岸线，阻断了中美之间的邮路，加之美国对中国大陆实施贸易禁运，使得一半以上读者在海外的《密勒氏评论报》失去了大部分的收入来源，被迫提前一期宣布停刊。

《密勒氏评论报》将在下一期之后停刊。自二战终结后复刊至今，刊物从来不曾是一桩"赚钱的买卖"，且每况愈下。过去 8 年间，我们靠其它出版活动的盈利弥补刊物周期性的赤字。但是，今天这些盈利再也无法填补《密勒氏评论报》持续的亏空。①

在正式和读者道别后，报社有条不紊地退还了中国国内订户剩余的订阅费。针对海外订户，报社提议以提供刊物木刻雕版的形式结清账目。尽管复刊 8 年后终告停刊，小鲍威尔仍然对刊物感到相当的满意。他认为《密勒氏评论报》为破除西方新闻界刻意扭曲事实并制造"歇斯底里的、反华的"国际紧张局势做出了贡献。他深信刊物为外界呈现了新中国"真实的图景"，并且讲述了这个古老土地上正在重建新文明的重大而激动人心的故事。②

1953 年 7 月，《密勒氏评论报》在最后一期封面上印上了大大的"停刊号"(Farewell Issue)字样(图 7-3)。

---

① Review to Close After the Next Issue，The China Monthly Review，Vol. 124，No. 6，Jun. 1953，p. 3.

② Ibid.

第七章 蜕变阶段——小鲍威尔的坚守与离去

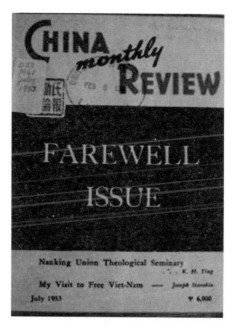

图7-3 《密勒氏评论报》停刊号

1953年秋,小鲍威尔回到美国时,正值"麦卡锡主义"盛行。回国不久,他就被国会传召,去说明他是否是"共党分子"(Communist cell)以及他和中国政府的关系。1956年,小鲍威尔夫妇被美国政府以少有的"煽动罪"(sedition)送上了法庭。尽管美国法律规定构成煽动罪的行为应该发生在美国国土或海域范围内,小鲍威尔还是以"利用《密勒氏评论报》煽动战俘反美"的罪行被起诉。

具体有13项煽动行为,归纳起来有这么四类:(1)指责美国是朝鲜战争中的侵略者;(2)妄称美国在朝鲜和中国使用细菌武器;(3)指称美国阻挠和平谈判;(4)夸大了美国在战争中的伤亡数字。[①]

这场官司一直持续了5年多。最终美国司法部部长罗伯特·F. 肯尼迪(Robert F. Kennedy)亲自出面于1961年5月批准取消对小鲍威尔夫妇等3人的一切指控。虽然被宣布无罪,但是受此影响,小鲍

---

① Neil L. O'Brien, *An American Editor in Early Revolutionary China*, New York: Routledge, 2003, p. 271.

图 7-4　约翰·W. 鲍尔工作照①

威尔再也无法从事新闻工作。此后,他在三藩市做过推销员,搞过房地产,最后开了一家古董店谋生。1981年,沉寂许久的小鲍威尔在《原子科学家公报》(Bulletin of Atomic Scientists)上发表了两篇关于日本731部队在中国使用细菌武器的文章,再次在美国引起了轰动。小鲍威尔在文中披露美国曾经庇护731部队的头领,借此掌握了细菌战的技术,并且有可能在朝鲜使用了细菌武器。② 美国到底有没有在朝鲜战场上使用细菌武器至今仍是个谜。2008年12月15日,89岁的小鲍威尔在美国三藩市去世。

---

①　John B. Powell Collection (C3662), Folder 133-181, Western Historical Manuscritps Collections of Missouri University.

②　Magralit Fox, "John W. Powell, 89, Dies: Writer in Sedition Case," *The New York Times*, Dec. 17, 2008.

本 章 小 结

抗日战争胜利后,小鲍威尔子承父业,于1945年10月在上海恢复了《密勒氏评论报》的发行。然而,由于战争的影响,刊物逐渐失去了生存的经济支柱——广告收入和订阅费。它的财经特色也逐渐褪去,直至完全消失。尽管它在言论上给中国共产党和新中国以极大的支持,而且在解放后被指成为中国对外宣传的一分子,但是经济上的困顿和体制的变化使得刊物的生存基础消失殆尽。几经周折之后,《密勒氏评论报》出至1953年7月后停刊,成为最后一份离开中国的外国人在华英文报刊。

第八章　专业主义的坚守与妥协

从 19 世纪末开始,综合国力跃居世界之首的美国开始了向海外扩张的进程。和其他列强在全球的殖民活动有所不同,美国的海外扩张不仅仅体现在军事和经济层面上,而且带有日益明显的价值观和意识形态色彩。实力的提升让越来越多的美国人确信美国是世界上最民主和自由的国家。许多国际主义人士开始热衷于向海外推行美国的民主和自由观念。沃特尔·威廉士也在这一时期极力向其他国家传播自己所倡导的美国新闻专业主义。密勒、老鲍威尔和他们的《密勒氏评论报》则为在中国传播这一主义发挥了重要的桥梁作用。除了宣称在实践中遵循美国新闻专业主义的原则和内涵外,《密勒氏评论报》还以其他不同的方式在中国传播了美国新闻专业主义理念。

第一节　传播美国新闻专业主义

一、以美国新闻专业主义视角审视中外新闻事业

《密勒氏评论报》刊登了大量有关新闻学和新闻业的文章。以《特别稿件》栏目为例,在刊物发行的 32 年零 4 个月时间里,这个栏目总共刊登了大约 128 篇与新闻业紧密相关的文章。[①] 这些"特别稿件"大多

[①] 笔者纵览全部《密勒氏评论报》中《特别稿件》的目录,将有关新闻与宣传文章的标题辑录在一起,共得到 128 个标题。

报道的是中国新闻业的状况。它们大致可以分成6大类:(1)新闻学与新闻学界动态;(2)新闻业界动态;(3)媒体环境(影响报刊的政治、经济和其他社会因素,包括广播在内的传播技术的进步);(4)新闻检查与新闻法;(5)广告;(6)宣传。需要说明的是,对这些稿件的分类并非严格遵循某一个明确的标准。少数文章可以归入不同类型当中。比如说对有关新闻学界和业界共同活动的报道则可同时归入两类。好在这样的文章屈指可数。需要特别说明的是,"媒体环境"一类的文章侧重反映政治、经济、社会其他因素和新闻业的关系。也就是从宏观的角度反映政治、经济和社会其他他场域与新闻场域之间的互动。"新闻检查与新闻法"则是各种统治者和外来势力制定的具体管理新闻业的法律和法规。其他4种类型包含的都是反映新闻场域内部活动的文章。

在所有的有关新闻业的"特别稿件"中,刊物关注最多的是中国的媒体环境和新闻界的动态。关于"媒体环境""新闻业界动态"和"新闻学及学界动态"的文章加在一起有95篇,约占总数的74%。这些文章绝大多数都是从美国新闻专业主义的视角去观察当时的中国新闻业的。有关"新闻检查和新闻法"的文章则集中体现了美国人的新闻独立和新闻自由观念。读者可以从"宣传"类的"特别稿件"中看出20世纪早期,新闻界虽然越来越清晰地看到新闻与宣传之间的分野,但是在新闻实践中并没有完全将两者严格区别开来。4篇"广告"类的"特别稿件"则集中体现了美国人在报刊广告经营方面的先进理念。

笔者在附录中详细列举了这些文章的标题和所在的卷号、期号、起始页码和出版年月日(参见附录4:《密勒氏评论报》所载关于新闻业的《特别稿件》标题清单)。图8-1呈现了这些文章的总体分布。

除了上述文章之外,13篇有关"新闻学和学界动态"的文章更是对美国新闻专业主义最直接的传播,现将文章标题翻译并列举如下。

    1.《世界新闻大会主席在中国》,作者:董显光,第19卷第2期(1921年12月10日),第54页。

    2.《沃尔特·威廉士博士给中国新闻界的信息》,作者Francis Zia,第19卷第3期(1921年12月17日),第99页。

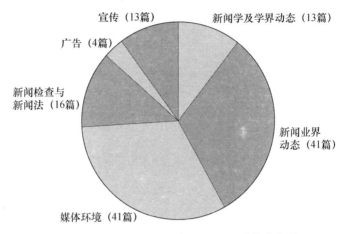

图 8-1 《特别稿件》栏目有关新闻业稿件分布图

3.《中国新闻的新动向》,作者:董显光,第 19 卷第 11 期(1922 年 2 月 11 日),第 454 页。

4.《北京大学成立新闻学院的报道有误》,第 25 卷第 10 期(1923 年 8 月 4 日),第 324 页。

5.《密苏里新闻学院寻求中国纪念礼物》,作者:J. V. S,第 50 卷第 10 期(1929 年 11 月 9 日),第 379 页。

6.《我阅读中国某日报的经历》,作者:林语堂,第 52 卷第 5 期(1930 年 3 月 30 日),第 178 页。

7.《中国举办首次新闻学之周》,作者:Charles C. S. Wang,第 56 卷第 7 期(1931 年 4 月 18 日),第 230 页。

8.《中国缺乏国际宣传》,作者 Edward Bing-Shuey Lee,第 56 卷第 7 期(1931 年 4 月 18 日),第 231 页。

9.《中国的新闻自由问题》,作者:Paul K. Whang,第 70 卷第 9 期(1934 年 10 月 27 日),第 300 页。

10.《让我们组织起来》,作者:郭维鸿,第 73 卷第 9 期(1935 年 7 月 27 日),第 295 页。

11.《新闻内部的自由》,作者:聂世芬,第 77 卷第 9 期(1936 年 8 月 1 日),第 312 页。

12.《密苏里新闻学院院长马丁辞世》,第 97 卷第 8 期(1941

年7月26日),第239页。

13.《日内瓦会议上新闻自由的东西方之争》,作者:Li Chung-fah,第109卷第12期(1948年5月22日),第369页。①

前三篇文章集中刊登在1921年年底,威廉士访问中国之际。内容均是介绍威廉士所倡导的新闻专业主义理念。第1篇和第3篇文章的作者董显光是密苏里新闻学院的毕业生。第10篇《让我们组织起来》是由燕京大学新闻系的郭维鸿所做,内容是呼吁中国新闻专业人士组织起来,共同推进中国新闻的现代化进程。第11篇《新闻内部的自由》的作者是来自密苏里新闻学院,并在燕京大学新闻系任教的聂世芬(Vernon Nash)。他的文章从更深层次剖析了新闻界不仅要向外界争取新闻自由,还应该提倡新闻业内部的自由。文章批评新闻界有时会屈服于强权,在内部实施严格的"自我审查"。在撰写这篇文章的时候,聂世芬在燕京大学新闻系教书。他是通过密苏里新闻学院和燕京大学新闻系的交流项目来到中国的。第5篇《密苏里新闻学院寻求中国纪念礼物》原文刊登了威廉十给老鲍威尔的一封信,信的内容是希望在密苏里新闻学院成立20周年之际得到一份来自中国新闻界的礼物。第7篇《中国举办首次新闻学之周》报道了中国新闻学界组织的一次为期一周的学术活动。组织者邀请了当时在华访问的威廉士。显然,这些有关新闻学界动态的文章基本上都和密苏里新闻学院有关。其他文章传递的基本上都是美国新闻专业主义的理念。除了这些"特别稿件"外,《短社评》栏目也发表了大量有关美国新闻专业主义的评论,更加直接地传播了美国新闻专业主义的核心理念。

二、关注中国新闻专业化进程

透过《密勒氏评论报》,读者可以看出中国新闻事业在20世纪上半叶所取得的一些重大进步。《密勒氏评论报》创办之前,中国尚没有专门的报刊协会和职业报人组织。众所周知,北京大学新闻学研究会是中国的第一个新闻学研究机构。但是,鲜有人关注中国新闻业界早

---

① 原标题为英文。中文标题为笔者所译。文章部分作者为中国人。其中一些作者的中文姓名一时无从得知。这里选择保留他们姓名的拼音和英文名。

《密勒氏评论报》：美国在华专业报人与报格(1917—1953)

期组成的职业报人协会。上海算得上是中国现代报刊最繁荣的地方。早在1917年，在上海的中国新闻界成立了第一个行业组织——中国记者协会。《密勒氏评论报》于当年11月发表"短社评"，祝贺协会的诞生，并阐述了它的意义。

> 制作(make)，确切地说是"撰写"(write)上海中文报纸的人士组成了一家"中国记者协会"。该协会正努力将组织规模向全中国扩展。协会的宗旨是促进中国新闻业的进步，增进中国报刊和报人的友谊。直到过去几年，中国仅有的新闻业是"外国"新闻业(foreign journalism)，也就是位于通商口岸的英文、法文、德文、日文和俄文等外文报刊。这些地方恰巧有足够的外国人支撑了这些报纸。在很多情况下，缺少外国商人支持的报刊会转而直接或间接地寻求其母国政府的支持，以期成为该国所青睐的宣传工具。这一外国利益常常扩展至外国报刊之外，并经常"间接"地以经济手段控制各种中文报刊。更高层次的中国报人欲通过自身努力消除这一影响，并建立起中国的新闻业。新成立的中国记者协会所做的第一件事就是通过上海的中国基督教青年会(Y.M.C.A.)开办了一个新闻学和广告的课程。课程隶属中国基督教青年会所办夜校的一部分。该课程由一位有着在美国新闻界工作经验的外国人所授，并由一位出色的译员将其译成中文。①

从"撰写"一词可以看出，这篇评论的作者注意到了中国报刊还不注重采访和报道环节。很多文章是"撰写"而成，而非建立在记者坚实的采访和报道之上。同时，刊物敏锐地看到中国新闻事业现代化进程势必将深受外国新闻业的影响。在随后的办刊过程中，《密勒氏评论报》格外关注中国新闻界和国际新闻界之间的接轨，也积极倡导中外新闻界的交流。1919年3月，中国第一个"国际新闻界俱乐部"(The International Press Club)在北京成立。刊物认为它象征着中国新闻界在过去几年取得的进步。

---

① "Editorial Paragraphs," *Millard's Review*, Vol. 2, No. 12, Nov. 17, 1917, p. 327.

"国际新闻界俱乐部"最近有了供所有记者会员聚会的总部。它在一份传单中宣称,俱乐部已经在努力凝聚中外记者和宣传人员,并协调他们的行动。它是一个严格意义上的非党派组织,而且只致力于专业的新闻宣传。它按照各国在北京对新闻感兴趣的会员之多少进行排序——美国人、英国人、中国人、法国人和日本人。这份传单还宣称,将组建一个翻译部,作为俱乐部活动之重心,以期促进中外新闻界的沟通,并以此表明这是襄助中国改革所必要的。①

1920年前后,中国新闻业界逐渐加强了内部的联合。第一届全国新闻界大会当年在广州召开。但是由于政治原因,与会的基本上是南方新闻界人士。北京和天津新闻界没有派代表与会。上海新闻界则草草派员参加了会议。次年,在广东新闻界的提议之下,上海和天津新闻界一致同意第二届全国新闻界大会由北京新闻界举办。会议日期就定在1921年的5月5日。② 会议召开前一个月,《密勒氏评论报》在"短社评"栏目高度评价了中国新闻界的这一举动。

> 这个国度的报人在中国新闻史上首次尝试去组织起一个全国范围的新闻协会,以期提升新闻的标准,增强公众对其职业价值的认可,改善报刊和新闻通讯社,并且促进报刊出版者和作者之间在新闻交流方面的倾情合作。北京、天津和上海新闻界协会接受广东新闻界协会的提议,今年将在北京召开第二届全中国范围的新闻界大会。这表明此次大会极有可能取得成功。会议将在5月5日召开。其中一个重要的议程将是"如何利用中国公共舆论,促进国家的早日统一。"(会议)还将强调新闻免受外界干涉的自由,并且不接受来自政府的资助,尽管后者表示愿意拨款10万元用于会议的支出。③

---

① "Editorial Paragraphs," *Millard's Review*, Vol. 8, No. 5, Mar. 29, 1919, pp. 156-157.
② "Editorial Paragraphs," *Millard's Review of the Far East*, Vol. 16, No. 5, Apr. 2, 1921, pp. 226—227.
③ Ibid.

就在中国新闻界筹备第二届全国新闻界会议的同时,国际新闻界也在筹备两个会议:一个是即将在美国夏威夷火奴鲁鲁召开的第二届世界新闻界大会;另一个是拟于日本东京召开的大东亚新闻界大会。日本新闻界声称大东亚新闻界大会旨在"促进大东亚地区国家的记者之间的友好与谅解,以及本地区新闻业的发展"。日本方面向中国新闻界发出了邀请。包括中国最古老的日报《北京日报》在内的北京17家报纸准备派代表与会。但是以《益世报》和《晨报》为代表的反日报纸则强烈抵制此次会议。《密勒氏评论报》认为,中国新闻界大会和大东亚新闻界大会都将有助于增加记者的权益。但相比之下,世界新闻界大会因其国际意义而尤为重要。① 它主张中国新闻界应该参与国际新闻界这一盛会,向世界传递中国的呼声。这次大会将在华盛顿会议之前召开。会议为期十天(1921年10月4日至14日)。然而,巴黎和会之后,中国新闻界对国际社会充满了失望的情绪,因此对火奴鲁鲁第二届世界新闻界大会基本上保持沉默。但是,《密勒氏评论报》强烈建议中国新闻界参加这次大会。

  中国新闻界有必要派出一个强大的代表团参加世界新闻界大会,因其重要性超过了上述两个会议。由中国人管理的英文《北京日报》(Peking Daily News)在一篇社论中阐明了参会的必要性:"除了将讨论一般的新闻专业话题,会议还将正式和非正式地讨论最重要的国际问题。会议召开期间的国际氛围,决定太平洋问题和东亚问题将成为最重要的议题。它事关中国的切身利益,因此她应该在会上有自己的发言人。如果没有,那么中国的观点要么被完全忽视,要么更有甚者,会被某个不太了解情况的人所曲解。两者都是灾难。中国有熟练掌握外语的记者。他们完全能够在此次会议上代表中国。中国的新闻组织应该留意此事,并以适合的方式派出代表。被选派的人员应该不准参加任何党派或有任何政治倾向。中国新闻界各团体在此事上应一体协商与合作。中国代表团不必要太大,实际上也不会太大。但是,

---

① "Editorial Paragraphs," *Millard's Review of the Far East*, Vol. 16, No. 5, Apr. 2, 1921, p. 227.

它必须精干且有活力,能维护中国利益,就像顾维钧博士在日内瓦国联大会上所做的那样。时不我待,应该开始筹备此事了。"①

从刊物中,我们也可以看到中国新闻界所发生的重要事件。而且刊物是从国际视角报道和评论这些事件的。随着日本侵略中国野心的日益彰显,《密勒氏评论报》揭露和抨击日本在中国侵略的言论也越来越多。1935年,中国新闻史上著名的"新生事件"在上海发生。《密勒氏评论报》发表评论认为,日本军界看到了《新生》周刊刊登的《闲话皇帝》一文后,借此大做文章:一方面谴责日本外交部门失职,不能很好地在中国维护日本的利益;另一方面借机对华采取强硬立场。《密勒氏评论报》评论认为,对《新生》周刊主编杜重远的判罚似乎有两处错误:一来,此判罚不符合国民党颁布的《新闻法》;二来,《新生》周刊有别于多以敲诈为目的的"蚊报",不在合理的取缔范围之列。② 这篇文章被上海的日本人报纸广泛引用,扩大了"新生事件"的国际影响。老鲍威尔也因此再次开罪了日本军方。日本设在上海的通讯社Japanese Rengo Service③ 发布的消息称:"鲍威尔先生是《密勒氏评论报》杂志主编。该刊在美国总领馆注册,并且在外国人和受过良好教育的中国人中广泛发行。所以,文章的影响更加深远。"④

1936年4月1日,《大公报》在上海设立了分部,并开始发行《大公报》上海版。《密勒氏评论报》为这家高质量的中文报刊落户上海租界而欢呼,并于4月11日发表社评,简要介绍了《大公报》的历史以及其主要的编辑和管理人员。这篇社论认为:

> 中国报刊新闻的另一个进展是,4月1日,《大公报》开设了上海分部,并开始发行上海版。上海居民上下班途中经过爱德华七世大街的,已经注意到它矗立着的新的中文标志。这些字的意思

---

① "Editorial Paragraphs," *Millard's Review of the Far East*, Vol. 16, No. 5, Apr. 2, 1921, pp. 227-228.
② "Anti-Foreignism Prohibited: Editor's Appeal Denied," *The China Weekly Review*, Vol. 73, No. 9, Jul. 27, 1935, pp. 280-281.
③ Japanese Rengo Service 为日本设在上海的一家新闻通讯社。
④ "Japanese Military Threaten Action Over 'Review's' Report on New Life Case," *The China Weekly Review*, Vol. 73, No. 13, Aug. 24, 1935, p. 427.

是:"Big Public Newspaper"。对成千上万中国北方的报纸读者来说,这些字有着特殊的意义。《大公报》多年来已经在北方奠定了其作为一份出色的自由派报刊的特殊地位。①

除了关注中国新闻业界的动态之外,《密勒氏评论报》还和许多在华报刊保持着固定的联系。一方面,它非常重视和美国在华报刊的合作。刊物从早期就定期为美英在华的进步报刊刊登广告。这些报刊主要包括:《华北明星报》(The North China Star)、《北平纪事报》(The Peiping Chronicle)、《上海公报》(The Shanghai Gazette)、《亚太评论》(The Asiatic Review)。另一方面,刊物还特别加强和中国进步报刊的联系。除了设置专门的栏目反映中国主流报刊的声音外,刊物也定期为一些中国报刊刊登广告,将其目录中主要的文章标题翻译成英文,以帮助这些刊物扩大国际影响。这些中文报刊主要包括:《中国评论周刊》(The China Critic)、《中国季刊》(The China Quarterly)、《中国共和》杂志(The Chinese Republic)、《人民论坛》(The People's Tribune)、《中国之声》(The China Voice)和《天下》杂志(Tien Hsia Monthly)。这些中文刊物大多是月刊,也有季刊和双周刊。他们的编辑和发行人也大多是专业的报人。

《密勒氏评论报》不仅关注中国新闻专业化和现代化的进程,而且有意识地在中国传播其所尊奉的美国新闻专业主义。刊物虽是在华外文报刊,但是它积极地融入中国新闻界。它既关注中国新闻界的动态,同时也加强自身和中国进步报刊和报人的联系,并为它们扩大国际影响力。除此之外,刊物还在中国新闻学界有着较大的影响力,具体体现为它对密苏里模式的推动作用。

第二节 推动密苏里模式在中国的移植

美国对中国现代教育的影响比世界上任何国家都要深远。美国人也的确堪称在中国推广西式教育的先驱。在《密勒氏评论报》看来,

---

① "Recent Significant Newspaper Developments in China," *The China Weekly Review*, Vol. 76, No. 6, Apr. 11, 1936, p.182.

虽然英国人罗伯特·马礼逊开启了中国教育现代化的大门,但是他是在驻广州的美国领事的庇护之下,才得以涉足中国的,因为那时英国的东印度公司不允许英国人在中国从事经商以外的任何事务。① 相比于英国人在中国更热衷于传教和商业,在华美国人则对教育更为重视。截至1925年,大约三分之二的美国传教士在华从事教育工作。重要的是,这些传教士教育工作面对更多的中国贫穷阶层,从而打破了中国传统教育体系中"学而优则仕"的观念,也动摇了男女在教育上的不平等地位。另一方面,美国也是最早接纳中国官派留学生的国家。1901年,慈禧太后颁布谕旨,允许学校进行西式教育改革,并且在各省首府设立大学。第一批的6所大学是由5名传教士主持开办的。这5名传教士中有4名是美国人,1名是英国人。美国人通过教育对中国产生的影响力从20世纪初开始日益显现。英国人加斯科因（Lord Gascoigne-Cecil）在其所著的《变化中的中国》中感叹道:尽管英国在中国的势力一直最大,英国的国旗也最为耀眼,但是英国人不重视教育中国的年轻人,以至于他们很多人选择了美国传教士办的学校。中国真正的未来将有赖于受过美式教育的中国人。②

美国人同样开启了中国新闻学教育。而中国的新闻教育一开始就采用的是密苏里模式。

一、什么是密苏里模式

密苏里模式,顾名思义,就是指世界上首个新闻学院——密苏里新闻学院所采用的新闻教学模式。威廉士是这一模式的首要倡导者。早在创立新闻学院之前,威廉士就主张,学新闻最佳的方式是实践,并因而强调动手做和职业取向。1908年成立以后,密苏里新闻学院逐渐开设了四组课程:新闻和编辑、商业管理、新闻专业技能和新闻理念。学院从学员入学开始就为他们提供实践的机会,让他们能一边学习新闻学知识,一边将这些知识运用到实际工作中去。

---

① Helen McCracken, "America's Influence on Education in China," *The China Weekly Review*, Vol. 32, No. 12, May. 23, 1925, p. 334.
② Ibid., p. 340.

《密勒氏评论报》：美国在华专业报人与报格(1917—1953)

　　密苏里新闻学院的学生一进校门就有"真实的工作经历"（Real-World experience）。这听起来有点儿不可思议。事实上每个新生甫一入学就要在《密苏里人报》写稿、拉广告、搞发行。校办的媒体还有很多，包括电台 KBIA、电视台 KOMU、时尚杂志 VOX、行业杂志《全球记者》（Global Journalist），甚至还有专业广告公司 MOJO AD。学院办公大楼墙上有一则训示："广告是自由媒体的燃料"。作为新闻业最高学府而能如此坦率地谈论金钱，显然在昭示学生们，不能躲在学术的象牙塔里读死书，还要勇于面对市场的竞争。①

《密苏里人报》（University Missourian）即《哥伦比亚密苏里人报》（Columbia Missourian）的前身，报社和密苏里新闻学院仅一街之隔。该报的报道和发行范围并不仅限于密苏里大学校园，它实际上是一份面向社会的报纸。它的报道范围主要是密苏里大学所在的哥伦比亚市，发行则面向全美。报纸作为新闻学院在校学生的实习园地，与学院强调实践能力的想法相一致。另一方面，密苏里新闻学院在课程设置、师资力量配备上都遵循理论知识与实践能力并重的原则。为此，威廉士院长要求所有讲授新闻业务的教师必须拥有报业工作经历。学院还频繁邀请新闻业界富有经验的人士参与授课。

　　密苏里模式的另一个重要特征是对国际新闻交流的重视。威廉士院长十分重视新闻教育的全球性。这种战略眼光响应了美国 20 世纪初的对外扩张政策。美西战争和第一次世界大战期间，美国读者对国际新闻的兴趣增加，美国大报开始报道世界各地的新闻，尤其是政治和经济类新闻。有鉴于此，威廉士认识到新闻是具有世界影响力的，进而提出新闻教育应该具有全球性眼光；应培养学生报道全球新闻、关注全球传媒发展、担当全球责任的意识。这种思想奠定了密苏里新闻学院重视国际交流和互动的教学特色。建院之初，比较新闻学就成为密苏里新闻学院学生的必修课。在这门课上，威廉士与学生比较美国与其他国家报纸的异同，并从全球的角度解析美国报纸的发展

---

① 《密苏里新闻奖和中国传媒》，《中国新闻传播学评论》（CJR），2005 年 12 月 23 日，http://www.zjol.com.cn/05cjr/system/2005/12/23/006414691.shtml。

方向。而威廉士在课上讲授的大部分内容都是他本人走访世界媒体所获取的第一手资料。

密苏里新闻学院成立后,威廉士逐渐将目光转向全球新闻事业的发展,并竭力向其他国家和地区推广他的新闻专业主义理念。其推广的手段主要有四个:(1)输出新闻教育的密苏里模式,(2)输出密苏里新闻学院培养的新闻人才,(3)倡导并召开"世界新闻界大会"(World Press Congress),促进各国新闻界之间的交流,(4)开展国际新闻教育和交流。这四种方式大致可以分为新闻业界和学界两个渠道。《密勒氏评论报》在向中国新闻业界和学界推广密苏里模式上都起了明显的作用。

二、《密勒氏评论报》与密苏里模式

《密勒氏评论报》本身就是密苏里模式之一环。刊物在中国的创办和发行是密苏里新闻学院向海外输送人才的一个典型例证。可以说,《密勒氏评论报》在华成功创办有密苏里大学新闻学院和院长威廉士的一份功劳。正是在他的举荐之下,密勒才得以在老鲍威尔的协助下创办了这份美国人的刊物。刊物也成为密苏里新闻学院继续向远东和中国输送新闻人才的跳板。《密勒氏评论报》为在中国推广密苏里模式起到了很大的作用。其推广的方式主要有以下几种。

(1) 宣扬密苏里新闻学院所尊崇的新闻专业主义理念

密勒非常崇敬威廉士院长,因此他很快在《密勒氏评论报》上撰文介绍了威廉士对新闻专业的杰出贡献。密勒称威廉士为"新闻学院之父"(the father of all colleges of journalism)。密勒评价说,威廉士目睹了自己所倡导的理念在现代教育体系里取得了一席之地,并且开始在全球范围内给这位创始人带来了荣誉。密勒感叹说,甚至美国新闻界和政府都忽视了威廉士所强调的国际宣传(international publicity)对战争与和平的影响力。[①] 密勒所说的"宣传"一词对应的英语单词是"publicity"。它实际上涵盖了新闻传播活动和纯粹意义上的宣传

---

① Thomas F. Millard, "Editorial Paragraphs," *Millard's Review*, Vol. 1, No. 12, Aug. 25, 1917, p.316.

（propaganda）。从这个意义上来说，密勒所说的"international publicity"确切指向"国际新闻与宣传"。

老鲍威尔经常在《密勒氏评论报》上刊登文章，为传播美国新闻专业主义鼓与呼。办刊四五年后，刊物的发行量大增，经营状况也蒸蒸日上。在创刊5周年之际，刊物在"短社评"栏目中陈述了自身的成就及其办刊宗旨后，特别强调了其所遵循的是威廉士所倡导的新闻专业主义。

> 这里摘录由密苏里大学新闻学院院长沃尔特·威廉士撰写的、不朽的《记者信条》中之一段：《密勒氏评论报》深信，"广告、新闻和社论栏目应一体服务于读者的最高利益；真实有益且洁身自好应成为衡量它们的唯一标准；对好新闻的最高评判要看它对公共服务的践行程度……最成功的新闻敬畏上天，尊重人类，因而也最当取得成功；它（新闻）卓然独立，不为偏见和滥权所动；它进益、包容，但从不粗枝大叶；它自律、容忍、尊重读者，却永无畏惧；面对不公，它义愤填膺，不迎合权贵，不同流合污；它为每一个人寻求机遇，一如法律和人类之间缔结的兄弟情谊那样，给人带来平等的机遇；它深具爱国情怀，同时又真诚地促进国际友好，增进世界友谊。这才是当今世界应有的、深具人文情怀的新闻专业主义"①。

由威廉士撰写的《记者信条》是特定时期对美国新闻专业主义内涵的集中表述。《密勒氏评论报》也在中国将这一信条奉为圭臬。1923年9月1日，刊物在"短社评"栏目发表评论说，中国需要一个强大而独立的新闻业。但是，长期以来，中国报人被人们当做江湖骗子（mountebank）②。而在华外国新闻人也大多不能奉行其母国新闻界所尊崇的新闻标准。上海某外报曾在社论中直接宣称："鉴于日本人对我们的补贴难以为继，我们现将转而支持俄国人。"③尽管如此，中国新

---

① "Editorial Paragraphs," *The Weekly Review of the Far East*, Vol. 17, No. 1, Jun. 4, 1921, p. 4.
② "School of Journalism for China," *The China Weekly Review*, Vol. 26, No. 1, Sept. 1, 1923, p. 3.
③ Ibid.

闻业正在迅速地发展。很多年轻报人具备了更高的职业理念。中国新闻界呼吁建立新闻专业院校,培养新闻专业人才。为此,《密勒氏评论报》向中国新闻界推荐威廉士所主张的新闻专业主义。

> 然而,中国的编辑不会永远甘做政治或其他私利之奴。他已经在大声宣称自己的独立。这些可以从一些报纸的社论得到印证,比如《申报》《新闻报》和《益世报》等。密苏里大学新闻学院已采纳了《记者信条》。它类似于医学等专业的伦理规范。我们满怀敬意地推荐那些认为新闻专业可以让出价更高者随意买卖,或者那些认为新闻专业不需要特别的培养、伦理或价值观的中外编辑,去认真阅读这个《记者信条》。①

紧随这一段评论之后,刊物全文刊登了威廉士的《记者信条》。(参见附录1:沃尔特·威廉士所拟之《记者信条》(英文版))除了直接宣扬威廉士所倡导的美国新闻专业主义外,《密勒氏评论报》还向密苏里新闻帮各界成员提供在华传播美国新闻专业理念的园地。一批在中国从事新闻教育的密苏里新闻帮成员也以该报为依托,撰文宣扬美国的新闻专业主义。《沃尔特·威廉士博士给中国新闻界的信息》一文的前半部分以类似人物专稿的形式介绍了威廉士的生平和他在新闻业,特别是在新闻教育上的贡献。文章后半部分则陈述了威廉士院长对新闻专业的主要观点。读者从文中可以看出威廉士非常强调报刊编辑在构建"公共舆论"和诠释观点方面的重要作用。威廉士还详细阐述了报纸编辑和记者的职责以及政府和新闻业之间的关系。现摘录其部分观点如下。

……

> 二、编辑肩负构建公共舆论和诠释观点的重要责任,必须在其工作中贯彻真实、公平和独立的原则。他还应该做一个环球旅行者。
>
> 三、记者作为编辑的耳目,必须避免因粗心和没有责任感而

---

① "School of Journalism for China," *The China Weekly Review*, Vol. 26, No. 1, Sept. 1, 1923, pp.3-4.

伤及自己的职责,而且应该竭尽全力在事发当日作出报道,同时体现出"真实性、趣味性和有益性"的三大特性,从而使得新闻不误导人,写得能吸引读者的注意力,并有助于促进社会利益。

……

五、政府和新闻业之间有必要形成某种健康的竞争关系,以确保后者能克尽职守。同时公众和新闻界应该联手杜绝所有资助、审查和任何形式的束缚新闻业的图谋。①

在与此篇"特别稿件"的同期刊物上,编辑还配发了两段"短社评",阐述了威廉士此次访华的意义。刊物评论说:"在访问中国期间,他阐明了那些新闻界所应该追寻的崇高理想,详细陈述了新闻界必须和来自政府及私人的赞助或控制隔绝。他表明新闻界应该做人民的喉舌,得到人民的支持,并且反过来引导他们为获得更大的成就付出更大的努力。"②刊物认为,很久以来,中国成为国内外各种自私宣传的竞技场。值此华盛顿会议召开之际,中国深受这些宣传之害。威廉士院长访华给中国的报刊编辑和读者们带来了耳目一新的感觉。③

(2) 倡导威廉士的国际新闻之梦

威廉士一生周游世界,宣传其新闻主张。除了这一系列有关美国新闻专业主义的价值观念,威廉士特别强调"信息和观点在全球范围内的自由流动"④。他认为。要防止和消除国际冲突,就必须实现国际新闻的自由流通。⑤ 20 世纪 20 年代,威廉士倡导设立了国际新闻学协会,在全球推广新闻教育。国际新闻学协会下辖 5 个部门,分别是密苏里新闻学院(Missouri School of Journalism)、奖学金部(Scholarship Department)、交流学者部(Department of Interchange of Professors)、

---

① Francis Zia, "Dr. Walter Williams' Message to Journalistic China," *The Weekly Review of the Far East*, Vol. 19, No. 3, Dec. 17, 1921, p.101.

② "Editorial Paragraphs," *The Weekly Review of the Far East*, Vol. 19, No. 3, Dec. 17, 1921, p.98.

③ Ibid.

④ Ronald T. Farrar, *A Creed of My Profession: Walter Williams, Journalist to the World*, University of Missouri Press, 1998, p. 2.

⑤ "Editorial Paragraphs," *Millard's Review of the Far East*, Vol. 4, No. 4, Mar. 23, 1918, p. 109.

流动课程部（Department of Travelling Courses）和国际新闻合作部（Department of International Journalistic Co-operation）。一开始，国际新闻学协会致力于促进美国和拉美国家之间在新闻学方面的交流，后来逐渐将交流范围扩展到全世界，其首要宗旨就是培养具有过硬的国际新闻学知识的专业记者。①

世界新闻界大会的组织和召开充分展示了威廉士在国际新闻界的影响力。威廉士在中国的活动更能彰显其通过新闻沟通世界的梦想。可以说，克劳、老鲍威尔、帕特森、弗莱舍和毛瑞斯·武道等人都是实践和宣扬威廉士国际新闻梦想的重要人物。《密勒氏评论报》在威廉上去世后撰文纪念他对东方新闻事业的影响，认为他是美国影响远东新闻业的第一人。

> 有四位美国人对当代远东报刊新闻专业主义产生了极大的影响。首屈一指的当数密苏里新闻学院院长沃尔特·威廉士博士。其他的包括东京《日本广告人报》的发行人 B. W. 弗莱舍、《马尼拉公报》的发行人卡森·泰勒和《大陆报》的前任发行人、后任《密勒氏评论报》发行人的托马斯·F. 密勒。其中威廉士博士的影响最大，因为他输出了人员。那些年轻人前往东京、上海和马尼拉，成为美国报刊的工作人员。他们并非都是美国人，因为大量的中国人、菲律宾人和日本人也在去过密苏里新闻学院之后回到他们的祖国，投身于新闻专业。许多年轻人以记者的身份来到远东，并逐渐成为其母国报纸的主编、特稿撰写人和特约记者。过去 10 到 15 年间，每家重要的美国报刊或报刊联盟派驻远东的记者都是密苏里新闻学院的毕业生。密苏里新闻学院的影响在很多方面就是威廉士院长的影响。这种广泛而深刻的影响不仅体现在远东报刊新闻领域，还体现在美国和远东国家与人民的政治关系上。②

---

① Sara Williams, *Plans for an International Institute of Journalism*, F923, Sara Williams Collection (C2533), Western Historical Manuscripts Collections, Missouri University.

② "Walter Williams' Influence on Eastern Journalism," *The China Weekly Review*, Vol. 73, No. 10, Aug. 3, 1935, p. 317.

《密勒氏评论报》：美国在华专业报人与报格(1917—1953)

这段论述虽然略显夸张，但是比较真实地评价了以威廉士为导师的密苏里新闻帮在远东新闻界所发挥的影响。此前，威廉士将推行其新闻价值观的重点放在"美国的后院"——中南美洲，特别是中美洲国家。后来，他才将目光扩展到整个世界。中国是其国际新闻梦想的重要一环。老鲍威尔则是威廉士在中国最为重要的联系人之一。虽然远隔重洋，但两人保持着书信往来。威廉士曾多次致信老鲍威尔，向他了解中国各地发行的主要报刊以及整个新闻界的状况。1929年，威廉士在写给老鲍威尔的一封信中说："我们渴望密苏里大学新闻学院继续扩大在国际新闻领域的服务。"①随后，威廉士列举了世界各国在密苏里新闻学院成立20周年之际送给学院的礼物。其中包括英国记者协会赠送的英国圣保罗大教堂的一块石头和日本新闻界赠送的石雕宫灯。这个宫灯来自东京的美国首任驻日本公使驻地。威廉士在信中明确表示希望得到一件来自中国新闻界的礼物，以纪念学院创办20周年。为了帮助威廉士了此心愿，老鲍威尔在《密勒氏评论报》上全文刊登了这封信。信中有这么一段：

> 我希望在不违背礼节的前提下，得到一件来自中国的纪念品。对我而言，如果由某个记者或记者协会出面赠送此礼物，那将尤为得体。我将请求中国驻华盛顿大使来哥伦比亚出席赠送礼物的仪式。②

但是，威廉士的这一愿望两年以后才得以实现。1931年，国民党政府将原来蹲踞在南京报恩寺前的两个石狮赠送给了密苏里新闻学院。③当年5月8日，赠送仪式在学院的内夫办公楼(Neff Hall)前举行。时任中国驻美大使伍朝枢出席了仪式。（见图8-2）

---

① "Missouri School Seeks Journalism Memorial from China," *The China Weekly Review*, Vol. 50, No. 10, Nov. 9, 1929, p.379.

② Ibid.

③ "China At the University of Missouri," *The China Weekly Review*, Vol. 56, No. 11, May. 16, 1931, p.370. （中国新闻界有传言说这两座石狮是得自山东曲阜孔庙。但是《密勒氏评论报》在这一篇短评中详细交代了这两只石狮的来源。明永乐皇帝为了纪念祖父朱元璋修建了报恩寺。这两只石狮原本放置在报恩寺门口，太平军攻占南京后将报恩寺付之一炬。这两只石狮后被一家学校保存，校方愿意将其赠送给密苏里新闻学院。）

第八章 专业主义的坚守与妥协

图 8-2　威廉士院长(左)、伍朝枢(中)和
弗兰克·马丁(右)在礼物交接仪式上①

鉴于威廉士对中国的了解及其在中国建立的广泛人脉,美国国会的密苏里代表一致支持富兰克林·罗斯福任命他为驻中国公使。但是,立志远离政治的威廉士拒绝了这一荣誉。②

(3) 支持中国高校移植密苏里模式

前文提到(参见第二章第二节),在校学生,特别是教会学校的学生是《密勒氏评论报》的一个重要的目标读者群。创刊后不久,刊物就迅速在教会学校里扩大了影响。福建学院(Foochow College)③率先将《密勒氏评论报》作为教材。福建联合学院(Fukien Union College)④也紧随其后将刊物用于教学当中。⑤ 相比于和教会学校的联系,刊物

---

① Missouri University President's Office Papers (C2582), Western Historical Manuscripts Collections of Missouri University.
② "Walter Williams' Influence on Eastern Journalism," *The China Weekly Review*, Vol. 73, No. 10, Aug. 3, 1935, p. 317.
③ 位于中国福建福州,始建于1846年,不仅是西方教会在福建所创办的最早的中等学校,也是现在的福州格致中学的前身。
④ 中国历史上的16所教会大学之一,由基督教福建六差会于1916年2月16日开办。它的英文校名多次变动。
⑤ "Editorial Paragraphs," *Millard's Review*, Vol. 4, No. 9, Apr. 27, 1918, p. 304.

更加关注中国新闻学教育的进步,尤其关注的是新闻教育的密苏里模式在中国的推广。在老鲍威尔看来,密苏里新闻学院对远东地区新闻事业的贡献首先是为该地区,特别是中国,培养了首批专业记者。密苏里新闻学院成立后,越来越多的中国人在这里接受教育。毕业后,他们大多数回到中国从事新闻事业。其中有很多人和《密勒氏评论报》保持着紧密的联系。老鲍威尔惊讶于他们对新闻专业知识和技能的熟练程度。他们中有许多人后来成了中国新闻界显要的人物。①

图 8-3 威廉士院长与中国报人在密苏里新闻学院。从左至右为卢祺新、成舍我(《世界日报》发行人)、沃尔特·威廉士(密苏里大学校长)、Ching Chang-po(《中国时报》主编)、弗兰克·马丁(密苏里新闻学院常务院长)和 J. F. 威廉士(密苏里大学出版社主任)②

密苏里新闻学院对中国建立自由报业的另一个重大贡献是帮助中国建立了一些新闻院系。这些新闻院系不受政治干预,培养青年男女记者,帮助他们树立自由报业的理想和责任感。到了 20 世纪三四十年代,几乎每一家在上海的中文报刊都雇用了大量新闻专业的毕业

---

① JBP Collections, C3663, F6, Western Historical Manuscripts Collections of Missouri University.
② 《密勒氏评论报》第 56 卷第 11 期,第 371 页。(图片由作者翻拍)

生。除了一些从密苏里新闻学院毕业的学生外,大部分都曾经在中国的大学新闻系里师从美国教师。① 早期,这些美国教师又大多来自密苏里新闻学院。

建立全美乃至全世界第一个新闻学院后一年,威廉士已迫不及待地要介绍他的学院给中国。他写信给美国驻香港、广州和上海的领事馆,询问中国高校是否教授新闻课程。1914年他在卡恩基金(支持美国教师到海外访问)的赞助下首次环球考察新闻教育,这是他第一次访华,受到热情的接待。他向中国专业团体和新闻人发表数次演讲,敦促中国报界仿效密苏里新闻学院,以便系统地造就报界人才。随后,在1919年、1921年、1927年和1928年,他又四度访华,为密苏里模式开辟新疆域。②《密勒氏评论报》对威廉士的每一次访华给予了高度关注。这在前文已经有所论及。事实上,密勒和老鲍威尔等人是威廉士在华的重要联系人。在上海甫一立足,《密勒氏评论报》就开始在中国高校推广密苏里模式了。

进入20世纪20年代,中国有几所大学同时在筹备开设新闻院系。其中就包括上海的圣约翰大学、位于北京的燕京大学和国立北京大学。1921年,圣约翰大学率先开办了新闻学专业课程。③ 负责教授相关课程的就是《密勒氏评论报》的助理编辑唐纳德·D.帕特森。1919年8月30日,《密勒氏评论报》的管理和编辑人员名单中出现了帕特森的名字。他担任的是刊物的金融版编辑和业务经理。圣约翰大学的新闻学课程授课内容和教学模式完全照搬了密苏里模式。为了达到教学和实践并举的目的,帕特森创办了《约大周刊》,同时继续供职于《密勒氏评论报》。1922年6月,帕特森离开上海,并于当年9月回到密苏里新闻学院任教。他在圣约翰大学的教职很快由武道(Maurice Votaw)接替。

---

① 《密勒氏评论报》第56卷第11期,第371页。(图片由作者翻拍并处理)
② 张咏、李金铨:《〈密苏里新闻教育模式在中国的移植〉——兼论帝国使命:美国实用主义与中国现代化》,李金铨主编:《文人论政——知识分子与报刊》,桂林:广西师范大学出版社2008年版。
③ "Brief History of American Journalism in China," John B. Powell Papers (C3662), F36, Western Historical Manuscripts Collections of Missouri University.

图 8-4　约翰·B.鲍威尔(右一)、威廉士(左二)夫妇在上海。①

武道本来有机会到北京大学创办新闻系。早在 1921 年,北京大学校长就询问威廉士院长能否派一名密大毕业生,帮助其创办新闻系。威廉士问武道对此是否感兴趣。武道当时正在寻求前往中国的机会,因此表示愿意前往。然而,威廉士当时正启程去夏威夷参加"世界新闻界大会"。此事暂时搁置了下来。就在威廉士出国期间,武道接触了一名圣约翰大学来美的中国人。此人恰巧是帕特森的学生。于是,武道向他咨询北京大学的情况。他对武道说:"你为什么要去一个没有宗教背景的大学,而不去另一家同样准备设立新闻系的教会学校?"不久之后,武道收到一封信,问他是否愿意去圣约翰大学任教。就在威廉士回到美国之前,武道已经办妥了一切前往圣约翰大学的手续。为此,威廉士耿耿于怀。他后来多次提醒武道说:"你没有征得我的允许。"武道在 1976 年记录的口述史中提到,威廉士之所以不肯原

---

① Johan B. Powell Papers (C3662), F198, Western Historical Manuscripts Collections of Missouri University. (图片由作者翻拍)

谅他，是因为他是第一个没有经由威廉士派往远东高校的密苏里毕业生。① 北大当时的全称叫作国立北京大学，对外英文名称为 National Peking University。而圣约翰大学是美国人在中国创办的大学。两者身份上的差异对威廉士来说有着不同的意义。他积极地向全世界传播其新闻专业主义理念和密苏里模式。北京大学对中国国民的影响要远超圣约翰大学。武道恐怕没有体味到威廉士想派他去北京大学创办新闻系的深意。

武道两度在圣约翰大学任教。时间分别是 1922 年—1939 年和 1947 年—1949 年。在他的口述史稿中，武道提到他在圣约翰大学开设了新闻系，并在那里教授新闻写作、新闻史、新闻原理和广告。新闻系还创办了一份英文周刊和一份中英文双语杂志(月刊)，以及一份名为《约大人》(*Johannean*)的年鉴。1923 年，任教满一年的武道出任新闻系主任(registrar)，一直到 1939 年为止。

几乎是在同一时期，燕京大学校长司徒雷登也开始为设立新闻学院而四处奔忙。但是就像普利策当年试图在美国创办新闻学院一样，司徒雷登一开始也遭遇了挫折。《密勒氏评论报》发表评论为司徒雷登的挫折而感到惋惜。刊物认为，在中国建立新闻学院的最理想的地点还是上海，因为圣约翰大学的新闻课程已经为之奠定了坚实的基础。《密勒氏评论报》呼吁中国建立一所新闻学院，因为其时机已经成熟。

不幸的是，北京大学(Peking University)②校长司徒雷登博士没能筹足在北京创办新闻学院所需的 50 万美元。我们却认为，上海能为设立司徒雷登所设想的学院提供更理想的地点。这也不违我们同样期望他的努力最终取得成功。上海圣约翰大学已经提供新闻学课程约两三年了，并取得了很大的成功。它的第一位教师就是本刊的前任助理编辑帕特森。现在，密苏里大学新闻

---

① Votaw, Maurice E. (1899-1981), Papers, 1909—1978 (C3672), Western Historical Manuscripts Collections, F1, pp. 1-2.
② 《密勒氏评论报》原词使用的是 Peking Univeristy。司徒雷登担任的应该是燕京大学(Yenching University)校长，并没有担任过北京大学的校长。

《密勒氏评论报》：美国在华专业报人与报格(1917—1953)

学院的硕士毕业生毛瑞斯·武道在此任教。几位在圣约翰大学学过新闻学课程的学生如今在上海报界从事相关的工作。据各方报道反应，他们都做得相当出色。现在在中国创办一所新闻学院可谓恰逢其时，因为她的新闻业，确切地说是中国的现代报刊和杂志刚好处于发展的起步阶段。中华民国成立时，中国的出版物不过二三十家；现在据说有800多家定期出版物……在美国，新闻学院发端于新闻业充分发达之后。从很多方面来说，新闻学院之所以为人们所必需，是因为出版业对训练有素之士的需求。①

随后，《密勒氏评论报》不失时机地向读者宣扬密苏里新闻学院所取得的业绩，并极力推荐新闻教学的密苏里模式。

如果说，圣约翰大学新闻系只是密苏里模式在中国的一个起点，那么燕京大学新闻系的正式创办则代表了这一模式被完整而系统地运用于中国的新闻教学之中。可以说，威廉士在燕京大学新闻系的创办过程中起到了指导性的作用。在他担任密苏里大学校长兼新闻学院院长期间，燕京大学新闻系和密大新闻学院建立了教育交流项目。两校互相交换学者。1929年，密苏里大学向燕大派出的第一名教员是萨缪尔·D.格罗夫(Samuel D. Groff)，次年是聂士芬。威廉士的妻子萨拉·威廉士(Sara Williams)也于30年代初在燕京大学新闻系任教。后来出任密苏里新闻学院院长的弗兰克·马丁(Frank Martin)也一度在燕大新闻学院任教。这一交流项目还为在新闻学研究领域表现优异的人士颁发奖学金。燕大新闻系的教学模式几乎完全沿用了密苏里模式。燕京的教师多有密苏里的背景，无论课程、课本和实验报纸，都和密苏里亦步亦趋。课程、教科书，连作业都仿效密苏里。学生报《燕京新闻》，训练写作、编辑和广告技巧，以密苏里的《哥伦比亚密苏里人报》为蓝本。借鉴密苏里的"新闻周"，燕大新闻系举办年度"新闻学讨论会"，邀请学者、发行人和编辑来演讲。也正是得益于密苏里和燕京之间的合作，燕大新闻学院羽翼渐丰，培养了许多新闻人才。早期的燕大新闻学院毕业生在中美两国新闻界扮演了十分积极的角色，

---

① "School of Journalism for China," *The China Weekly Review*, Vol. 26, No. 1, Sept. 1, 1923, p.3.

大大地促进了两国新闻界的交流和理解。①

值得一提的是,国民党政府中央政治学院新闻系也沿用了密苏里模式。在马星野教授的指导下,该系创办不久就取得了显著的业绩。董显光也是该系的主要创办人。董马二人都是密苏里新闻学院学子。密苏里模式对该系的影响显而易见。另一方面,中央政治学院新闻系还和燕大新闻学院缔结为姐妹院系。两者一开始就展开紧密的合作。它们的课程设置非常相似。由此可见,中央政治学院新闻系深受密苏里模式的影响。②

总之,《密勒氏评论报》一方面是密苏里模式在中国新闻业界的延伸,另一方面也积极提倡并支持中国高校新闻院系移植这一模式。刊物认为,虽然美国报人没能在中国创办一份足以和《字林西报》媲美的报刊,但是他们也在这里取得了傲人的成就。其中最耀眼的成绩当属在中国著名高校里首倡专业新闻教育。在这些高校里接受过密苏里式新闻教育的学生"将对中国新闻业的未来发挥深远的影响,甚至远在外国报刊淡出中国之后"③。

第三节 对专业主义的坚守与妥协

《密勒氏评论报》所代表的美国新闻专业主义在中国面临着复杂的政治场域和经济场域,比如说国际关系及各国势力在华的政治与经济利益争夺的宏大场域、租界内独特的国际新闻场域和中国复杂的内部政治场域等。近代史上,外国人在华的新闻传播活动体现了一种明显的"政、教、商"相结合的"铁三角"关系。这三角分别是指"政治""宗教"和"商业"。而这铁三角正是外国人在华办报所处的大场域。种种"权力"或"资本"都从各自的角度影响着报业活动。在与这些"权力"和"资本"的角力过程中,《密勒氏评论报》在传播和坚持美国新闻专业

---

① Hubert S. Liang, "Record of Journalism Education in China and Its Future Needs," *Journalism Quarterly*, Vol. 23, No. 1, Mar. 1946, pp. 69-70.
② Ibid., p. 71.
③ "American Journalists and Their Works in China," *The China Weekly Review*, Vol. 77, No. 3, Jun. 20, 1936, p. 78.

《密勒氏评论报》：美国在华专业报人与报格(1917—1953)

主义方面既取得了巨大的成功,也遭遇了挫折和失败,并有所妥协。

一、"新闻审查"与新闻自由的角力

"审查"(censorship)是政治权力对新闻业最普遍而直接的干预。20世纪前50年,中国的新闻检查可谓形形色色。其种类之多恐怕是世界上任何一个国家、任何一段历史都无法与之相比较的。上海租界堪称各国媒体享受新闻自由的天堂。但是《密勒氏评论报》创刊两年后就直面了租界当局的新闻审查。1919年6月,代表租界内纳税人(ratepayer)的上海市政厅(Shanghai Municipal Council)一度提议对租界内的报刊实行登记和发放执照的审查制度,以图禁止报刊对租界当局的批评。这一提议遭到了租界内报界,特别是美国报刊的激烈反对。为此,市政厅特别澄清,美国报刊不在此项审查之列。身为美国报刊的《密勒氏评论报》并没有因此而采取明哲保身的态度。它转而在一篇"特别稿件"里分析认为:"若果真如此,这一行为将针对的是中国本土刚开始兴起的报刊。此举也将逼迫中文报刊立即依照美国或英国法律重组,从而使局面更加复杂。"①租界当局的提议随之受到中国人自办报刊的强烈谴责。《密勒氏评论报》在当年7月19日翻译并刊登了《新申报》《时报》和《民国日报》抨击租界当局实施此项新闻审查制度的新闻和社论。②

《密勒氏评论报》见证了国民党政府的诞生和灭亡。期间,鲍威尔父子先后出任刊物的主编。老鲍威尔对新生国民政府充满期待,后来还通过董显光和一些政府要员建立了良好的私人关系。在政府和新闻业之间的关系方面,老鲍威尔更多地扮演了"旁观者"和"建议者"的角色。南京国民政府成立之初,刊物建言国民政府降低对新闻出版物的邮资,以促进中国新闻业的发展。③ 当国民政府试图制定一部新闻

---

① John B. Powell, "The Proposal to License the Shanghai Press," *Millard's Review of the Far East*, Vol. 9, No. 5, Jul. 5, 1919, p. 174.
② "Press Comment on Censorship Law," *Millard's Review of the Far East*, Vol. 9, No. 7, Jul. 19, 1919, p. 268.
③ "National Government and Chinese Newspapers," *The China Weekly Review*, Vol. 46, No. 11, Nov. 10, 1928, p. 348.

法的时候,《密勒氏评论报》赞同它这么做,因为中国报业缺乏规范。刊物认为,没有哪个国家能够容忍外国报刊在自己的国土上发表武力干涉本国内政的言论。① 同时,刊物建议国民政府应该让新闻媒体有法可依,但是要避免让新闻法演变成新闻检查,更不应该像日本那样由警察机构随意钳制新闻自由。② 然而,国民政府不久就开始加紧在全国实施严苛的新闻检查。可以说,国民政府逐渐站到了"新闻自由"的对立面上。老鲍威尔尽管支持国民党政权,但是也开始对它钳制新闻自由的行为表示不满。起初,刊物委婉地评论说,是否施行"新闻检查"是中国政府自己的事,但是这种检查应该讲究方式,起码不应该采取蒙蔽新闻记者的方式。③ 刊物甚至暗示国民政府应该学习日本政府的做法——挑选某些记者,好吃好喝招待他们,为他们支付去日本乃至满洲旅行的费用。这样,记者们就会根据自己的所见所闻,研究并报道政府的政策、成就和抱负了。④

国民政府虽然无法直接对租界内的外国报刊实施新闻检查,但是可以控制这些报刊在全国范围的发行。控制的手法主要有两种:一是拒绝邮寄;二是对那些没有在国民政府登记的报刊征收额外的邮资。这直接影响了《密勒氏评论报》的发行。尽管美国驻华使馆曾声明说,美国在华报刊受治外法权的保护,应免受在华的任何处罚,但是国民政府仍对未登记的报刊征收特别邮资。为了稳定发行量,《密勒氏评论报》不得不选择在中国政府和法租界当局登记。⑤

进入20世纪30年代中期,国民政府的新闻审查日趋严苛。越来越多的报刊和报人受到迫害。仅1934年一年,中国北方就有超过110家报刊被勒令停刊,理由大多是它们刊登了反对国民政府官员和"新

---

① "The Proposal of a Law Governing the Press," *The China Weekly Review*, Vol. 47, No. 6, Jan. 5, 1929, p. 225.
② Ibid.
③ "Chinese Censorship," *The China Weekly Review*, Vol. 70, No. 5, September 29, 1934, p. 147.
④ Ibid., pp. 147-148.
⑤ "Registration of Newspapers in China," *The China Weekly Review*, Vol. 71, No. 1, Dec. 1, 1934, p. 2.

《密勒氏评论报》：美国在华专业报人与报格(1917—1953)

生活运动"的言论。① 中国新闻业界对此怨声载道。1934年12月,20家主流中文报刊联名要求放宽新闻审查。《密勒氏评论报》以同情的态度反映了中国新闻界反对新闻检查的呼声,并敦促国民政府行政院推迟修订和实施更为苛刻的《新闻法》。② 国民政府的新闻审查限制了中国本土报刊及时报道新闻事件。1935年,北方报刊对日本在华北的动态不能快速予以报道。与此同时,外国在华报刊却能率先报道日本人在华北的一些重大行动。《密勒氏评论报》直指是日本迫使国民政府对反日报刊采取了更为严格的新闻审查措施,在共同扼杀中国报刊。刊物借当时燕京大学新闻学院梁士纯教授之口,呼吁国民政府要么提高新闻检查的效率,要么彻底将之取消。③

《密勒氏评论报》所践行和传播的新闻专业主义也遭遇了党国制度的压制。具体的表现形式就是"新闻自由"和"新闻审查"之间的角力。前文述及,董显光一度担任《密勒氏评论报》的助理主编。他离开刊物后的经历充分体现了美国新闻专业主义面对中国的党国制度所作出的妥协。董一生对中国近现代新闻事业贡献良多。他自己出资创办了《庸报》。办报过程中,董有意识地把美国新闻专业主义理念介绍给中国读者,并在自己的实践中加以中国化。他后来的经历则更加体现了新闻专业主义和中国党国制度的冲突。1937年10月,他接受蒋介石的任命,出任国民政府军事委员会第五局副局长。他一方面要对新闻进行审查,一方面又要负责新闻的传播。董说,尽管我和很多报人一样不喜欢新闻审查,但是改进新闻审查的工作却对我很有诱惑。④ 抗战期间,担任国民政府宣传部副部长的董显光为了替党国培养一批外宣人才,向蒋介石建议设立一所培养青年记者的新闻学院。学院拟以新闻自由为最高理想,并采用西方的教育方式。蒋介石批复说,只要董找到足够的外国教师,就可以办。董显光立即和他在哥伦

---

① Anna Ginsbourg, Chinese Press Control, *The China Weekly Review*, Vol. 74, No. 1, Sept. 7, 1935, p. 24.
② Ibid.
③ "How Japanese Pressure and Chinese Censorship Are Killing the Chinese Press," *The China Weekly Review*, Vol. 74, No. 9, Nov. 2, 1935, pp. 289—290.
④ Hollington K. Tong, *Dateline: China—The Beginning of China's Press Relations with the World*, New York: Rockport Press, Inc., 1950, pp. 6-7.

比亚大学新闻学院时期的同班同学,时任该学院院长的卡尔·W.艾克曼(Carl W. Ackerman)商讨此事。1943年,隶属于中央政治学院(Central Political Institute)的新闻学校成立。学校从哥大聘请了四位教授,董牵头任校长(director),国民党出资一半。1943年10月,学校从数百学子中选拔出首批30名学生。董显光雄心勃勃地希望在抗日战争结束后五年之内为中国培养出5000名"有竞争力且负责任的"记者。学校在教学上结合了密苏里模式和哥大的模式。它还创办了一份名为 The Chungking Reporter(《重庆记者》)的英文周刊。因为报道和编辑都很出色,刊物迅速在重庆的外国记者中赢得了良好的声誉。该刊面向一时云集在重庆的学者、外交官、中外军事官员和中国政府官员发行。对那些学生来说,它就如同一个实验室。这种办刊经验是以往任何新闻学院所无法提供的。① 但是学校开设不久,董显光就发现这些接受美国新闻专业主义教育的学员逐渐对董本人的工作展开了前所未有的、激烈的批评。董的新闻检查工作更是成了师生们批评的靶子。就连那四位美国教授也对国民党支付近一半的办校资金表示反感。董后来回忆说:

> 第一年,所有的教员都住在"新闻招待所"(the Press Hotel)。其中一些对政府和国民党满含批评的态度。整个招待所都弥漫着这种气氛。他们尤其对国民党支持这所学校感到憎恶,并坚持认为自己受雇于哥大。事实上,他们在校的工作根本没有受到国民党任何干涉和强迫。这对他们似乎没有什么影响。结果他们极为热衷于宣扬新闻自由和报道的真实性。这一切很有好处。学生们需要它。中国新闻的未来需要它。②

事实上,早在创办这所新闻学校之前,董显光就已经长期夹在新闻专业主义理想和新闻审查工作之间左右为难。离开了《密勒氏评论报》和《大陆报》之后,董接受了国民政府的聘请,出任国民政府军事委员会上海办事处新闻检察官,1937年任军委会第五部部长,不久任中

---

① Hollington K. Tong, *Dateline：CHINA—The Beginning of China's Press Relations with the World*, New York：Rockport Press, Inc., 1950, pp.266-268.

② Ibid., p.267.

《密勒氏评论报》：美国在华专业报人与报格(1917—1953)

宣部副部长和新闻局局长。直至国民党败退台湾之前，董主要负责对外宣传，因而近乎每日都和外国在华记者打交道。董在接受国民政府的官职之后，很快发现自己站到了美国记者的对立面上，新闻专业主义的共同理想也无法弥补他和这些人之间的鸿沟。董曾坦承在面临理想与现实之争时，自己做出了妥协与让步。

> 我做出如此的让步，因为我过于在乎自己副部长的头衔。但是我觉得值此国家危难之际，每一个公民都应该尽己所能作出贡献。我最好的贡献显然就是去从事自己长年以来所经历和积累的工作。这一愿望超过一切，因为在通过外国渠道，并以西方的方式传播新闻的技术细节上，中国还没有谁能和我比肩。
>
> 作为政府官员，我明显是个异端。作为国民党员，我完全是个新手。而作为报人，我却是个老手。①

董显光的经历既显示了大多数中国传统知识分子所固有的"学成文武艺，货与帝王家"的忠君报国思想，也代表了那一时期学成归来的学子具有更远大的抱负和理想。董可以说是早期美国新闻专业主义在中国的代表。然而，董在新闻理想和严酷的政治现实的冲突中，不得不选择妥协。斯克里普斯·霍华德报业集团的总裁罗伊·W.霍华德（Roy W. Howard）在为董显光的著作作序时写到：

> 战时的中宣部副部长董显光博士经历了一场一个人的战争。他是其中唯一的战地记者。这是一场争取真理的战争。他虽然赢得过一些大大小小的战争，但是输了这场战争——一场以话语和思想为武器的战争。②

日本占领上海后，在沪新闻界进入了孤岛状态。上海的中外报刊遭受了最为极端的新闻检查、新闻封锁和严酷的迫害。日本军事当局对新闻业的管制已经不只是简单的新闻审查，而是采取逮捕、绑架、暗杀报人和炸毁报馆等极端的方式。除了直接的新闻管制之外，日本人

---

① Hollington K. Tong, *Dateline: CHINA—The Beginning of China's Press Relations with the World*, New York: Rockport Press, Inc., 1950, p.16.

② Ibid., 前言(Preface).

还利用汪精卫傀儡政府对新闻业进行钳制。1940年7月9日,汪精卫政府发布了一个拟逮捕的人员名单。名单中83人中有40多人是中外报人。部分外国报人将被驱逐出中国。这些报人主要是美国在华编辑和记者。名单发布后一周,申报馆被炸,致死1人,伤18人。① 在种种打压之下,有的报刊被迫屈服于日本人及其傀儡的淫威,或附逆媚日,或采取"骑墙"政策("mugwump" policy)。② 早从20世纪30年代初开始,在日本人势力所及的范围内,《密勒氏评论报》常常被禁止发行。老鲍威尔曾回忆说:"尽管刊物常被禁止在日本发行,但是大多数会说英语的日本人还是偷偷地阅读它。我偶尔调查过一些有名的日本订户(比如说日本驻台湾总督和驻伪满洲国大使)抱怨收不到本刊的原因,却发现刊物是在途中被日本军队的审查官扣押了。"③ "孤岛时期",刊物坚持其新闻自由和反日立场不变,终至报馆于1941年12月20日被封,老鲍威尔被捕入狱,并被迫害致残(参见第一章第二节)。

　　1945年复刊后,小鲍威尔一改其父对国民党政府的配合和容忍的态度。复刊不久,《密勒氏评论报》就呼吁国民政府兑现承诺,取消一切在战时实施的新闻审查。④ 然而,刊物很快就遭到了国民政府邮政系统的刁难。邮局常常拒绝邮寄《密勒氏评论报》,或者有选择地找理由阻止刊物向北京、天津、昆明或广州等大城市邮寄。有时,上海邮政部门又迫使《密勒氏评论报》以一类邮件的方式向全国发行,从而使得它支付高出普通邮件数倍的邮资。为此,《密勒氏评论报》不得不发文请求读者的原谅,同时质疑国民党政府背后搞鬼。⑤ 此后,刊物开始对国民政府的"新闻审查"以及迫害记者的行为进行了猛烈的抨击。

---

　　① "Puppets Would Control Press by Arresting, Deporting Independent Newsmen," *The China Weekly Review*, Vol. 93, No. 8, Jul. 20, 1940, p. 270.
　　② Ibid.
　　③ John B. Powell Collections (C3662, F161), Western Historical Manuscripts Collections of Missouri University.
　　④ "Censorship in China," *The China Weekly Review*, Vol. 100, No. 6, Jan. 5, 1946, pp. 90-91.
　　⑤ "Indirect Censorship?," *The China Weekly Review*, Vol. 100, No. 7, Jan. 12, 1946, p. 109.

《密勒氏评论报》：美国在华专业报人与报格(1917—1953)

《密勒氏评论报》在上海见证并亲历了中国的各种新闻检查手段和方法。同时，刊物从新闻专业的高度对它们予以记录和评价。由于身处租界，刊物得以以一个旁观者和建言者的身份关注国民政府的新闻检查行为。"孤岛时期"，它又得以长期坚持其言论自由政策不变。虽然被日本在华军事当局逼迫停刊，但终究又能重返上海继续出版发行。

二、新闻与宣传的模糊界限

《密勒氏评论报》在中国的出版发行历史跨越了两次世界大战。刊物创办之际，美国和德国在第一次世界大战中互相宣战。它又因美日在第二次世界大战中宣战而一度停刊。报道两次世界大战成为刊物的一大主题。在对战争的报道中，刊物陷入了爱国主义与新闻专业主义的冲突。复刊以后，刊物又面临着中国国共两党内战的局面。中华人民共和国成立后，刊物又因朝鲜战争而夹在中美两国之间。甚至多年以后，回到美国的小鲍威尔仍然因为对朝鲜战争的报道而险受牢狱之灾。毫不夸张地说，《密勒氏评论报》几乎始终处于战争的漩涡之中。战争是政治的延续，它来源于交战双方根本利益的对立。一般来说，爱国主义情怀使新闻媒体和新闻人自然而然地站在本国的立场看待战争、报道战争，从而明显表现出一种宣传特色。这和追求新闻独立、自由、真实、公正和客观的新闻专业主义精神是严重冲突的。这种冲突使新闻人处于两难的境地。在实际运作中，新闻媒体的专业主义的空间往往受到压缩，爱国主义宣传却大行其道。刊行期间，《密勒氏评论报》也表现出摇摆于爱国主义和新闻专业主义之间的特征，而爱国主义往往占据上风。

《密勒氏评论报》是在英美在华新闻竞争的大背景下诞生的。它诞生的根本前提是维护美国在华的政治和经济利益。刊物也毫不讳言自己"代表美国在华的利益和诉求"[①]。从刊物的很多社论中读者都可以看到它在密勒和老鲍威尔时期始终在为其母国美国在华利益辩

---

① "Editorial Paragraphs," *Millard's Review*, Vol. 2, No. 12, Nov. 17, 1917, p. 326.

护。具体到政治领域表现为它扮演了美国外交政策的解释者和辩护者的角色(参见第五章第一节)。

早期的密勒热衷于迎合美国公众舆论,梦想通过向美国民众介绍中国和远东的局势,唤起人们对中国的重视,从而让美国政府将政策重心从欧洲转向亚洲。但是一方面,日本也加强在美国的宣传,而且是以国家为后盾的。这比起密勒的单枪匹马的作为要有效得多。另一方面,美国民众按照密勒的说法,已经对宣传"免疫"(immune),甚至都习以为常了。[①] 所以,密勒越来越将目光转向影响两国的高层,转而采取一种精英主义的做法。但是,无论是影响公众还是影响精英阶层,在密勒心目中,宣传(publicity)和办报(the press)都是最有效的方式。刊物一开始就倡议并支持美国政府成立专门机构,以促进美国的国际宣传,刊物因此自觉或不自觉地沦为美国政府和宣传的工具。这在刊物早期和末期都体现得比较明显。办刊早期,密勒就发表社论支持美国驻外记者成立专门的组织,以促进美国的国际宣传。

> 美国还形成了一个包括美国海外报纸和期刊记者的组织,也就是人们所知的"美国海外新闻记者协会"(the Association of Foreign Press Correspondents in the United States)。这表明了人们对国际宣传的广泛兴趣。协会所代表的国家包括法国、英国、加拿大、意大利、挪威、丹麦、瑞典、澳大利亚、日本、巴西、阿根廷、智利和秘鲁。(美国)政府认识到这些记者在向外部世界解释美国当前的行为和未来的目标方面所起的重要作用,因此给予他们特别的优待。政府已经允许他们全权利用相关设施,检查美国战时新闻报道。[②]

老鲍威尔开创了《密勒氏评论报》的鼎盛时期。在他主笔期间,刊物依然保持了为母国政策辩护的风格。它为之辩护最多的就是美国的门户开放政策。即便在抗日战争爆发的时候,刊物仍刊文向读者解

---

① Mordechai Rozanski, "The Role of American Journalists in Chinese-American Relations, 1900—1925," University of Pennsylvania, Ph. D. dissertation, 1974, p. 255.

② "Editorial Paragraphs," *Millard's Review*, Vol. 5, No. 6, Jul. 6, 1918, pp. 207-208.

《密勒氏评论报》：美国在华专业报人与报格(1917—1953)

释美国政府所推行的"门户开放"政策,并吹嘘美国人的"利他主义"精神。

中日之间的战争已经进入第八个年头,①加之目前欧洲大大小小国家彼此不信任,中美之间相对和平的关系史更引起了读者的关注。1784年8月28日,美国的"中国皇后"号商船抵达广州,开启了中美间至今持久不断的友谊。实际上,不止一位作者在谈论中国对外关系时宣称,在154年的中美往来中,美国对华秉承了高度公平和公正的理想。也就是说,美国本可与所有列强一样利用中国军事上的孱弱,去满足自己的野心。然而,她自始至终,立场鲜明地维护中国领土完整,提倡贸易机会均等。她也从没有在通商口岸要求或接受任何领土上的特权。更有甚者,美国还帮助劝说列强减免中国战争赔款,将之用于促进其教育和文化机构建设。②

然而,密勒和老鲍威尔有意忽视的一点是,美国的"门户开放"和列强在华"利益均沾"原则是在中国被坚船利炮打开国门的情形下提出的,中国也并非主动地、自觉自愿地向世界敞开大门,因此美国所倡导的这些原则对于当时的中国就失去了其合法性和合理性。《密勒氏评论报》对美国这一外交政策的辩护显然是有失公允的。美国在华提出的"门户开放"和"不干涉中国内政"绝非像刊物所称的"利他主义"。但是,美国的这些主张客观上也促成了在华列强彼此制衡,从而避免一家独大,过度侵犯中国的利益。

另一方面,《密勒氏评论报》也间或成为执政党的宣传工具。这在国民党政府和中国共产党取得政权后都表现得比较明显。前文论及老鲍威尔通过董显光的勾连,和国民党一些政要建立了良好的私人关系。在他主笔期间,《密勒氏评论报》为新生的国民政府发行了《新中

---

① 以老鲍威尔和武道等人为代表的在华密苏里新闻帮的很多成员认为,第二次世界大战的真正肇始是1931年发生在中国东北的九一八事变。因此作者在这里说中日战争进行到了第八个年头。

② Maurice Votaw,"America in the Orient,"*The China Weekly Review*,Vol. 86, No. 6,Oct. 8,1938,p.178.

国特刊》,并从多方面支持国民党。究其原因,一是由于老鲍威尔和国民党部分官员的私人关系,特别是和负责国民政府对外宣传的董显光之间的特殊关系,使得刊物在鼎盛时期鲜有揭露国民政府弊政的报道和评论;二是由于刊物从20世纪30年代开始重点关注日本在华动态和野心。抗日战争爆发后不久,《密勒氏评论报》更是被日本军界的新闻检查和新闻封锁隔断了和西迁的国民政府之间的联系,因此对国民党政府的报道更是日趋减少。值得一提的是,老鲍威尔始终保持着他兼容并蓄的编辑风格。刊物本身虽然为国民政府提供舆论支持,但是同时也不排斥其他声音,因而能够在整体上呈现一个更为真实的中国。

复刊以后,小鲍威尔在中国经历了国民党和共产党之间的政权更替。1949年前,刊物对国民党政府持猛烈的批判态度。新中国成立后,刊物的意识形态色彩渐浓。一方面,它不再对执政党持批评态度,反而刊登越来越多反映新政权功绩的报道和言论。另一方面,刊物的消息来源日趋单一,不再像以前那样从多个消息来源的角度去报道和评论一个新闻事件。有读者致信《密勒氏评论报》,批评它不再像以前那样客观,缺少了批判精神。[①] 美国读者甚至直接指责刊物成为新生的中华人民共和国的宣传工具。

三、与政党及党派的暧昧关系

密勒并没有受过新闻专业教育。与鲍威尔父子和董显光等人相比,他缺乏新闻专业主义的知识、理念、操守和精神。密勒和他们之间的差别或许就是"职业报人"和"专业报人"在层次上的差别。《密勒氏评论报》的成功创办提升了密勒在中国和远东事务方面的声望,使得他进一步取得了和中美两国政府对话的资格。密勒也逐渐热衷于在中国追寻权力和政治资本。这一切是他在美国难以得到的。一旦看到更高的位置、更多的权力和更丰厚的利益,密勒放弃报人的角色也就顺理成章了。早在创办《密勒氏评论报》之前,密勒就结识了袁世凯

---

① "Are We Objective?" *The China Weekly Review*, Vol. 115, No. 9, Oct. 29, 1949, pp. 129-130.

和伍廷芳等中国政界要人。在创办和发行《大陆报》期间,密勒就和袁世凯形成了一种互相依赖的共谋关系。罗赞斯基对此曾有记述。

> 密勒转投袁世凯并准备为他治下的中国做宣传并非简单地出于政治驱动,或是一时慷慨。密勒在中国有利益投入,从有形的如《大陆报》和位于涌泉路(Bubbling Well Road)①的一家夜总会,到无形的如其职业和声誉。他曾准备向其密友坦承,投入的这些利益影响了他的政治观点,甚至导致他支持袁世凯的独裁和王朝。他说:"因为一个在中国有着切实利益的人有赖于一个稳定的政府,和袁相向而行让我觉得更加安全。"②

20世纪上半叶,政治势力对报刊和报人的资助是中国非常通行的一种做法。这一时期,中国新闻业日益显露的舆论导向威力使得各路军阀、党派和政治势力越来越热衷于拉拢报刊和报人。另一方面,中国报人又大多收入微薄,且未得到社会的广泛认同,社会地位不高。各种政治势力充分利用这一点,大肆收买报刊和报人。少数在华外国势力也以金钱作为杠杆,在华收买利己言论,其中尤以日本人为甚。《密勒氏评论报》曾将日本人对中国报刊和报人的所谓"资助"分为五大类:(1)定期的月度或季度津贴;(2)不定期津贴,例如出资弥补报社的亏空;(3)奖励亲日本帝国政府的作者;(4)奖励对日友好的报刊发行人;(5)间接资助。③中国国内各党各派对报刊和报人的资助也无出其类。许多在华外国记者也入乡随俗,和中国政府及党派产生了暧昧的关系。北洋政府的财政部曾制作了一个每月支付给在华重要外国记者的总额为 $2250 的清单。密勒和老鲍威尔都赫然在列。

---

① 1862年,针对太平军逼近上海老城的境况,英租界上海跑马场股东会出资,越出租界范围向西辟筑了从泥城浜(今西藏中路)到静安寺的跑马道以供运兵,取名 Bubbling Well Road(中文译作涌泉路,以当时静安寺前的涌泉命名),中文名为静安寺路,也就是今天南京西路的前身。

② Mordechai Rozanski, "The Role of American Journalists in Chinese-American Relations, 1900—1925," University of Pennsylvania, Ph. D. dissertation, 1974, p. 271.

③ J. A. J., "Japan's Subsidized Press in China," The China Weekly Review, Vol. 42, No. 10, Nov. 5, 1927, p. 242.

T. F. Millard(密勒)	$500.00
Bertram Lenox Simpson (Putnam Weale)	$300.00
A. Monastier (La Politique de Pekin)	$300.00
J. B. Powell（老鲍威尔）	$250.00
A. H. Wearne (Reuters，Peking Daily News)	$250.00
Grover Clark (Peking Leader)	$200.00
W. Giles	$200.00
Journal de Pekin	$150.00
Asiatic News Agency	$100.00 ①

图 8-5　约翰·B. 鲍威尔与国民政府财政部部长孔祥熙②

密勒和老鲍威尔是否接受过这些资助，时无法查证。按照美国新闻专业主义理念，报刊和报人接受党派的资助无疑会导致新闻媒体容易受到操纵，从而丧失应有的新闻标准、理想与专业主义激情。这无疑是新闻专业主义的一个巨大的妥协。

---

①　Mordechai Rozanski，"The Role of American Journalists in Chinese-American Relations，1900—1925，" University of Pennsylvania，Ph. D. dissertation，1974，pp. 364-365.
②　John B. Powell Papers（C3662），Western Historical Manuscripts Collections of Missouri University.（图片由作者翻拍）

本 章 小 结

《密勒氏评论报》不仅在实践中宣称自己尊奉美国新闻专业主义的办刊理念,同时还向中国读者全面地传播了它的内涵。刊物刊登了大量的介绍新闻学和新闻业进步的文章,这些文章主要刊登在刊物的"短社评"和"特别稿件"两个栏目中。《密勒氏评论报》尤其关注中国新闻的专业化和现代化进程,从中读者可以看出中国新闻界为成立职业和专业组织所做的努力。鉴于中西新闻业的差距,刊物倡导中国新闻界参加"国际新闻大会",从而尽快和国际接轨,追赶国际新闻界先进的步伐。与此同时,刊物还加强和中国进步报刊和报人的联系,并为它们刊登广告,扩大这些刊物的国际影响力。《密勒氏评论报》为传播美国新闻专业主义所做的另一个贡献就是推动新闻教育的密苏里模式在中国高校的移植。刊物不仅本身是密苏里模式的一环,还积极倡导密苏里新闻学院首任院长威廉士的国际新闻之梦。在中国复杂的政治场域里,《密勒氏评论报》对美国新闻专业主义的传播与坚守既有成功的一面,也有妥协的一面。面对形形色色的新闻审查、新闻封锁乃至赤裸裸的绑架、暗杀报人和炸毁报馆的威胁,刊物一定程度上坚持了新闻独立和自由的原则。另一方面,在战事频仍的年代,当新闻专业主义和爱国主义产生冲突的时候,爱国主义又往往占据上风。《密勒氏评论报》在很长的时间里一直为其母国美国的在华利益辩护。从某种程度上来说,它也成为美国国际宣传的一分子。与此同时,面对中国国内复杂的政局,刊物和它旗下的报人也和一些党派和政党之间缔结了暧昧的关系,一些人涉嫌接受政治势力的资助。刊物在言论上也常有顺应主流政治势力的风格,甚至有读者指责其沦为执政党的宣传工具。这不能不说是美国新闻专业主义在面对现实困境时所作出的妥协与退让。

结　　论

19世纪和20世纪之交,全球格局酝酿着新的变化,最显著的特征就是美国实力的增强并加强其海外扩张的步伐。和其他殖民帝国有所不同的是,美国似乎更乐于向世界推行其奉行的价值观。正如美国作家格拉汉姆·派克(Graham Peck)曾剖析美国将自己的思想投射于其他民族的本质。他警告说:"作为一个国家,我们似乎太过热衷于把自己的意志强加到其他民族身上。"格拉汉姆所说的可以概括为"美国投射论",这种投射论追根溯源是从美国根深蒂固的家长制观点衍生出来的。恩抚主义及其所隐含的将成人视为孩子的做法,不只是针对中国,对其他许多国家,特别是对亚洲国家,也同样适用。将别的国家视为没有能力治理自己的实体,将其他民族视为孩童,通常为美国制定插手、干涉其他国家内政的外交政策,提供了方便的借口。[①] 随着美国加紧向海外扩张的步伐,这种"美国投射论"不只反映在美国政治和外交领域,还逐渐延伸到教育和文化等领域。

一、《密勒氏评论报》——一份转折性的刊物

《密勒氏评论报》是西方在华新闻史乃至中国新闻史中一份转折性的报刊。它的转折性意义首先体现在刊物创办者密勒和老鲍威尔

[①] 转引自T. 克里斯托弗·杰斯普森:《美国的中国形象(1931—1949)》,姜智芹译,南京:江苏人民出版社2010年版,译者的话。

的身份上。密勒被誉为"美国在华新闻业之父",有以下两个原因:(1)密勒是最早来华采访报道的职业记者。(2)密勒在中国先后创办了英文《大陆报》和《密勒氏评论报》,并以此为依托,吸引越来越多的美国职业乃至专业新闻人来到中国,从事新闻活动。也正是在他的请求之下,威廉士才举荐老鲍威尔来中国和他共同创办了《密勒氏评论报》。在他们两人的共同引领之下,越来越多受过新闻专业教育的美国新闻人来到中国,从而开创了外国对华报道的新局面。正因为如此,《密勒氏评论报》的创办代表着外国人在华新闻专业主义办报的新高度。在此之前,在华外报大致可以分为两个阶段:(1)传教士办报阶段;(2)商人或其他职业人士办报阶段。密勒虽然作为职业新闻人在中国创办了《大陆报》,但究其专业背景,仍未能达到专业主义办报的高度。(参见附录6:美国在华主要英文报刊名录)如果将新闻学的创立并在美国高校立足视为新闻专业主义发展的里程碑,那么《密勒氏评论报》无疑最能代表专业主义办报在华的肇始。刊物不仅宣称自己将在中国践行威廉士所提倡的"公共服务"理念,并且较为系统地传播了以"公共服务"为核心的新闻专业主义理念。另一方面,《密勒氏评论报》1953年7月最后停刊,是有据可查的最后一份离开中国大陆的外国在华英文报刊。从其创刊和停刊两方面来看,《密勒氏评论报》都堪称一份转折性的在华外报,有着很高的深入研究的价值。

二、《密勒氏评论报》对中国新闻业的影响

《密勒氏评论报》对美国新闻专业主义的最大推动或许是它在新闻实践活动中所起到的专业主义的示范作用,具体体现在以下几个方面:

(1)移植美国新闻专业主义办刊手法,并推动其在中国的本土化

密勒和老鲍威尔从模仿美国《新共和》杂志的排版开始,将美国的新闻专业办刊手法逐步移植到租界这个特殊的地方。从刊物的排版、印刷、栏目设置和目标读者的确定,到办刊宗旨的制定,创办者克服了种种困难,最终使得《密勒氏评论报》在上海站稳了脚跟。刊物从一开始就宣称自身遵循美国新闻专业主义的办刊理念,沿袭美国的专业办刊手法。可以说,《密勒氏评论报》是一份典型的美国杂志。办刊初

期,它是一本带有密勒的个人主义和自由主义色彩的刊物。1922年,老鲍威尔全权接手刊物的出版和发行。为求生存,也是为了更好地服务于读者,老鲍威尔开始去除刊物早期的个人主义色彩,同时加强刊物和中国本土读者的联系。首先,老鲍威尔将刊物英文名称改为 *The China Weekly Review*,显示出刊物将更为关注中国政治和经济事务;其次,老鲍威尔扩展了对中国的新闻报道范围;再次,刊物在言论上开始明确支持中国的民族民主运动和国民党新政权重建中国的努力。这些变化帮助刊物有效地赢得了更多的读者和更多高规格的广告客户,因而进一步扩大了刊物在中国的影响力。

无论主编的立场如何,刊物以其鲜明的专业化办刊手法给中国新闻业带来了一股新风:明确的办刊宗旨、清晰的功能和定位、特定的读者群体、有针对性的栏目设置、高规格的广告标准,以及严肃大气的排版风格。正是凭借其专业主义的办刊理念和手法,《密勒氏评论报》不仅在中国新闻界独树一帜,甚至引领了中国新闻业的"周刊时代"(The Era of Weeklies)。在它创刊之前,中国尚没有一份严肃的英文政治和财经周刊。从20世纪20年代开始,中国杂志大发展,进入了"周刊时代"。《密勒氏评论报》所拷贝的《新共和》模式又被其他英文周刊模仿。林语堂所创办的《中国评论周刊》(*The China Critic*)便是一例。这份杂志和《密勒氏评论报》的版式设计和栏目划分雷同,因此被称为"中国的《新共和》杂志"。这足见《密勒氏评论报》所起到的示范作用。

(2) 凝聚并培养了一大批中外专业编辑和记者

在威廉士、弗莱舍、密勒和老鲍威尔等人的引领和倡导之下,越来越多的密苏里新闻学院的毕业生来到了远东。这些学生是在华密苏里新闻帮的核心成员。其中既有中国人,也有美国人。代表性的人物有:密勒、鲍威尔父子、斯诺、史沫特莱、董显光、黄宪昭、汪英宾、卢祺新、谢然之、马星野、沈剑虹和赵敏恒等人。起初,他们中很多人(特别是美国人)以《密勒氏评论报》和《大陆报》为基地或跳板,逐渐扩大了在中国乃至远东地区的活动范围,并形成了一股越来越强大的新闻势力。正是依赖和利用在华密苏里新闻帮的中外成员的裙带关系,《密勒氏评论报》打造了一支亲美的跨国新闻团队。这支队伍广泛分布于中国的政界、新闻界和教育界,并呈现出跨党派和跨区域的特征。这种跨界特征帮助刊物克服了在华外报所遇到的语言和文化上的最大阻碍,极大地拓宽了刊物的消息来源。老鲍威尔、斯诺和霍尔等一批专业记者为追求新闻真实而甘冒风险,单枪匹马奔赴新闻现场。正是有赖于这些记者个人对真实的追求,更是有赖于其跨国和跨界专业新闻团队的集体努力,《密勒氏评论报》向读者呈现了一个整体上更为真实的中国图景。可以说,刊物及其专业新闻团队推动了四分之一个世纪的西方对华报道,使其达到了一个高峰。同时,这一专业团队的中国成员也大多成为中国新闻界的中坚力量,极大地推动了中国新闻业的专业化和现代化进程。

（3）运用和推广了多种专业的新闻报道手法,特别是解释性报道和调查性报道等深度报道手法

《密勒氏评论报》坚持以客观报道(Objective Report)为基础,充分发挥了杂志在深度报道方面的优势。相比于客观新闻报道,刊物更为依重的是解释性报道(Interpretive Report)和调查性报道(Investigative Report)。这两种报道方式相比,前者更注重提供背景知识,帮助读者理解复杂的新闻事件或话题,后者则更加要求记者深入新闻一线,去揭露社会中系统的、制度性的弊端和问题。显然,《密勒氏评论报》大量运用了这些专业的报道手法。从刊物对巴黎和会、华盛顿会议、九一八事变、日本在华毒品贸易以及治外法权等事件和问题的解释和调查上,读者可以清晰地看出《密勒氏评论报》对专业报道手法的运用。这些深度报道和《短社评》栏目互相配合,相得益彰。实际上,《密勒氏评论报》在处理所有重大新闻事件和话题时都综合运用了上述新闻专业报道手法。这些报道不仅在文风上比同时期中国人自办的刊物更加通俗,一如其母国美国的刊物那样,而且充分发挥了杂志在内容的深度与广度上的优势。

（4）推广新闻教育的密苏里模式

《密勒氏评论报》不仅在中国践行了美国的新闻专业主义,还以多种方式直接传播了这一理念。通过传播美国新闻专业主义,刊物也在一定程度上促进了中国新闻学的进步。综合起来,刊物主要以这么几个手法推动了美国新闻专业主义理念在中国的传播:① 刊文直接传播美国新闻专业主义理念。刊物刊登了大量的介绍新闻学和新闻业进

步的文章。这些文章主要刊登在刊物的《短社评》和《特别稿件》两个栏目中(参见附录4:《密勒氏评论报》所载关于新闻业的"特别稿件")。② 以新闻专业主义的视角关注中国新闻事业的进步,促进中外新闻的交流。《密勒氏评论报》尤其关注中国新闻的专业化和现代化进程,从中读者可以看出中国新闻界为成立职业和专业组织所做的努力。鉴于中西新闻业的差距,刊物积极倡导中国新闻界参加"国际新闻大会",从而尽快和国际接轨,追赶国际新闻界专业化的步伐。③ 倡导威廉士的"国际新闻之梦"。威廉士很早就提出让国际新闻自由流通,从而达到沟通世界的目的。为了实现这一梦想,威廉上在国际新闻领域里多有创举(参见第八章第二节)。《密勒氏评论报》也正是威廉士向远东输送美国新闻人才的重要"基地"和"跳板"。④ 推动密苏里模式在中国高校的移植。

1949年以后,以密苏里模式为主的美式新闻教育在中国大陆遭到了批判,"文化大革命"期间更是被全面禁止。美国新闻专业主义和1949年后中国所倡导的党报理论既产生了融合,也有着激烈的冲突。一方面,党报理论同样宣称崇尚新闻自由,追求新闻的真实性和客观性等原则。另一方面,党报理论与美国新闻专业主义之间有着更多矛盾的地方:① 最为对立的观点是有关新闻媒体和党派之间的关系。美国新闻专业主义显然主张媒体要有独立于党派和利益集团的超然立场。而党报理论则主张媒体是党和人民的"喉舌"。中国新闻界甚至一度为新闻媒体的"党性"和"人民性"孰先孰后而争论不休。② 对"整体真实"理解的偏差。前文提到,汪英宾是第二位从密苏里新闻学院毕业的中国学生。解放后,汪英宾在复旦大学新闻系任教。他曾在有关新闻真实性的争论上重提威廉士所提倡的"整体真实"。这一理念不仅要求新闻专业人士具备深厚的知识积累,而且要求新闻从业者从多个视角报道新闻事件,展示新闻的"整体真实"。若以此衡量,中式的"以正面报道为主"和美式的"揭丑式报道"都是有违这一美国新闻专业主义标准的。总之,中国新闻界关于新闻媒体的属性和新闻真实性等理念的争论已经从根本上否定了威廉士所倡导的新闻专业主义。

从1953年7月《密勒氏评论报》停刊到现在,整整一个甲子过去了。中美新闻界的交流也在中国推行改革开放以后逐渐恢复，新闻学界的交流更是日趋活跃。密苏里新闻学院至今仍坚持沿用重在实践的密苏里模式。虽然中国新闻学界早已不再奉新闻教育的密苏里模式为圭臬，但是这种模式对中国新闻学教育产生了难以磨灭的影响。

三、美国新闻专业主义在中国的变异

美国新闻专业主义毕竟是来自西方的理论。刊物在中国始终处于复杂的政治、经济和社会场域之中。这一理念植根于美国土壤，是不可能"放之四海而皆准"的。在那个年代，多重因素阻碍了《密勒氏评论报》在中国实践这些原则，最重要的有以下四个因素。

（一）母国政治势力的背后操纵

20世纪上半叶的中国、远东乃至全球都处于战事频仍的年代，新闻专业主义和爱国主义的冲突日益明显，而爱国主义的倾向往往在这种冲突中占据上风。从某种意义上来说，《密勒氏评论报》也是美国国际宣传的一分子。两次世界大战期间，以报刊为主的大众媒体服从国际宣传的需求。这成为当时国际新闻领域的一大明显特征。在爱国主义的驱使下，《密勒氏评论报》长期在为其母国美国在华的正当或不正当利益辩护。

（二）对中国主流政治势力的顺从

20世纪上半叶也是中国的民族独立意识迅速增强的时期。随着中国民族自救运动的兴起，《密勒氏评论报》往往会选择最有希望的团体、政党或党派，并予以支持。面对中国国内复杂的政局，刊物和它旗下的报人也和一些党派和政党之间缔结了暧昧的关系，因而在言论上也带有顺应主流政治势力的风格。

（三）与其他殖民者的竞合关系

自从西方殖民者以枪炮打开中国国门之后，列强在华逐渐形成了一种既竞争又合作的竞合关系。作为后来者，美国的"利益均沾"对华外交原则充分体现了这种竞合关系。在大部分时间里，《密勒氏评论报》的新闻报道和评论反映并附和了美国的这种竞争和合作的双重需求。从刊物对巴黎和会和华盛顿会议的报道，我们可以清楚地看出列

强在华相互掣肘的局面以及这种关系对刊物的影响。

（四）对美国在华商人群体的依赖

前文提到，《密勒氏评论报》本身就是在美国富商查尔斯·克莱恩的资本支持下，才得以在上海诞生的。随着密勒和克莱恩的离去，刊物也失去了这一资本的支持。然而，第一次世界大战后涌入上海的大批美国商人适时地填补了刊物的资金缺口。加上老鲍威尔经营有道，刊物在没有直接赞助商的条件下又坚持发行了20年左右的时间。第二次世界大战结束后，随着国共内战的开始，大批美国商人离开了中国，从而在根本上动摇了《密勒氏评论报》赖以生存的基石。这也是《密勒氏评论报》最终被迫停刊的一个重要因素。也正是在上述多重因素的共同影响下，美国新闻专业主义在中国的土壤上产生了连锁式的变异。

（1）新闻独立性和自由性的缺失

《密勒氏评论报》并不能真正在中国做到独立于各种国际和国内政治势力、党派和其他利益集团。实际上，刊物的自由性和独立性呈现出一种间歇性缺失的特征。在刊物及其两位创办者的背后，人们依然可以依稀发现"政客和商人"的身影。刊物的第一创办人密勒明显依附于政府、政客、政党和商人。一方面，早在来中国办报之前，密勒就因为在自己的文章中体现了一种美国应该具备的"大国视野"而得到了老罗斯福（西奥多·罗斯福）总统的赏识。老罗斯福在加利福尼亚的牡蛎湾接见了密勒，并和他彻夜长谈中国局势。老罗斯福鼓励密勒将目光转向中国和远东地区。不久，密勒就成为美国政府的有关中国局势的主要消息来源。很多美国政客也视密勒为"远东事务最棒的写手"。密勒甚至成为华盛顿在远东问题方面非正式的顾问。另一方面，通过早期在中国的采访和报道经历，密勒结交了袁世凯、伍廷芳和唐绍仪等人。密勒一度选择支持袁世凯。他曾明确告诉朋友，支持袁世凯是为了维护自己在中国的商业利益，并捞取政治资本。后来，密勒也如愿两度出任中国政府顾问（参见第一章第一节）。在和英国报人围绕着《大陆报》的竞争中失败后，密勒在中国一些政客的怂恿下回到美国，为筹办另一份美国人的报刊而寻求人力和资金。正是在这样的情形下，密勒回到国内，并和芝加哥富商查尔斯·克莱恩一拍即合。

在克莱恩的大力资助之下,《密勒氏评论报》才得以顺利问世。

与密勒相同的一点是,老鲍威尔也与中国的某些政党之间过往甚密。前文提到北洋政府资助的外国报人名单中有老鲍威尔的大名。(参见第八章第三节)20世纪上半叶的中国,中外政治势力向报刊和报人提供资助是一个十分普遍的现象。另外,老鲍威尔显然有意识地利用了董显光在国民党政府的显要地位,从而和国民党要员缔结了亲密的私人关系。老鲍威尔时期的刊物不仅给国民党提供了舆论支持,甚至还刊登包括蒋介石、宋美龄和宋子文等在内的国民政府要员的文章,为执政党鼓与呼。抗日战争时期,由于时空的阻隔,加上日本人的封锁,《密勒氏评论报》未能洞察国民党政府的独裁与腐败问题。然而,刊物也似乎选择性地忽视了蒋介石政府早已暴露的独裁倾向。

事实上,对《密勒氏评论报》从事政治宣传的指责一直不曾中断。刊物为美国各种正当和不正当的政治和经济利益鼓与呼是不争的事实,似乎也是理所当然的。国民党统治中国时期,刊物又为蒋介石政府提供舆论支持。1949年以后,有读者指责刊物成为中共新政权对外宣传的工具。两次世界大战期间是国际新闻和宣传大发展的阶段。而新闻和宣传两者之间的关系一直是错综复杂的,新闻界也长期为之争论不休。总结起来,大概有四种观点:① 新闻等同于宣传的"等同论";② 新闻与宣传相对立的"对立论";③ 宣传包含新闻的"包含论";④ 新闻与宣传相互交叉的"交叉论"。众所周知,宣传的重要功能之一是服务于派系斗争的需要。运用于国际政治领域,宣传必然服务于国际斗争的需要。因此,无论新闻与宣传之间是哪种关系,《密勒氏评论报》从事宣传都有违其奉行的新闻专业主义原则。

(2)"公共服务"服从于"国际宣传"的需求

《密勒氏评论报》所宣扬的新闻专业主义是和美国扩张性的外交政策相互配合的,甚至一度成为刊物为美国在华不正当利益辩解的幌子。这在列强势力彻底退出中国之前表现得尤为明显。20世纪上半叶,中国四分五裂。列强在中国各自的势力范围内肆意妄为。《密勒氏评论报》在上海公共租界内享有充分的"言论自由",其自由程度甚至远超其母国的报刊在美国本土享有的新闻自由度。密勒一开始就是带着所谓的"大国视野"来到中国为美国在华利益开辟新天地的。

在袁世凯复辟帝制失败后,密勒在言论上表现得极为自由,为美国的门户开放政策和在华利益均沾原则进行赤裸裸的辩护。密勒对华的主要观点就是,在中国有能力实行自治之前,必须由列强来对中国实行管理。这一时期,中国可以说在国际上没有什么地位可言。中国国内也没有让美国政府和在华美国人忌惮的政治力量。

到了老鲍威尔时期,《密勒氏评论报》的"美国政策辩护者"的角色逐渐演变成为"美国政策的解释者"。刊物虽然不再像密勒时期那样赤裸裸地主张列强共同干预中国局势,但是每当涉及重大国际冲突和竞争场合,它还是以相对委婉的口吻为美国立场作注解,究其原因乃是中国民族民主运动日益兴起,反帝反封建浪潮日渐高涨,国民党逐渐脱颖而出。面对这一局面,老鲍威尔在不违背美国利益的前提下选择了支持国民党。而后中美两国在远东地区逐渐面对一个共同的敌人——日本。从九一八事变到1941年12月被迫停刊,刊物宣称的办刊宗旨与中美两国的共同利益相吻合。应该说,老鲍威尔是不幸而又幸运的。不幸的是,他为反日而导致残疾,最终猝然离世。幸运的是,在中美两国利益高度一致的时期,老鲍威尔充分利用了董显光的裙带关系和密苏里新闻帮中的美国人和中国亲美人士,较为成功地实践和传播了美国新闻专业主义。老鲍威尔既保全了专业新闻人的名节,又最终广受中美两国新闻界、政府和民众赞颂。

总之,《密勒氏评论报》所宣称的"公共服务"在上海租界这个国际场合遇到了一个现实的悖论:其所言的公众究竟是指母国美国的公众,还是中国国内的公众,抑或是全球大众?显然,刊物的创办者回避了这些问题。就《密勒氏评论报》来说,其"公共服务"功能在大部分时间里服从了"国际宣传"的需求——也就是在新闻报道中,以维护自己国家和民族的政治经济和文化利益为前提来确定报道的立场和角度。在密勒和老鲍威尔时期,刊物新闻报道和评论的倾向性是非常明显的。老鲍威尔在抱残回国后撰文坦承在华外刊的国际宣传作用。他说:"上海的所有外文(非中文的)报刊还反映了来自全球各地的国家宣传。"①

应该指出的是,《密勒氏评论报》的第三任主笔小鲍威尔深受中国民主人士的影响,对美国对华政策由支持、观望逐渐转向了怀疑、反对、揭露和批判的立场。他显然逐渐在其新闻活动中摒弃了这种以捍卫母国利益为目标的国际宣传的立场,但是却因此最终被美国法院禁止从事新闻事业。这从相反的角度印证了国际新闻领域的现象多是各国媒体的主动选择,同时也是迫于各自国内的政治压力。

(3)新闻客观性、公平性和公正性的表象化

伴随"国族化"立场,刊物内容的客观性、公平性和公正性也大打折扣。新闻自由性与独立性的间歇性缺失和"公共服务"功能的变异使得《密勒氏评论报》失去了美国新闻专业主义的两大根基。其新闻报道和评论的客观性、公平性和公正性也就流于一种表象。也正因为如此,刊物所使用的一切更为先进的专业报道手法或许只是增加了刊物在华践行美国新闻专业主义的弹性空间。

从创刊开始,租界乐土保证外国报人在中国享受了10年的自由时空。可以说,《密勒氏评论报》及其创办者在上海租界里享有高度的新闻自由———一种可以肆意点评中国内政、发挥各种影响力的自由。只有在这样的环境下,密勒才敢于并能够任意发表干涉中国内部政治的言论。连《密勒氏评论报》自身也承认,如果换成任何一个国家,在华外报生存的时间恐怕都难以超过一个星期。但是,相比英国的《字林西报》等外国在华报刊对中国事务的肆意点评,《密勒氏评论报》没有过分滥用这种新闻自由。老鲍威尔时期,刊物在言论上表现得更为克制,也更加倾向于打着利他主义(altruism)的旗帜去诠释美国的海外扩张的行为。老鲍威尔虽然主张还中国以自由和独立,但是每每论及事关美国切身利益的话题时,刊物还是明显表露出了其维护母国利益的倾向。除了打着利他主义幌子之外,刊物还灵活地运用了多种美式的新闻专业报道手法,使得新闻报道更有深度,更引人入胜。这表

---

① John B. Powell Collections (C3662), F147, Western Historical Manuscripts Collections of Missouri University[原文是:All the foreign language (non-Chinese) papers and magazines in Shanghai also reflected national propaganda from various quarters of the globe.]

明《密勒氏评论报》的新闻报道和言论的客观性、公平性和公正性虽然带有表面化的特征,但同时更具迷惑性和欺骗性。

  人们或许不得不承认,美国人是高明的国际宣传员。这种高明体现在两个方面:一方面,美国注重在海外扩张过程中推出自己的民主和价值观念。这些高调的民主和价值观念看似"放之四海而皆准",实质上最终都成为美国推行其扩张政策的幌子和借口。然而,这些民主和价值观念具有很强的诱惑力和欺骗性。他国人民一时难以洞察其真实意图,即便能够洞察其实质,但也只是处于被动防御地位。因为美国是依靠其强大的政治、经济和军事实力为后盾,去推广这些民主和价值观念的。另一方面,美国人还开发出一套实用的体制去践行这些民主和价值观念,比如说美国的两党制和三权分立等体制。《密勒氏评论报》所宣扬的美国新闻专业主义也是同样的道理。新闻自由、公共服务以及新闻真实性、客观性、公平性和公正性看起来都是十分美好的新闻理想。美国新闻界也积累并发展了一整套相应的专业报道手法去实现上述美好的理想。我们在看清美国新闻专业主义在中国面临的现实困境及其变异的同时,也不得不承认《密勒氏评论报》及密勒和老鲍威尔等人在实践和传播这一新闻理念方面也取得了相当大的成功,以他们为代表的一批中美新闻专业人士促进了中国新闻事业的专业化和现代化的进程。

参 考 文 献

一、英文文献

《密勒氏评论报》全 124 卷合订本按英文名称的变更排列如下：

1. *Millard's Review*（Vol. 1，No. 1—Vol. 8，No. 12）.

2. *Millard's China National Review*（Vol. 8，No. 13—Vol. 9，No. 4）

3. *Millard's Review of the Far East*（Vol. 9，No. 5—Vol. 16，No. 13）

4. *The Weekly Review of the Far East*（Vol. 17，No. 1—Vol. 21，No. 9）

5. *The Weekly Review*（Vol. 21，No. 10—Vol. 25，No. 3）

6. *The China Weekly Review*（Vol. 25，No. 4—Vol. 118，No. 10）

7. *The China Monthly Review*（Vol. 118，No. 11—Vol. 124，No. 7）

8. Barbara Mittler，*A Newspaper for China？Power，Identity，and Change in Shanghai's News Media，1872—1912*，Harvard University Press，2004.

9. Betty Houchin Winfield ed.，*1908：Birth of a Profession*，Columbia and London. University of Missouri Press，2008.

10. Chin-Chuan Lee（Ed），*Voices of China，The Interplay of Politics and Journalism*，The Guilford Press，1990.

11. Clarence Cannon Papers，C2342，the Western Historical Manuscripts Collections of Missouri University.

12. Earl F. English，*Cold War Role for Journalists*，Freedom of Information Center Publication，No. 49.

13. Edgar Snow，*Journey to the Beginning*，New York：Vintage Books，1972.

14. F. L. Hawks Pott, *The Emergency in China*, Missionary Education Movement of the United States and Canada, 1913.

15. Hollingto K. Tong, *Dateline: CHINA, The Beginning of China's Press Relations with the World*, Rockport Press, INC., 1950.

16. Hubert S. Liang, "Record of Journalism Education in China and Its Future Needs", *Journalism Quarterly*, Vol. 23, No. 1, Mar. 1946.

17. *Index to Pacific Affairs*, Vol. 8, The Institute of Pacific Relations, 1935.

18. "Interview with Millard, St. Louis," *Post-Dispatch*, Aug. 8, 1921.

19. *Japan's War on Foreign Business*, China Weekly Review Press, May 28, 1938.

20. Jean Folkerts, Dwight L. Teeter, Jr, Edward Caudill, *Voices of a Nation, A History of Mass Media in the United States*, Pearson, 2009.

21. John B. Powell Collections (C3662), (F1—F151), Western Historical Manuscripts Collection (WHMC) of Missouri University of Columbia.

22. John B. Powell, "Missouri Authors and Journalists in the Orient," *Missouri Historical Review*, Oct. 1946.

23. John B. Powell, *Missouri University Bulletin*, Vol. 45, No. 1, May 15, 1944.

24. John C. Hartsock, *A History of American Literary Journalism*, University of Massachusetts Press, 2000.

25. John Leighton Stuart, *My Fifty Years in China, The Memoirs of John Leighton Stuart*, Random House, 1954.

26. John W. Powell, ed. "Report to Readers", *CWR*, July, 1953.

27. Lin Yutang, *A History of the Press and Public Opinion in China*, The University of Chicago Press, 1936.

28. Steven R. MacKinnon and Oris Friesen, *China Reporting: An Oral History of American Journalism in the 1930s & 1940s*, Berkeley. Los Ageles, University of California Press, 1990.

29. Maurice E. Votaw, (1899—1981) Papers: 1909—1978 (C3672), Western Historical Manuscripts Collections of Missouri University.

30. Mordechai Rozanski, "The Role of American Journalists in Chinese-American Relations, 1900—1925,"(dissertation for doctorate degree), 1974.

31. MU President's Office Papers, C2582, the Western Historical Manuscripts Collections of Missouri University.

32. Neil L. O'Brien, *An American Editor in Early Revolution China, John William Powell and the China Weekly/Monthly Review*, Routledge, 2003.

33. Peter Rand, *China Hands, the Adventures and Ordeals of the American Journalists Who Joined Forces with the Great Chinese Revolution*, Simon & Schuster, 1995.

34. Philip Richardson, *Economic Change in China, c. 1800—1950*, Cambridge University Press, 1999.

35. Raymond B. Nixon, Emory Floyd K. BAskette, Emory (Ed), "The American Association of Schools and Departments of Journalism, The American Association of Teachers of Journalism," *Journalism Quarterly*, Vol. 23, 1946.

36. Sherman Kuang-jung Yin, "The China Weekly Review," (a thesis presented to the faculty of the Graduate School University of Missouri), 1962.

37. Stephen R. MacKinnon, *China Reporting: An Oral History of American Journalism in the 1930s & 1940s*, University of California Press, 1992.

38. Stephen R. MacKinnon, "The 'Romantic' Generation," *Media Studies Journal*, winter of 1999.

39. Steve Weinbert, *A Journalism of Humanity, A Candid History of the World's First Journalism School*, University of Missouri Press, 2008.

40. Theodore Roosevelt to Millard, Apr. 27, 1901, T. Roosevelt Papers, Manuscript Division, Library of Congress, Washington, D. C.

41. *The New York Times*, March 17, 1943.

42. Thomas F. Millard, *American and the Far Eastern Question*, Moffat, Yard and Company, 1909.

43. Thomas F. Millard, *China, Where It Is Today and Why*, Harcourt, Brace and Company, 1927.

44. Thomas F. Millard, *Conflict of Policies in Asia*, The Century Co. 1924.

45. Thomas F. Millard, *Democracy and the Eastern Question*, the Century Co., 1919.

46. Thomas F. Millard, *Our Eastern Question*, The Century Co., 1916.

47. Thomas F. Millard, "Punishment and Revenge in China," *Scribner's* 29, Feb. 1901.

48. Thomas F. Millard, *The End of Exterritoriality in China*, The A. B. C. Press, 1931.

49. Thomas F. Millard, "The Fruit of Japan's Victory," *Scribner's* 38, Aug. 1905.

50. Thomas F. Millard, "The New China," *Scribner's* 39, Feb. 1906.

51. Thomas F. Millard, *The New Far East*, Charles Scribner's Sons, 1906.

52. Thomas Ming-Heng Chao(赵敏恒), *The Foreign Press in China*, China Institute of Pacific Relations.

53. Walter and Sara L. Williams Collecitons, C2533, the Western Historical Manuscripts Collections of Missouri University.

54. *Who's Who in China*, Fifth Edition, published by *The China Weekly Review*, Shanghai, 1936.

55. Willard Grosvenor Bleyer, *History of American Journalism*, The Riverside Press, 1927.

56. William E. Foley, *A Creed for My Profession, Walter Williams, Journalist to the World*, University of Missouri Press, 1998.

57. Y. P. Wang, *The Rise of the Native Press in China*, Columbia University, 1924.

二、中文文献

1. 蔡帼芬、刘笑盈主编:《事实与建构:国际新闻的理论与实践》,北京:中国传媒大学出版社 2008 年版。

2. 陈力丹:《世界新闻传播史》,北京:上海交通大学出版社 2002 年版。

3. 陈沛芹:《美国新闻业务导论:演进脉络与报道方式》,合肥:安徽大学出版社 2010 年版。

4. 陈其钦:《评〈密勒氏评论报〉》,《图书馆杂志》1991 年第 6 期。

5. 陈文高:《论新闻专业主义及其本土化策略》,《求索》2007 年第 2 期。

6. 程曼丽:《海外华文传媒研究》,北京:新华出版社 2001 年版。

7. 程曼丽:《外国新闻传播史导论》,上海:复旦大学出版社 2004 年版。

8. 〔美〕克里斯托弗·杰斯普森:《美国的中国形象(1931—1949)》,姜智芹译,南京:江苏人民出版社 2010 年版。

9. 丁淦林主编:《中国新闻事业史》,北京:高等教育出版社 2002 年版。

10. 〔英〕E. H. 卡尔:《两次世界大战之间的国际关系》(1919—1939),徐蓝译,北京:商务印书馆2009年版。

11. 方汉奇主编:《中国新闻事业通史》(1—3卷),北京:中国人民大学出版社1992—1999年版。

12. 方汉奇、李矗主编:《中国新闻史之最》,北京:新华出版社2005年版。

13. 戈公振:《中国报学史》(《民国丛书》第二编49),南京:上海书店1935年版。

14. 顾维钧:《外人在华之地位》,吉林:吉林出版集团有限责任公司,2010年版。

15. 〔美〕盖伊·塔奇曼:《做新闻》,麻争旗、刘笑盈译,北京:华夏出版社2008年版。

16. 〔德〕哈贝马斯:《公共领域的结构转型》,曹卫东等译,上海:学林出版社1999年版。

17. 《胡适作品集》第25册,台北:远流出版事业股份有限公司1986年版。

18. 黄瑚:《中国新闻事业发展史》,复旦大学出版社2001年版。

19. 黄建新、闫鹏飞:《再论西方传媒"社会责任论"的现实困境》,《新闻记者》2008年第4期。

20. 黄鹂:《美国新闻教育》,北京:华中科技大学出版社2008年版。

21. 〔英〕詹姆斯·卡瑞等:《英国新闻史》,栾轶玫译,北京:清华大学出版社2005年版。

22. 〔美〕约翰·本杰明·鲍惠尔:《〈在中国二十五年〉——上海〈密勒氏评论报〉主持人鲍惠尔回忆录》,尹雪曼、李宇晖、雷颐译,合肥:黄山书社2008年版。

23. L.C.加德纳等:《美利坚帝国的创建》,芝加哥,1978年版。

24. 李彬:《全球新闻传播史(公元1500—2000)》,北京:清华大学出版社2005年版。

25. 李金铨主编:《文人论政——知识分子与报刊》,桂林:广西师范大学出版社2008年版。

26. 李林蔚:《从美国新闻史看新闻专业主义》,《青年记者》2007年第6期。

27. 林语堂:《中国新闻舆论史》,刘小磊译,上海:上海人民出版社2008年版。

28. 刘建明:《新闻学前沿》,北京:清华大学出版社2005年版。

29. 刘笑盈:《国际新闻学:本体、方法和功能》,北京:中国广播电视出版社2010年版。

30. 龙伟、任羽中等编:《民国新闻教育史料选辑》,北京:北京大学出版社2010年版。

31. 陆其国:《畸形的繁荣——租界时期的上海》,北京:东方出版社 2009 年版。

32. 马长林:《上海的租界》,天津:天津教育出版社 2009 年版。

33. 〔美〕麦克尔·埃默里等:《美国新闻史》,展江等译,北京:新华出版社 2001 年版。

34. 《密苏里新闻奖和中国传媒》,《中国新闻传播学评论》(CJR),2005 年 12 月 23 日,http://www.zjol.com.cn/05cjr/system/2005/12/23/006414691.shtml。

35. 〔英〕保罗·法兰奇:《镜里看中国:从鸦片战争到毛泽东时代的驻华外国记者》,张强译,北京:中国友谊出版社 2011 年版。

36. 〔法〕皮埃尔·布尔迪厄:《国家精英》,杨亚平译,北京:商务印书馆 2004 年版。

37. 〔法〕皮埃尔·布尔迪厄:《关于电视》,许钧译,沈阳:辽宁教育出版社 2000 年版。

38. 陶文钊、何兴强:《中美关系史》,北京:中国社会科学出版社 2003 年版。

39. 王润泽:《北洋政府时期的新闻业及其现代化》,北京:中国人民大学出版社 2010 年版。

40. 吴飞:《新闻专业主义研究》,北京:中国人民大学出版社 2009 年版。

41. 《新闻学会声明:为鲍威尔主笔捐款》,《中央日报》1942 年 9 月 12 日。

42. 熊月之、徐涛、张生等:《上海的美国文化地图》,上海:上海锦绣文章出版社、上海故事会文化传媒有限公司 2010 年版。

43. 熊澄宇:《西方新闻传播学经典名著选读》,北京:中国人民大学出版社 2004 年版。

44. 杨茂盛等:《美国外交政策史》,北京:人民出版社 1991 年版。

45. 郑超然、程曼丽、王泰玄:《外国新闻传播史》,北京:中国人民大学出版社 2000 年版。

46. 〔新〕卓南生:《中国近代报业发展史》,北京:中国社会科学出版社 2002 年版。

附录1 沃尔特·威廉士所拟之《记者信条》(英文版)

THE JOURNALIST'S CREED

I believe in the profession of journalism.

I believe that the public journal is a public trust; that all connected with it are, to the full measure of their responsibility, trustees for the public; that acceptance of lesser service than the public service is betrayal of this trust.

I believe that clear thinking and clear statement, accuracy and fairness, are fundamental to good journalism.

I believe that a journalist should write only what he holds in his heart to be true.

I believe that suppression of the news, for any consideration other than the welfare of society, is indefensible.

I believe that no one should write as a journalist what he would not say as a gentleman; that bribery of one's own pocketbook is as much to be avoided as bribery by the pocketbook of another; that individual responsibility may not be escaped by pleading another's instructions or another's dividends.

I believe that advertising, news and editorial columns should alike serve the best interests of readers; that a single standard of helpful truth and cleanness should prevail for all; that the supreme test of good journalism is the measure of its public service.

I believe that the journalism which succeeds best—and best deserves success—fears God and honors man; is stoutly independent, unmoved by pride of opinion or greed of power, constructive, tolerant but never careless, self-controlled, patient, always respectful of its readers but always unafraid; is quickly indignant at injustice; is unswayed by the appeal of privilege or the clamor of the mob; seeks to give every man a chance and, as far as law and honest wage and recognition of human brotherhood can make it so, an equal chance; is profoundly patriotic while sincerely promoting international good will and cementing world-comradeship; is a journalism of humanity, of and for today's world.

——摘录自《密勒氏评论报》第 26 卷第 1 期
（1923 年 9 月 1 日第 4 页）

附录 2 《密勒氏评论报》1928 年所刊《新中国特刊》封面及目录

THE CHINA WEEKLY REVIEW

Contents

EDITORIALS
- Nineteen-Eleven and Nineteen Twenty-Eight ... 1
- New China Fifty Years in the Future! ... 4
- China and the Question of Foreign Finance ... 4
- Japan's Opposition to Chinese Republicanism! ... 6
- The Present Status of the China Treaty Situation ... 7
- China's Treaty Question ... By Dr. C. T. Wang 8
- The Financial and Economic Policies of the Nationalist Government ... 9
- New China's Industrial Program ... By Dr. H. H. Kung 12
- The Work of the Ministry of the Interior During the Political Tutelage Period ... By Hsieh Tu-pi 14
- Foreign Relations of the Nationalists ... By C. C. Wu 15
- International Financing for the Industrial Development of China ... By Sun Fo 17
- The Future of Radio in China ... By Chang Jeng-chieh 19
- The Nationalist Policy Towards China's National Indebtedness ... By Ping-tsang Chen 20
- Termination and Revision of China's "Unequal" Treaties ... By R. T. Huang, J. D. 22
- The Meaning of Chinese Nationalism ... By T. W. Hu 23
- A New Regime in Hankow ... By An Old British Resident 29
- The Lung-Hai Railway ... By Dr. C. T. Wang 34
- The Development of Modern Athletics in China ... By Wm Z. L. Sung 47
- Work of the Foreign Newspaper Correspondent in China ... By One of Them 50
- New China and the Overseas Chinese ... By E. K. May 55
- Modern China Will Communicate by Radio ... By Geo. F. Shecklen 57
- Chinese Municipal Health Work ... By Hou-ki Hu, M.D., C.P.H., Dr. P. H. 58
- The Future of China's Foreign Trade ... By Julean Arnold 60
- Memorials to Dr. Sun Yat-sen ... By Henry F. Misselwitz 63
- Memorials to Dr. Sun Yat-sen in Nanking and Canton ... By Y. C. Lu 70
- Peiping or Nanking ... By Li Ta-hyung 72
- Laws of the Nationalist Government ... By N. F. Allman 76
- Chinese Modern Library Movement ... By C. B. Kwei, M. S. 77
- What Chinese Silkmen Hope for from Nationalists ... By Paul K. Whang 81
- "Lifting China Out of the Mud" ... By Edgar Snow 84
- Recent Industrial Development in Shanghai ... By B. Y. Lee 94
- China's Foreign Trade and Her Industrial Development ... By D. K. Lieu, S. R. S. A. 99
- Judicial Reform Under the Nationalist Government ... By Liang Yueng-li 105
- The Financial Policies of the United States in China ... By S. H. Tan 110
- The Reconstruction of China's Railways, Telegraphs, Wireless and Postal Services ... By Samuel H. Chang 118
- New China and Its Human Wealth ... By Chang Tuh-yui 122
- The Personnel and Organization of the Nationalist Government ... 124
- Nationalists and the Tariff Problem ... By C. W. Meng 130
- Vested Rights in China ... By Chen Kwan-soon 135
- The Commercial Port of Tsingtao ... 142
- Public Health Under Nationalist Reconstruction ... By Loo K.T. Yen 146
- South China Progresses Despite Difficulties ... By Hin Wong 152
- Religion and the Students of China Today ... By Y. T. Wu 160
- The Shanghai Provisional Court, Its Past, Present and Future ... By Ho Chieh-shiang 162
- Manchuria, a New Homeland of the Chinese ... By Walter C. Young 168
- Effective Advertising in China ... By C. P. Ling 171
- Building Up of State Capital in China at Present ... By Chen Kung-po 172
- Rural Co-operative Societies ... By Paul C. Hsu 180
- A General View Over the Statistical Business on the Kiaochow-Tsinan Railway in Shantung ... 185
- The New Woman of China ... By Louise B. Wilson 187

CONTRIBUTORS TO THE NEW CHINA EDITION

N. F. ALLMAN—American attorney in Shanghai, formerly member of the American Consular Service in China.

JULEAN ARNOLD—American Commercial Attache in China, stationed in Peiping.

CHANG JEN-CHIEH—Chairman Committee on Reconstruction, prominent member of Kuomintang.

SAMUEL H. CHANG—Formerly connected with the Bureau of Foreign Affairs, Shanghai, now assistant manager of the Kuo Min News Agency.

CHANG TUH-YUI—Actuary, China United Assurance Association.

CHEN KUNG-PO—Prominent member of Kuomintang, now engaged in educational and editorial work in Shanghai.

P. T. CHEN—Member of staff, Nationalist Ministry of Finance.

CHEN KWAN-SOON—Member of the Customs College, Peiping.

HO CHIEH-SHIANG—Graduate Comparative Law School, formerly on staff of China Press, Shanghai, now connected with Kuo Min News Agency.

HOU KI-HU—Graduate of Johns Hopkins Medical College, now head of the Public Health Department of Greater Shanghai.

HSIEH TU PI—Minister of Interior, Nationalist Government.

PAUL C. HSU—Member of the faculty of Nanking University, Nanking.

T. W. HU—Mr. Hu is librarian at the Gest Chinese Research Library of McGill University, Montreal, Canada.

K. C. HUO—In Traffic Manager's office, Shanghai-Nanking Railway (Translator of article from English into Chinese in Chinese section of this special edition of The Review.)

(Continued on page IV)

《密勒氏评论报》：美国在华专业报人与报格(1917—1953)

附录3 《密勒氏评论报》所载关于治外法权的"特别稿件"

1. Extraterritoriality: An American View... By Edward S. Corwin
   ·················· V47, No. 4, page 154 (Dec. 22, 1928)
2. Full Text of America's Reply to China's Note Requesting the Abolition of Extraterritoriality ················ V50, No. 1, page 7 (Aug. 31, 1929)
3. British Reply to China's Note On Extraterritoriality
   ·················· V50, No. 2, page 47 (Sept. 7, 1929)
4. China's New Note on Extrality Abolition
   ················ V50, No. 3, page 120 (Sept. 21, 1929)
5. "Glaring" Breach of U. S. Extrality Rights in Harbin Chinese City
   ················ V50, No. 6, page 228 (Oct. 12, 1929)
6. A Missionary's View on Extrality. By Rev. J. Frank Bucher
   ················ V50, No. 13, page 494 (Nov. 30, 1929)
7. Extraterritoriality—Its Development and Its Abolition... By T. W. Hw, Ph. D. (Princeton) ············· V51, No. 1, page 20 (Dec. 7, 1929)
8. China Denounces Extraterritorial Treaties... By Wilbur Burton
   ················ V51, No. 2, page 56 (Dec. 14, 1929)
9. Some Reflections on the Abolition of Extra-Territoriality... By N. F. Allman ············· V51, No. 3, page 110 (Dec. 21, 1929)
10. What Does the Extrality Mandate Mean?
    ················ V51, No. 8, page 279 (Jan. 25, 1930)

11. Judicial Independence and Extraterritoriality...By L. I. Tsok
.... V52, No. 3, page 102 (Mar. 15, 1930)

12. More Sino-British Notes on Extrality
.... V53, No. 7, page 253 (Jul. 19, 1930)

13. The Passing of Extraterritoriality...By Walter H. Mallory.
.... V55, No. 13, page 448 (Feb. 28, 1931)

14. Sidelights on the Extrality Negotiations...By T. Y. Ling
.... V56, No. 10, page 350 (May 9, 1931)

15. Abolition of Extrality in the Making...By C. Y. W. Meng
.... V72, No. 4, page 118 (Mar. 23, 1935)

16. Why the System of Extraterritoriality Should be Abolished in China...By Sao-ke Alfred Sze .... V75, No. 3, page 88 (Dec. 21, 1935)

17. Interesting Decisions Given by U. S. Court for China in "Extraterritoriality Cases"...By C. D. Alcott
.... V75, No. 7, page 233 (Jan. 18, 1936)

18. The Income Tax and Extraterritoriality...By C. Y. W. Meng
.... V78, No. 7, page 233 (Oct. 17, 1936)

19. History of Extraterritorial Rights in China...By W. K. Loo
.... V80, No. 8, page 284 (Apr. 24, 1937)

20. The Changed Aspect of the Exterritoriality Problem By Anne Ginsbourg
.... V98, No. 2, page 51 (Sept. 13, 1941)

附录4 《密勒氏评论报》所载有关新闻业的"特别稿件"

一、关于新闻学及学界动态

1. President of the World Press Congress of China...By Hollington K. Tong
   .... V19，No. 2，page 54（Dec. 10th，1921）
2. Dr. Walter Williams' Message to Journalistic China...By Francis Zia
   .... V19，No. 3，Page 99（Dec. 17，1921）
3. The New Tendency of Journalism in China...By Hollington K. Tong
   .... V19，No. 11，page 454（Feb. 11，1922）
4. The Formation of a School of Journalism at Peking University of M. E. Mission Is Falsely Reported .... V25，No. 10，page 324（Aug. 4，1923）
5. Missouri School Seeks Journalism Memorial from China...By J. V. S
   .... V50，No. 10，page 382（Nov. 9，1929）
6. My Experience in Reading a Chinese Daily...By Lin Yu-tang
   .... V52，No. 5，page 178（Mar. 30，1930）
7. China Holds Its First Journalism Week...By Charles C. S. Wang
   .... V56，No. 7，page 230（Apr. 18，1931）
8. China's Lack of International Publicity By Edward Bing-Shuey Lee
   .... V56，No. 7，page 231（Apr. 18，1931）
9. The Problem of the Freedom of the Press in China...By Paul K. Whang
   .... V70，No. 9，page 300（Oct. 27，1934）

10. Let Us Organize!...By Kuo Wei-hung
................................V73, No. 9, page 295（Jul. 27，1935）

11. Freedom Within the Press...By Vernon Nash
................................V77, No. 9, page 312（Aug. 1，1936）

12. Dean Martin of Famed Missouri School of Journalism Passes
................................V97, No. 8, page 239（Jul. 26，1941）

13. Press Freedom At Geneva: East Vs. West...By Li Chung-fah
................................V109, No. 12, page 369（May 22，1948）

二、关于新闻业界动态

1. Millard's Review as a Legal Reporter
................................V5, No. 10, page 375（August 3rd，1918）

2. China's Participation in the World Press Congress By Hollington K. Tong
................................V19, No. 2, page 57（Dec. 10，1921）

3. Rug Gift to National Press Club Typifies New China Industry...By Roy C. Bennett ....V22, No. 9, page 296（Oct 28，1922）

4. Foreign Newspapers and China's Progress...By Harold S. Quigley, Ph. D ....V24, No. 5, page 170（Mar. 31，1923）

5. Chinese Newspapers in Manila...By Dr. Francisco Villanuevo Conlu
................................V33, No. 9, page 164（Aug 1，1925）

6. The British vs. The American Newspaper Editors
................................V36, No. 11, page 285（May 15，1926）

7. The Plan for a New American Newspaper in Shanghai
................................V37, No. 4, page 83（June 26，1926）

8. Mr. Eugene Chen When He Was an Editor
................................V40, No. 6, page 157（Apr. 9，1927）

9. Some Comment on The Shanghai Press
................................V41, No. 3, page 63（June 18，1927）

10. Press Conference at Geneva ···V42, No. 5, page 126（Oct. 1，1927）

11. Japan's Subsidized Press in China...By J. A. J
................................V42, No. 10, page 242（Nov. 5，1927）

12. Work of the Foreign Newspaper Correspondent in China...By One of Them ....V46, New China Edition. page 50（October，1928）

13. Amity between English and American Journalism
……………………………… V46, No. 7, page 208 (Oct. 13, 1928)
14. Chinese Newspapers and the Men Who Make Them…By Vernon Mckenzie ……………………… V50, No. 10, page 376 (Nov. 9, 1929)
15. A Criticism of Chinese Press in Shanghai…By W. Y. Ma
……………………………… V51, No. 2, page 68 (Dec. 14, 1929)
16. "Mosquito Papers" and Public Opinion in Shanghai…By Fang Fu-an
……………………………… V51, No. 7, page 250 (Jan. 18, 1930)
17. The American Revolt against Chinese Censorship…by Art Yun
……………………………… V57, No. 11, page 421 (Aug 15, 1931)
18. Agnes Smedley and the Shanghai Die-Hards
……………………………… V58, No. 3, page 84, (Sep 12, 1931)
19. American Editors Also Manage to Get Some Fun Out of the War
……………………………… V60, No. 3(March 19, 1932), page. 84.
20. Chinese Vernacular Press in San Francisco…By T. L. Kuo
……………………………… V63, No. 8, page 344 (Jan. 21, 1933)
21. World-wide Activities of America's Leading News Agencies…By J. C. Shun ……………………… V65, No. 2, page 70 (Jun. 10, 1933)
22. The Chinese Press Since 1925…By T. B. Chang
……………………………… V71, No. 7, page 227 (Jan. 12, 1935)
23. Alleged Insult to Japanese Emperor—Chinese Editor Sentenced—No Appeal Permitted ……………… V73, No. 7, page 214 (Jul 13, 1935)
24. Some Impressions of the "New Life Magazine" Case…By C. Y. W. Meng ……………………… V73, No. 13, page 440 (Aug. 24, 1935)
25. How Japanese Create "News" and Distort Facts in North China
……………………………… V75, No. 2, page 58 (Dec. 14, 1935)
26. Peiping-Tientsin Journalists Organize Association…By Hubert S. Liang
……………………………… V75, No. 6, page 202 (Jan. 11, 1936)
27. How "Manchuria Daily News" and "Kokutsu" Distort the News
……………………………… V76, No. 7, page 232 (Apr. 18, 1936)
28. Local British Papers Maintain International "Love-Mart" for the Lonely…By Paul Chen ……………… V76, No. 9, page 293 (May 2, 1936)

29. Chinese Editors and The War
………………………… V83，War Supplement，page 20（Dec. 4，1937）
30. Foreign Pressmen Visit Nanking
…………………………… V92，No. 5，page 157（Mar. 30，1940）
31. Two Chinese Papers Conduct Poll…By C. Y. W. Meng
…………………………… V104，No. 12，page 323（Feb. 22，1947）
32. Wen Wei Pao To Resume Publication…Wang See-Zee
…………………………… V110，No. 13，page 353（Aug. 28，1948）
33. United States Information Service In China
…………………………… V111，No. 11，page 281（Nov. 13，1948）
34. Popular Magazines Vanish…C. Y. W. Meng
…………………………… V112，No. 9，page 214（Jan. 29，1949）
35. The Evening Post Dispute
…………………………… V114，No. 8，page 164（Jul. 23，1949）
36. New China News Agency …… V117，No. 3，page 40（Mar. 18，1950）
37. China Story Distorted by US Press
…………………………… V117，No. 6，page 104（Apr. 8，1950）
38. "Voice of America" ………… V117，No. 13，page 222（May 27，1950）
39. Western Press Distort China News
…………………………… V118，No. 3，page 44（Jun. 17，1950）
40. US Press Prepares for War ………… V119，page 131（December 1950）
41. Hunting the Truth ………… V123，page 246（September 1952）

三、关于媒体环境

1. Tinted and Tainted News
…………………………… V1，No. 12，page 319（August 25th，1917）
2. Chinese Newspapers ………… V4，No. 2，Page 41（March 9th，1918）
3. Japan Completing Control of China's Means of Communications…By Hollington K. Tong ………… V7，No. 6，page 201（January 11th，1919）
4. Modern Telephone System to Girdle China…By Hollington K. Tong
…………………………… V10，No. 6，page 26（October 11th，1919）
5. Better Oceanic Communication for Tientsin…Hollington K. Tong
…………………………… V12，No. 9，page 426（May 1st，1920）

6. "News" From the Far Eastern Republic... By Orrin Keith
　　.................. V17, No. 6, page 280 (Jul. 9, 1921)
7. Communications and Education to Save China... By Dr. Paul Monroe
　　.................. V19, No. 8, page 321 (Jan. 21, 1922)
8. China's International Communication... By John Earl Baker
　　.................. V22, No. 3, page 88 (Sept. 16, 1922)
9. The Japanese Protest against Erection in China of American Radio
　　.................. V24, No. 6, page 193 (Apr. 7, 1923)
10. America Leads in Radio Development... Malcolm W. Davis
　　.................. V24, No. 10, page 336 (May 5, 1923)
11. Radio Corporation Growth Unusual
　　.................. V31, No. 11, page 314 (Feb 14, 1925)
12. Improving China's Communication... By Randall Gould
　　.................. V41, No. 4, page 92 (June 25, 1927)
13. New Wireless Station at Canton... By Thom Wah-Ding
　　.................. V42, No. 4, page 98 (Sept. 24, 1927)
14. The Future of Radio in China... By Chang Jeng-chieh
　　.................. V46, New China Edition. page 19 (October, 1928)
15. Modern China Will Communicate by Radio... By Geo. F. Shecklen
　　.................. V46, New China Edition. page 57 (October, 1928)
16. Text of Dollar Radio Contract Issued
　　.................. V49, No. 9, page 390 (Jul. 27, 1929)
17. Radio Central, Shanghai... By George F. Shecklen
　　.................. V50, No. 11, page 412 (Nov. 16, 1929)
18. Market for Radio Equipment in North China... By Louis C. Venator
　　.................. V54, No. 3, page 93 (Sept. 20, 1930)
19. Sino-American Cooperation in Radio Development... By Harold D. Robison .... V54, No. 3, page 102 (Sept. 20, 1930)
20. Suspension of Newspapers in China
　　.................. V54, No. 11, page 359 (Nov. 8, 1930)
21. Why the Japanese Blew-Up the Commercial Press—Case of Too Much Explanation .... V60, No. 4, p. 104 (Mar. 26, 1932)
22. China's Need of a National and Independent News Service... By Kuo Wei-

hung ·················· V71, No. 6, page 196 (Jan. 5, 1935)

23. Progress of Communications in China... By Chu Chia-hua
·················· V71, No. 7, page 234 (Jan. 12, 1935)

24. Heads Fall, Grenades Explode as Terrorists Attack Newspapers
·················· V83, No. 12, page 320 (Feb. 19, 1936)

25. Large Radio Audience Expresses Approval of Review's Broadcasts
·················· V87, No. 12, page 360 (Feb. 18, 1939)

26. The German Press: A Barren Desert of Conformity... By A Non-Conformist ·················· V88, No. 2, page 43 (Mar. 11, 1939)

27. A Survey of China's Wartime Communications... By Chao Ming
·················· V88, No. 6, page 160 (Apr. 8, 1939)

28. American Bar Proprietor is Killed by Terrorist Gang in Newspaper Raid
·················· V89, No. 9, page 267 (Jul. 29, 1939)

29. American Newspaper Plant Bombed in New Wave of Terrorism Here
·················· V92, No. 10, page 342 (May 4, 1940)

30. The Regimented Press of Japan... By Masashi Yui
·················· V93, No. 11, page 396 (Aug. 10, 1940)

31. Newsmen Face More and More Restrictions; Harry Stuckgold Vigorously Criticizes Shanghai Police ·········· V94, No. 13, page 427 (Nov. 30, 1940)

32. King Hua-ting Joins Victims of Nanking Blacklist; "Shun Pao" Editor Brutally Murdered Outside Cabaret ······ V95, No. 11, page 342 (Feb. 8, 1941)

33. Hongkong Battleground of Newspaper War... By James B. Chang, Ph. D ·················· V102, No. 5, page 96 (Jun. 29, 1946)

34. Paper Suspended; Police Takes Law Into Own Hands... By Gilbert H. Myer, Jr ·················· V102, No. 9, page 197 (Jul. 27, 1946)

35. American Correspondent Expelled from Japan... By Hugh Deane
·················· V105, No. 8, page 213 (Apr. 19, 1947)

36. No Liberal, Independent Papers in Yunnan... By Helen P. F. Shih
·················· V106, No. 11, page 318 (Aug. 16, 1947)

37. MacArthur Wars On The Press... By Hugh Deane
·················· V108, No. 12, page 346 (Feb. 21, 1048)

38. Press Faces Crisis in Tsinan... By Joseph I. C. Luan
·················· V109, No. 5, page 136 (Apr. 3, 1948)

39. The Place of the Press in Communist China...By Andrew Roth
   .... V113, No. 10, page 220 (May 7, 1949)
40. Shanghai's Press .... V117, No. 2, page 26 (Mar. 11, 1950)
41. American War Prisoner Broadcast .... page 20 (July 1951)

四、关于新闻检查和新闻法

1. When the New Shanghai Censor Gets into Action
   .... V9, No. 4, page 142 (Jun. 28, 1919)
2. The Proposal to License the Shanghai Press...By J. B. P.
   .... V9, No. 5, page 172 (July 5th, 1919)
3. Press Comment on Censorship Law
   .... V9, No. 7, page 268 (July 19th, 1919)
4. How Japanese Police Suppressed News of Chinese Murders
   .... V27, No. 7, page 235 (Jan. 12, 1924)
5. National Government's New Press Law
   .... V55, No. 12, page 422 (Feb. 21, 1931)
6. Japanese Arrest the Hearst Correspondent at Harbin
   .... V60, No. 13, page 422 (May 28, 1932)
7. How the Continental European Censors Wield Their Blue Pencils
   .... V73, No. 6, page 189 (Jul. 6, 1935)
8. Chinese Press Control...By Anna Ginsbourg
   .... V74, No. 1, page 24 (Sept. 7, 1935)
9. Japanese Press Censorship....By A. Morgan Young
   .... V74, No. 2, page 64 (Sept. 15, 1935)
10. Japanese Censorship in the United States...By Art Yun
    .... V74, No. 3, page 100 (Sept. 22, 1935)
11. Arrest of Editor and Banning of a South Fukien Newspaper
    .... V78, No. 9, page 317 (Oct. 31, 1936)
12. Photographic Regulations Need Amendment...By Chen Pao-liang
    .... V80, No. 5, page 164 (Apr. 3, 1937)
13. Reuters Hard Hit by Japanese Censors
    .... V86, No. 7, page 234 (Oct. 15, 1938)

14. Japanese War Minister's Demand for National "Total Sacrifice" Reinforced by Blanket Press Censorship
　　................................ V95, No. 7, page 235 (Jan. 18, 1941)

15. Tokyo Correspondents Reveal Indirect Censorship...By Hugh Deane
　　................................ V109, No. 1, page 16 (Mar. 6, 1948)

16. China's Fight against the Publication Law...By C. Y. W. Meng
　　................................ V110, No. 13, page 351 (Aug. 28, 1948)

五、关于宣传

1. China Needs Publicity .... V5, No. 2, page 54 (June 8th, 1918)

2. "Propaganda—Its Use and Misuse"...By C. Lane Prescott
　　................................ V7, No. 9, page 308, (Feb. 1st, 1919)

3. Tung Wen College and Japanese Propaganda in China...By H. P. Shastri
　　................................ V9, No. 12, page 469 (August 23rd, 1919)

4. Red Propaganda among the Russian Whites
　　................................ V51, No. 11, page 386 (Feb. 15, 1930)

5. Japanese Propaganda, Journalism, and History...By Harry Paxton Howard .... V62, No. 8, page 338 (Oct. 22, 1932)

6. Where the Arguments of Japanese Propagandists Are Fallacious...By A Correspondent in Manchuria .... V65, No. 4, page 149 (Jun. 24, 1933)

7. Airbombers, Propaganda and Relief Work in Anti-Red Campaign
　　................................ V66, No. 5, page 183 (Sept. 30, 1933)

8. Hupeh's Propaganda Schools...By Mark J. Ginsbourg
　　................................ V71, No. 3, page 94 (Dec. 15, 1934)

9. The Propaganda War and Afterward ...... V75, No. 12 (Feb. 22, 1936)

10. Myths and Contradictions of Japanese Propaganda...By Guzo Hakwaisha
　　................................ V89, No. 2, page 45 (Jun. 10, 1939)

11. Japanese Propaganda Effort in Shanghai...By Doris Rubens
　　................................ V89, No. 11, page 332 (Aug. 12, 1939)

12. Japanese Propaganda Exploits Rift between Chungking, Yunnan and Communists .... V91, No. 2, page 63 (Dec. 9, 1939)

13. With Propaganda and Gestapo the Nazis Work among Us...By Julius R. Kaim .... V92, No. 13, page 440 (May 25, 1940)

六、关于广告

1. Let the Advertising Light Shine Out in China... By J. B. P
   ················· V4, No. 2, page 39 (Mar. 9, 1918)
2. Advertising an Existential Factor in American Trade in China... By Emil Maurice Scholtz ············· V26, No. 1, page 11 (Sept 1, 1923)
3. Survey Shows Growth of Chinese Newspaper Advertising
   ················· V36, No. 8, page 200 (Apr 24, 1926)
4. Chinese Papers as Advertising Mediums. By Kinglu S Chen
   ················· V46, No. 1, page 15 (Sept. 1, 1928)

附录5 20世纪上半叶在华美国记者名录[①]

Abbot, Willis John	*Christian Science Monitor*
Abent, Hallett	*New York Times*
Alexanderson, George	*New York Times*
Alley, Norman	Hearst
Atkinson, Brooks	*New York Times*
Ayers, William	*Shanghai Post*
Babb, Glenn	Associated Press
Baldwin, Hanson	*New York Times*
Barnett, A. Doak	*Chicago Daily News*
Belden, Jack	United Press, *Time*
Bennett, Milly	*People's Tribune*
Berrigan, Darrell	*New York Post*, United Press
Bess, Demaree	*Christian Science Monitor*
Bosson, T. A.	*Far Eastern Survey*
Booker, Edna Lee	*China Press*
Borg, Dorothy	*Far Eastern Survey*
Bryant, Bob	International News Pictures
Buchman, Alexander	Photojournalist, freelance

[①] 转引自 Peter Rand, *China Hands, the Adventures and Ordeals of the American Journalists Who Joined Forces with the Great Chinese Revolution*, Simon & Schuster, 1995。

Burke, James	Freelance
Burton, Robert	Freelance
Burton, Wilbur	*Shanghai Courier*
Butts, James	*Chicago Daily News*
Chamberlin, W. H.	*Christian Science Monitor*
Chao, Thomas	Reuters
Clark, Grover	*Peking Leader*
Close, Upton	*China Press*
Clurman, Robert	United Press
Cooper, H.	Associated Press
Crow, Carl	*China Press*
Dailey, Charles	*Chicago Tribune*
Deane, Hugh	*Christian Science Monitor*
Dowling, John	*Chicago Sun*
Drake, Waldo	*Los Angeles Times*
Dunbar, Maygene	*Time* and *Life*
Durdin, F. Tillman	*The New York Times*
Durdin, Peggy	*New York Times*, *The Nation*
Ebener, Charlotte	International News Service
Egan, Martin	Associated Press
Ekins, H. R.	United Press
Epstein, Israel	United Press, *Allied Labor News*
Farnsworth, Clyde	Associated Press
Fisher, F. McC.	United States
Fisher, William	*China Press*
Forman, Harrison	*New York Times*, London *Times*
Fox, Charles James	*North China Star*
Gayn, Mark	*China Press*, *Washington Post*
Gibbons, Floyd	Internation News Service
Gilbert, Rodney	*New York Herald Tribune*
Gilman, LaSelle	*Shanghai Post*
Goette, John	International News Service
Gould, Randall	United Press

Graham, Betty	Reuters, United Press, Associated Press, Havas
Gray, Paul	*Times* and *Life*
Griffin, Mirriam	*China Press*
Gruin, Frederick	*Time* and *Life*
Hahn, Emily	*The New Yorker*
Hammond, James	*China Press*
Hampson, Fred	Associated Press
Hansen, Haldore	Associated Press
Harding, Gardner	*Christian Science Monitor*
Harris, Morris	Associated Press
Hauser, Ernest O.	*Reader's Digest*
Hedges, Frank	Public Ledger Syndicate
Hersey, John	*Life*
Howe, J. P.	Associated Press
Hoyt, Edwin P.	United States
Hull, Peggy	*New York Daily News*
Hunter, Edward	International News Service
Isaacs, Harold R.	*China Forum*, *Newsweek*
Jacoby, Annalee	*Time*
Jacoby, Melville	*San Francisco Chronicle*, *Time*
Jaffe, Philip	*Amerasia*
James, Weldon	United Press
Jessup, Al	*Business Week*
Keen, Victor	*New York Herald Tribune*
Kemp, Don	International News Service
King, D. K.	United States
Kuhn, Irene	*China Press*
Lacks, George	*China Press*
Landman, Amos	Overseas News Agency
Landman, Lynn	Overseas News Agency
Lattimore, Owen	*Pacific Affairs*
Leaf, Earl	United Press

Lewis, Herbert	*Shanghai Press*
Lieberman, Henry	*New York Times*
Logan, Walter	United Press
Lyon, Jean	Freelance
Marshall, James	*Collier's*
Marshall, Ray	United States
Martin, Lee	*Newsweek*
Martin, Robert Pepper	United Press, *New York Post*
Mayell, Eric	Fox Movietone
McCormick, Frederick	Associated Press
McDaniel, Yates	Associated Press
McDougal, William	United Press
McGrady, Patrick	*China Press*
Menken, Arthur	Paramount News
Milks, Harold	Associated Press
Millard, Thomas F.	*New York Herald*, *New York Times*
Mills, James	Associated Press
Misselwitz, Henry F.	*New York Times*
Moorad, George	*Shanghai Times*
Moore, Frederick	Associated Press, *New York Times*
Moosa, Spencer	Associated Press
Morin, Relman	*Shanghai Post*, Associated Press
Morris, John	United Press
Murphy, Charles	*Time*
Mydans, Carl	*Life*
Mydans, Shelley	*Life*
Ohl, J. Kingsley	*New York Herald*
Opper, Frederick	*Shanghai Post*
Parker, Pegge	*New York Daily News*
Patchin, Philip	*New York Sun*, *China Press*
Pearson, Earl	*Newsweek*
Peffer, Nathaniel	*China Press*
Potter, Philip	*Baltimore Sun*

《密勒氏评论报》：美国在华专业报人与报格(1917—1953)

Powell, J. B.	*China Weekly Review,* *Chicago Tribune*
Powell, J. W.	*China Weekly Review*
Prohme, Rayna	*Peking People's Tribune*
Prohme, William	Nationalist News Service
Purcell, John	*Life*
Rand, Christopher	*New York Herald Tribune*
Ravenholt, Albert	United Press
Ravenholt, Marjorie	*Time*
Rea, George Bronson	*Far Eastern Review*
Reid, Gilbert	*China Press*
Robinson, James	Freelance
Rich, Stanley	United Press
Robertson, Douglas	*New York Times*
Roderick, John	Associated Press
Rosholt, Malcolm	*China Press*
Rounds, Frank	*World Report*
Rowan, Roy	*Time*
Rundle, Walter	United Press
Schuman, Julian	*China Weekly Review*
Selle, Earle	*China Press*
Sevareid, Eric	CBS
Shanahan, Father Cormac	*Catholic Monthly, The Sign*
Shaplen, Robert	*Newsweek*
Sheean, Vincent	North American News Alliance
Silk, George	*Time* and *Life*
Smedley, Agnes	*The Nation, Frankfurter Zeitung*
Smith, C. Stephenson	Associated Press
Smothers, Frank	*Chicago Daily News*
Snow, Edgar Parks	*London Daily Herald*
Sokolsky, George	*Philadelphia Ledger, Far Eastern Review*
Sommers, Martin	United Press

Soong, Norman	*New York Times*
Starr, Donald	*Chicago Tribune*
Stead, Ronald	*Christian Science Monitor*
Steele, A. T.	*New York Herald Tribune*
Stephens, Barbara	Agence France Presse, *Life*
Steward, James	*Time*, Associated Press
Stowe, Leland	*Chicago Daily News*
Strong, Anna Louise	Newspape Syndicate
Sullivan, Mary	*China Weekly Review*
Sullivan, Walter	*New York Times*
Sweetland, Reginald	*Chicago Daily News*
Taylor, Floyd	*New Hork World Telegram*
Tighe, Dixie	*Time* and *Life*
Topping, Seymour	Associated Press
Utley, Freda	*London News Chronicle*
Vandivert, William	*Life*
Vaughn, Miles	United Press
Vincent, Irene	Freelance
von Wiegand, Karl	Hearst
Votaw, Maurice	*Baltimore Sun*
Webb, C. Herbert	*China Press*
Wedekind, A.	International News Service
Weller, George	*Chicago Daily News*
Welles, Benjamin	*New York Times*
Whiffen, Walter	Associated Press
White, James	Associated Press
White, Theodore H.	*Time* and *Life*
Wilson, Julian	Associated Press
Wong, Newsreel	*News of the Day*
Wyant, Toby	Associated Press

附录6 美国在华主要英文报刊名录

1. 报刊名称:《广州差报与广州钞报》(Chinese Courier and Canton Gazette)

创办人:威廉·W.伍德(William W. Wood)

办刊年限:1831年7月28日

办刊地点:广州

创办人职业或身份:银行职员

资助方:伍德所在的美国洋行

2. 报刊名称:《中国丛报》(Chinese Repository)

创办人:裨治文[Elijah Coleman Bridgman(1801—1861)]

办刊年限:1832年5月—1851年

办刊地点:广州

创办人职业或身份:传教士(美国公理会牧师)

资助方:美国商人奥立芬(David W. Oliphant)和广州基督教联合会

3. 报刊名称:《上海通信》(Shanghai News Letter for California and the United States)

创办人:约翰·索恩与霍华德·汤伯利(John Thorne, Howard Twombly)

办刊年限:1867年10月16日—1871年(后被英商购买,改名为Shanghai News Letter)

办刊地点:上海(上海第一家美国人报纸)

创办人职业或身份:商人

资助方:不详

4. 报刊名称:《中国纪录报》(Chinese Recorder)[其前身是1867年创办于福

州的《传教士纪录报》(*Missionary Recorder*)]

  创办人:S. L. 鲍德温(S. L. Baldwin)

  办刊年限:1868—不详(1936年约翰·B.鲍威尔撰文介绍该报时,它仍在出版)

  办刊地点:福州

  创办人职业或身份:传教士

  资助方:美国教会

  5. 报刊名:《大陆报》(*The China Press*)

  创办人:托马斯·F.密勒(Thomas F. Millard)

  办刊年限:1911—1949年

  办刊地点:上海

  创办人职业或身份:专职记者

  资助方:Charles Crane(芝加哥商人)、孔祥熙和中国国民党等

  6. 报刊名:《密勒氏评论报》(*The Millard's Review*, *The China Weekly Review*)

  创办人:托马斯·F.密勒(Thomas F. Millard)与约翰·B.鲍威(John B. Powell)

  办刊年限:1917年6月9日—1953年6月(中间有停顿)

  办刊地点:上海

  创办者职业或身份:专业记者

  资助方:密勒士笔时期由美国芝加哥商人克莱恩资助,老鲍威尔任出版人后成为独立经营的报刊

  7. 报刊名:《大美晚报》[*Shanghai Evening Post and Mercury*,其英文名曾数度更改]

  创办人:卡尔·克劳(Carl Crow)

  办刊:1918—1949年

  办刊地点:上海

  创办者职业或身份:专业记者和编辑(密苏里新闻学院毕业)

  资助方:独立经营

  8. 报刊名:《上海人》(*The Shanghailander*)

  创办人:卡尔·克劳(Carl Crow)

  办刊年限:不详

办刊地点:上海

创办者职业或身份:专业记者和编辑

资助方:独立经营

9. 报刊名:《华北明星报》(North China Star,华北发行量最大的英文报刊)

创办人:查尔斯·J. 福克斯(Dr. Charles J. Fox)

办刊年限:一战之后

办刊地点:天津

创办者职业或身份:南开大学国际法学教授(其兄是《华盛顿邮报》驻白宫记者 Albert Fox)

资助方:独立经营

10. 报刊名:《自由西报》(The Hankow Herald)

创办人:布鲁诺·施瓦茨(Bruno Schwartz)、周培德(Peter S. Jowe)

办刊年限:1923年—?

办刊地点:汉口

创办者职业或身份:专业报人

资助方:独立经营

11. 报刊名:The Harbin Daily News(中文名不详)

创办人:科斯蒂斯·维赛(H. Custis Vesey)

办刊年限:1931年前

办刊地点:哈尔滨

创办者职业或身份:不详

资助方:独立经营

后　　记

  2008年下半年的两次志愿者经历让我和《密勒氏评论报》结下了不解之缘。在完成北京奥运会志愿者工作3天后,我踏上了赴密苏里大学新闻学院访学的旅程。抵达密苏里大学后,恰逢这所全球最早的新闻学院百年庆典,我也就顺理成章地成为庆典的志愿者,帮助接待来自全球各地新闻院校的知名学者。庆典现场可为"众星云集"。他们谈论得更多的是过去一百年全球新闻业的发展,以及密苏里新闻学院在这一百年中的丰功伟绩。这让当时正踯躅于研究领域十字路口的我突然有了一种朦胧的坚定——进入新闻史的研究领域。

  我大学时期学的是英美文学,也就是英语专业;硕士阶段选择了国际新闻,从而走上了将语言优势和新闻学结合的道路。2007年9月,我师从研究新闻史出身的程曼丽教授攻读博士学位。程老师研究《蜜蜂华报》的往事就是我心中的一座丰碑,对我有着极强的感召力。回顾求学之路,感觉冥冥中似乎有一种力量将我引领和推送到了外国在华新闻历史的场域之中。

  作为一名中国来的访问学者,我在密苏里新闻学院里看到、听到和学到了很多有关这所学院和中国新闻业和新闻学的渊源。除了国人耳熟能详的埃德加·斯诺外,沃尔特·威廉士、约翰·鲍威尔、托马斯·密勒、董显光、马星野、赵敏恒……这些和中国新闻事业有着深厚渊源的人依次进入我的视听范围。一条美国新闻专业人士来华从事新闻活动的路线图也越来越清晰地显现在我的脑海中,最终在这本书里得以呈现。这也让我从此和英美在华英文报刊结下了不解之缘。

有人说研究历史是为了观照当下。外国人来华办报可以说是中外新闻交流的一部分，尽管这种交流并非建立在平等的、你情我愿的基础之上。如今在全球化的浪潮之下，将在华外报放在中外新闻交流大背景下加以研究，对当今的中国新闻事业有着特殊的意义。西方人来华办报可以说是他们拓展全球话语权的一个环节。在华外报既要面向中国讲好西方的故事，也要面向西方讲好中国的故事。有鉴于此，在当下全球话语权新格局隐现的大背景下，研究在华外报的历史有着很强的现实意义，也是一件很有趣味的事。

历史研究者用自己的笔墨照亮一段段尘封的历史。对我来说，这本著作是我继续研究英美在华新闻史的一个新的起点。包括《广东纪事报》《中国丛报》《北华捷报》《字林西报》《大美晚报》和《大陆报》等在内的许多美英在华英文报刊有待于历史学者们去研究和探索。我也希望与更多的志同道合者一起，将在华外报的历史呈现得更加完整和清晰。

历经近十年，这本书终于付印了。著书立说是人生一大幸事，但十年艰辛的背后离不开老师、亲友和很多萍水相逢之人的支持和帮助。正是他们的支持和帮助，我才能够砥砺十年，修得这枚正果。因此，喜悦的同时，我的心中充满了感激。

感谢我的恩师程曼丽教授。在她的引导下，我走入了新闻史的研究领域，逐渐明确了自己的研究方向。在北京大学新闻与传播学院攻读博士学位期间，程老师总能在我感觉迷茫的时候给以拨云见日般的指导，让我有信念坚持走下来。她从不曾对我说过重话，却往往三言两语点中要害，使我顿悟。

感谢北京外国语大学的孙有中、金利民和章晓英三位教授。他们在我写这本书的时候帮助我克服了很多工作和生活中的困难，为我营造了宽松的工作和生活环境。

感谢密苏里大学新闻学院图书馆的管理人员和密苏里大学图书馆所属的西部历史文献汇编办公室的工作人员。他们不仅不厌其烦地给我准备卷帙浩繁的资料，还通过覆盖全美国的馆际互借，从洛杉矶和华盛顿等地免费调运图书，让我省时省力又省钱地搜集到了大量的一手资料。

感谢我的父母和妻儿。父亲对儿子作品的期待驱使我努力前行。希望这本书是对他最好的纪念。母亲则以看淡人生成败的态度让我做到了张弛有道。我的妻子周玮是这本书的第一读者。在创作期间，她不仅为我提出了很多修改意见，给了我很多灵感和启发，还为我们这个小家庭增添了弄璋之喜。

谨以此书献给所有关爱和帮助过我的人！